大樂文化

大樂文化

用 **120** 張圖看懂股市撐壓基本功

完整解析
趨·勢·線
交易技術

25 年操盤常勝軍 麻道明◎著

大樂文化

Contents

前　言　趨勢線──人性與市場的博弈　*007*

第 1 部　6 種技術指標的真假訊號　*011*

1-1　移動平均線 (MA)：看穿市場騙局後的真象　*012*
一、MA 交叉訊號
　　1. 虛假黃金交叉　2. 虛假死亡交叉　3.MA 交叉訊號辨別技巧
二、MA 型態訊號
　　1. 虛假銀三角　2. 虛假金三角　3. 虛假死亡角　4. MA 型態訊號辨別技巧
三、MA 位置訊號
　　1. 虛假支撐　2. 虛假壓力　3.MA 位置訊號辨別技巧
四、MA 突破訊號
　　1. 向上假突破　2. 向下假突破　3.MA 突破訊號辨別技巧
五、MA 葛氏訊號
　　1. 虛假探底　2. 虛假做頭　3.MA 葛氏訊號辨別技巧

1-2　乖離率（BIAS）：重新理解超買與超賣　*036*
一、BIAS 的假超買、超賣訊號
　　1. 虛假超買　2. 虛假超賣　3.BIAS 超買與超賣辨別技巧
二、BIAS 的假支撐、壓力
　　1. 虛假支撐　2. 虛假壓力　3.BIAS 撐壓辨別技巧

1-3　指數平滑異同移動平均線（MACD）：股市多空趨勢轉向解碼　*046*
一、MACD 多空訊號
　　1. 虛假多頭　2. 虛假空頭　3. MACD 多空辨別技巧
二、MACD 交叉訊號
　　1. 虛假金叉　2. 虛假死叉　3. MACD 交叉訊號辨別技巧
三、MACD 背離訊號
　　1. 虛假底背離　2. 虛假頂背離　3. MACD 背離訊號辨別技巧

四、MACD 突破訊號
　　　　1. 虛假向上突破　2. 虛假向下突破　3. MACD 突破訊號辨別技巧

1-4　相對強弱指標（RSI）：把握訊號的生成與終結　*068*

　　一、RSI 交叉訊號
　　　　1. 虛假黃金交叉　2. 虛假死亡交叉　3. RSI 強弱指標辨別技巧
　　二、RSI 型態訊號
　　　　1. 虛假頂部型態　2. 底部型態陷阱　3. RSI 型態訊號辨別技巧
　　三、RSI 背離訊號
　　　　1. 虛假底背離　2. 虛假頂背離　3. RSI 背離訊號辨別技巧
　　四、RSI 強弱訊號
　　　　1. 虛假強勢　2. 虛假弱勢　3. RSI 強弱訊號辨別技巧
　　五、RSI 突破訊號
　　　　1. 虛假向上突破　2. 虛假向下突破　3. RSI 突破訊號辨別技巧

1-5　隨機指標（KDJ）：與均線型態同時觀察，可靠性大增　*092*

　　一、KDJ 交叉訊號
　　　　1. 虛假黃金交叉　2. 虛假死亡交叉　3. KDJ 交叉訊號辨別技巧
　　二、KDJ 位置訊號
　　　　1. 超買陷阱　2. 超賣陷阱　3. KDJ 位置訊號辨別技巧
　　三、KDJ 鈍化訊號
　　　　1. 高位鈍化陷阱　2. 低位鈍化陷阱　3. KDJ 鈍化訊號辨別技巧
　　四、KDJ 背離訊號
　　　　1. 頂背離陷阱　2. 底背離陷阱　3. KDJ 背離訊號辨別技巧
　　五、KDJ 型態訊號
　　　　1. 虛假頂部型態　2. 虛假底部型態　3. KDJ 型態訊號辨別技巧

1-6 均量線指標（VOL）：股價要漲要跌得先看成交量　*112*

一、VOL 地量地價
　　1. 地量地價誤區　　2. VOL 地量地價辨別技巧

二、VOL 天量天價
　　1. 天量天價誤區　　2. VOL 天量天價辨別技巧

三、VOL 價漲量增
　　1. 價漲量增誤區　　2. VOL 價漲量增辨別技巧

四、VOL 價跌量縮
　　1. 價跌量縮誤區　　2. VOL 價跌量縮辨別技巧

五、VOL 價漲量縮
　　1. 價漲量縮誤區　　2. VOL 價漲量縮辨別技巧

六、VOL 價跌量增
　　1. 價跌量增誤區　　2. VOL 價跌量增辨別技巧

七、VOL 對敲放量
　　1. 對敲放量誤區　　2. VOL 對敲放量辨別技巧

八、VOL 逆勢放量
　　1. 逆勢放量誤區　　2. VOL 逆勢放量辨別技巧

第 2 部　最完整趨勢線的技術分析　*141*

2-1 趨勢線的確定：源於波浪理論最簡單股市指標　*142*

一、趨勢線的製作
　　1. 畫趨勢線的要領　　2. 趨勢線的篩選

二、趨勢線基本圖形
　　1. 快速上升趨勢線　　2. 快速下降趨勢線
　　3. 普通上升趨勢線　　4. 普通下降趨勢線
　　5. 上升趨勢線被有效突破　　6. 下降趨勢線被有效突破
　　7. 新的上升趨勢線　　8. 新的下降趨勢線
　　9. 慢速上升趨勢線　　10 慢速下降趨勢線

三、常見趨勢線技術陷阱
　　　　1. 快速上升陷阱　2. 快速下跌陷阱
　　四、趨勢線操作5大方法

2-2　趨勢線的修正：隨時追蹤突破的撐壓點位　*154*
　　一、正確修正趨勢線
　　二、趨勢線修正難點
　　三、趨勢線修正操作7大方法

2-3　中心趨勢線（X線）：根據扇型三線進行突破的3次檢驗　*160*
　　一、X線技術要點
　　二、X線技術陷阱
　　三、X線技術操作6大方法

2-4　趨勢線的買入訊號：呈現多頭走勢一波比一波高　*166*
　　一、常規買入訊號慣例
　　二、虛假買入訊號
　　　　1. 高位向上虛假突破　2. 無量向上虛假突破　3. 用回檔確認失敗型態
　　三、趨勢線買入訊號技術操作11大方法

2-5　趨勢線的賣出訊號：股價向下跌穿趨勢線，就是弱勢　*180*
　　一、常規賣出訊號慣例
　　二、虛假賣出訊號
　　　　1. 低位向下虛假突破　2. 無量向下虛假突破　3. 用回檔確認陷阱
　　三、趨勢線賣出訊號技術操作11大方法

2-6　趨勢線買賣再提醒：最關鍵的速度、角度與斜率　*192*
　　一、趨勢線的位置
　　　　1. 趨勢線的修正與調整　2. 時間規模在趨勢中的地位
　　　　3. 趨勢線的向心力與離心力　4. 趨勢線的速度與角度
　　　　5. 趨勢線的傾斜度　6. 趨勢線的自身缺陷

2-7　軌道線的突破：測量股價波峰與波底的變化　*198*
　　一、軌道線的應用
　　　　1. 軌道線的基本特徵　2. 軌道線的運用法則　3. 軌道線的買賣訊號

二、虛假突破訊號
　　　　1. 下降軌道線假突破　2. 上升軌道線假突破　3. 水平軌道線假突破
　　三、軌道線技術操作 9 大方法

2-8 趨勢線的突破：幅度大於 3% 連續站穩 3 天才確立　*220*

　　一、趨勢線的突破 6 大判斷依據
　　二、假突破訊號
　　　　1. 下降趨勢線假突破　2. 上升趨勢線假突破　3. 水平趨勢線假突破
　　三、趨勢線技術操作 13 大方法

2-9 支撐線和壓力線：用二分法三分法計算市場氣氛　*242*

　　一、支撐線和壓力線
　　　　1. 支撐線和壓力線的位置　2. 短線支撐和壓力的計算
　　　　3. 支撐線和壓力線的相互轉化
　　二、支撐線常使用的陷阱
　　　　1. 下跌遇假支撐陷阱　2. 支撐線假跌破陷阱
　　三、壓力線常見陷阱
　　　　1. 上漲遇假壓力陷阱　2. 壓力線假突破陷阱
　　四、支撐線和壓力線操作 4 大重點
　　　　1. 支撐突破　2. 壓力突破　3. 盤整突破　4. 技術核心 7 大要點

前言
趨勢線──人性與市場的博弈

「股市有風險，入市須謹慎」，說出了股市操作的兩個核心問題：風險與謹慎。風險是對市場未來發展趨勢所做出的預測準確性，風險有市場本身造成的，也有人為造成的。謹慎是投資者對市場買賣時機做出恰當決策的把握程度，是投資者心態和技能的反映。風險與利益並存，買賣時機選擇恰當與否，直接關係到投資利益。

由此可見，風險與謹慎常常構成投資障礙，困擾投資決策。若過於謹慎，則易失良機，若放鬆風險，則缺乏理性，因而兩者是投資者不可忽視的兩個問題。因此，在市場風險與謹慎中，就會產生各種技術陷阱或虛假訊號的市場環境。

僅就股市技術訊號而言，就有若隱若現的巨大陷阱或失敗型態，它們很多時候是主力的精心佈局，其目的或是引誘散戶蠢蠢欲動，貿然而入，或是恐嚇散戶，使之望而生畏，從而劫取散戶廉價籌碼；或是故弄玄虛，製造撲朔迷離的市場假象……。一幅幅圖表型態，一個個買賣訊號，一次次真假漲跌，都隱藏著巨大的玄機，宛如一個個五彩的水晶球，令散戶頓生迷惑，甚至束手無策。這些是主力狡猾、奸詐、險惡的具體表現，然而這些五花八門的技術陷阱或虛假訊號，卻很少為人所知，更未能為人所破。

趨勢線與投資者心理

趨勢線的背後是投資者集體心理的映射，是心理恐懼與貪婪的博弈。股市陷阱的本質在於人性，而這種心理反映在主力資金設定買賣點的基礎，散戶在趨勢線的恐慌或貪婪中，往往成為主力收割的契機。主力利用低價吸籌；當價格突破趨勢線時，散戶因貪婪追漲，主力則悄然出貨從中

獲利。

市場中的散戶往往缺乏足夠的分析能力和強大的投資心理，因此很容易成為陷阱的犧牲品。散戶常將趨勢線的突破視為決策參考，過度依賴趨勢線的結果，而忽略成交量和其他技術指標的配合。過度短視操作及關注短期價格波動，而忽略趨勢的整體結構和長期價值。

趨勢線的價值在於能夠幫助我們識別市場的主趨勢，要避免因訊號錯誤而被陷阱誤導，需要做到：

• 結合成交量分析：當趨勢線被突破時，成交量的放大與否是判斷突破真偽的關鍵。

• 關注多次測試點：越多次測試後被有效突破的趨勢線，越有參考價值。

• 綜合運用多指標：MACD、RSI等指標與趨勢線結合，能提高訊號的可靠性。

如何加強風險意識與市場判斷力

• 股市風險陷阱：透過提升風險意識與市場分析能力，減少落入陷阱的機率。

• 多角度分析訊號：不要只依賴趨勢線，需結合基本面分析、訊息面和市場情緒。

• 合理停損：在趨勢線附近設置停損點，即使遇到陷阱也能將損耗降至最低。

• 控制情緒；學會控制自己的恐懼和貪婪，並制定科學的交易計畫：

• 隨時保持警戒：在趨勢線突破時，不要立即行動，應觀察後續走勢與量價配合。

• 制定長期策略：將趨勢線作為長期趨勢判斷的輔助工具，避免短期操作中受到情緒影響。

股市從來不是單純的技術對抗，而是心理博弈的戰場。許多投資者誤以為技術指標能夠準確預測未來價格走勢，但實際上，市場由人組成，

而人的行為往往充滿非理性因素。趨勢線的真正價值，在於其能夠幫助投資者識別市場的主要方向，提供一個合理的參考依據，而非絕對的交易訊號。

在市場陷阱中，投資者需要的不僅是技術分析能力，更重要的是心理素質。學會控制自己的情緒，避免因一時的市場波動而做出錯誤決策，是投資成功的關鍵。本書希望能為投資者提供一把解鎖市場規律的鑰匙，幫助大家在風險與機遇並存的市場中穩健前行。

本書以理論為基礎，實戰經驗為輔，旨在幫助投資者提升技術分析能力，學會識別市場陷阱，並建立完善的交易策略。適合新手投資者、中小散戶、職業操盤手及專業股評人士參考。

透過對趨勢線的深入剖析，以及對主力運作模式的研究，本書將帶領讀者進入股市的深層世界，理解市場的運行規律，提升投資決策能力。無論你是剛入門的投資者，還是已有一定經驗的操盤手，都能從本書中獲得新的啟發與收穫。

股市是一場智慧與耐心的博弈，願本書能夠成為你在市場中的指路明燈，幫助你在趨勢變化中穩健前行，避免陷阱，抓住機遇，最終實現穩定獲利。

第1部

6種技術指標的真假訊號

1-1 移動平均線（MA）：看穿市場騙局後的真象

▌一、MA交叉訊號

當兩條或多條均線相互交叉，表示重要的均線買賣訊號已出現。當短期均線（5日線、10日線）向上穿越長期均線（30日線、60日線）時，即構成黃金交叉，為買入訊號。

當短期均線向下穿越長期均線時，即構成死亡交叉，為賣出訊號。可是在操作中，金叉（黃金交叉）和死叉（死亡交叉）的運用並非那麼簡單，有可能金叉買入後股價卻又下跌，死叉賣出後股價卻呈現上漲。

1. 虛假黃金交叉

當短期均線向上穿越長期均線時，表示普遍看好短期市場，可以積極做多。然而，買入訊號出現後不久，股價卻沒有明顯上漲，反而持續下跌，不久就出現了死亡交叉，而這次的死亡交叉才是真正的賣出訊號。這種黃金交叉發出的虛假訊號，就是移動平均線的金叉陷阱。

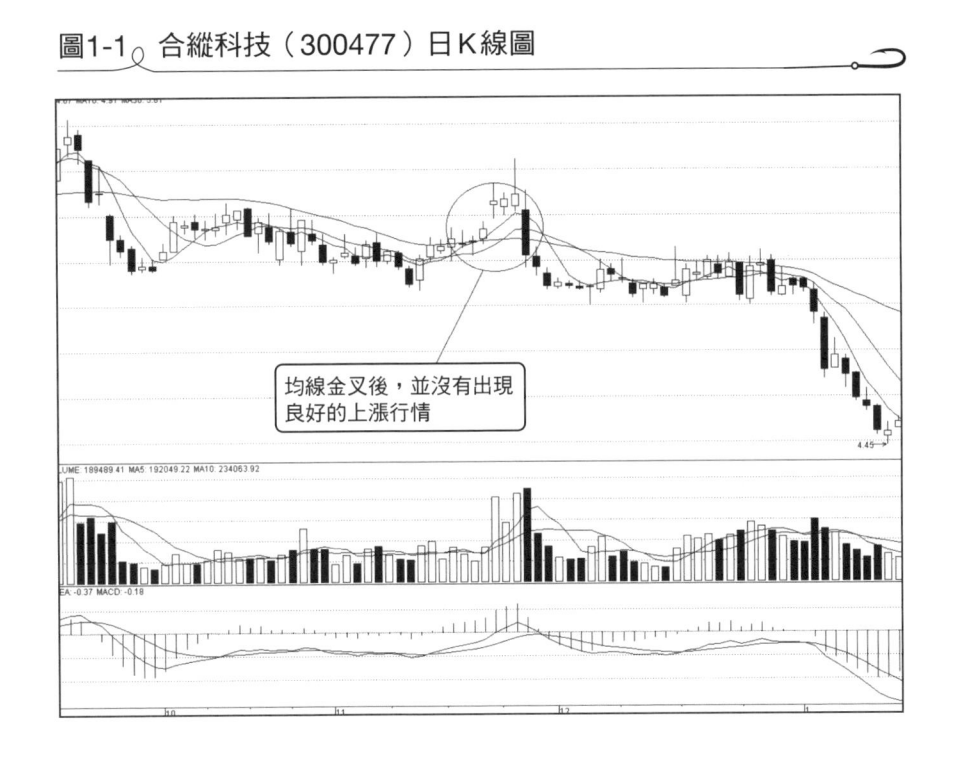

圖1-1 合縱科技（300477）日K線圖

> 均線金叉後，並沒有出現良好的上漲行情

【案例】圖1-1：合縱科技

在長時間的震盪整理過程中，均線型態經常會出現金叉，而股價卻沒有出現預期的行情。2020年11月下旬，股價回檔到前期低點附近時，股價得到支撐而向上回漲，出現構築多重底的跡象。

此時5日均線掉頭向上交叉10日均線，隨後5日均線和10日均線緩慢上行。不久，兩線又與30日均線金叉，表示股價逐漸強勢，因此是一個好的買入訊號。

可是，之後股價並沒有出現預期中的上漲，且在經過小幅攀升後，11月26日一根大陰線向下破位。之後5日均線掉頭向下死叉10日均線，不久再次死叉30日均線，均線形成空頭排列，而這個死叉就是真正的死叉訊號，自此股價出現新一輪跌勢，將進場的買入者套牢。

【技術解盤】

　　從該股走勢圖中可以看出，當5日均線與10日均線金叉時，股價處於30日均線之下，而30日均線只略微上移，支撐力度並不明顯。

　　根據金叉訊號的判別方法「長期均線下行（或平移），短期均線在其下方金叉，買入訊號較差」可知，該金叉訊號的力度不強，屬於弱勢反彈。隨後當5日、10日均線與30日均線再次形成金叉時，30日均線只有略微上移，依據黃金交叉與普通交叉的判別方法：「一條均線上行，另一條均線下斜（或平移），為普通交叉。此時買入股票，風險很大」，可知該金叉訊號的力度依然不強，股價上漲值得懷疑。而且，股價反彈時遇到上方成交密集區的壓力，單憑溫和的成交量是難以向上突破。可見，該股的金叉訊號技術含金量並不高，這局往往是主力設置的多頭陷阱。

2. 虛假死亡交叉

　　當短期均線向下穿越長期均線，構成了死亡交叉，市場有短期看空力量，為賣出訊號。然而，賣出訊號出現後不久，股價在小幅下跌後立即調頭回漲，重新產生黃金交叉，而這次的黃金交叉才是真的買入訊號。因此前面出現的死亡交叉只是虛假訊號。

【案例】圖1-2：世龍實業

　　該股反彈結束後回落進入整理盤，股價漸漸走低，5日、10日均線先後與30日均線構成死叉，為賣出訊號。可是賣出訊號出現後，股價並沒有出現持續的下跌走勢，經過短暫的盤整後在2021年9月7日放量拉漲停，此後股價開始連續上漲。

【技術解盤】

　　從該股走勢圖中可以看出，當5日均線與10日均線形成死叉時，股價處於30日均線之上，根據死叉訊號的判別方法：「長期均線向上運行，短期均線在其上方死叉，賣出訊號較弱」，可知該死叉訊號的做空力度不強，屬於技術性回檔性質。隨後當5日、10日均線分別與30日均線再次形成死叉時，30日均線呈水平趨勢。

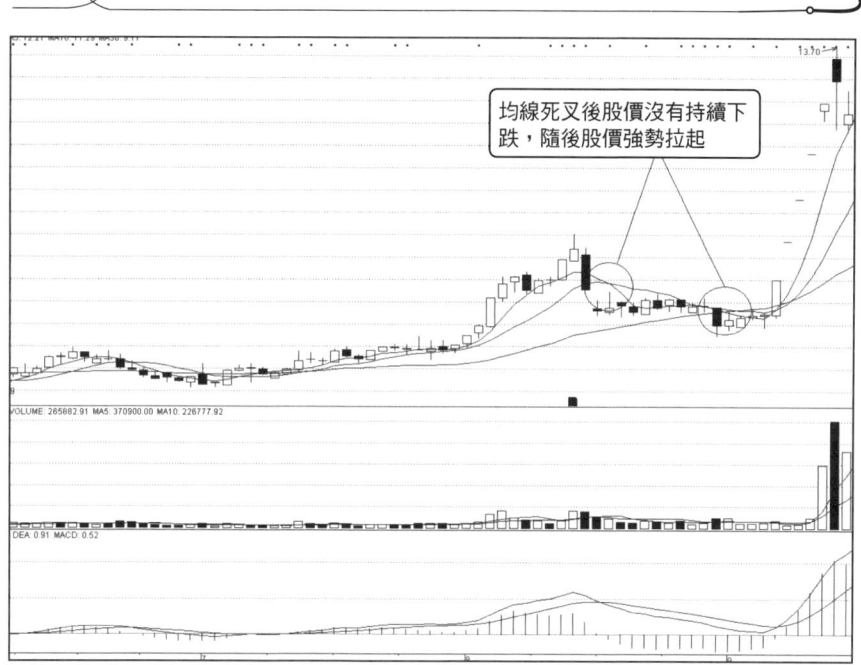

圖1-2 世龍實業（002748）日K線圖

均線死叉後股價沒有持續下跌，隨後股價強勢拉起

根據死亡交叉與普通交叉的區別：「一條均線下行，另一條均線走平，為普通交叉，賣出風險較大」，可知這次的死叉訊號做空力度也不強，往往是在回檔洗盤。而且，在整個回檔過程中，成交量沒有出現明顯放大，說明賣盤不大，籌碼已被主力牢牢鎖住。另外，股價回檔時受前期低點支撐明顯，在該位置獲得支撐後再度拉起，隨後股價出現快速拉升行情，從而形成虛假的死亡交叉。

3. MA交叉訊號辨別技巧

第一、以金叉買入的條件：

（1）形成金叉的條件：短期均線和長期均線出現交叉之前或交叉時，兩條均線必須同時向上傾斜。如果只有短期均線向上傾斜，而長期均線走

平甚至向下傾斜，只能說明短期均線與長期均線出現了普通交叉，並不是真正的黃金交叉。

（2）均線出現了金叉也不一定就可以買進，如在一個均線組合中，時間最長的30日均線在向下走，而時間短的5日、10日均線出現金叉，屬於短期反彈性質，原則上中長線投資者仍應保持空頭思維，持續觀望，而做短線的也只能在時間較短的均線出現金叉時，適量搶反彈就好。因為，如果30日均線往下運行，那麼5日、10日均線金叉所提供的買入訊號可靠性就不高，股價隨時受到30日均線向下運行的壓制，重新掉頭下行。

（3）當股價處在盤整期，往往會頻繁存在金叉失真現象。此時投資者就應放棄「金叉買入」的操作方法。

第二、以死叉賣出的條件：
（1）形成死叉的條件：短期均線和長期均線出現交叉之前或交叉時，兩條均線必須同時向下傾斜，否則只能看作它們之間出現了普通交叉，並不是真正意義上的死亡交叉。

（2）均線出現死叉也不一定就可以賣出，若在一個均線組合中，時間最長的30日均線在向上走，而時間短的5日、10日均線卻出現死叉，屬於短線洗盤，此時中長線投資者仍應保持多頭思維，持股觀望，而做短線交易的也只能在均線出現死叉時適量減倉。因為，向上的30日均線有較強的型態支撐，5日、10日均線通常會遇到支撐而重新上行。

當股價處於盤整期，也會經常出現死叉，當訊號存在失真現象。此時投資者應放棄「死叉賣出」的操作方法。

第三、黃金交叉與普通交叉的判別法：
（1）兩條均線同時上行，為黃金交叉，是買進訊號，買入風險較小。
（2）一條均線上行，另一條均線走平，為普通交叉，買入風險較大。
（3）一條均線上行，另一條均線下斜，為普通交叉，買入風險很大。

第四、死亡交叉與普通交叉的區別：

（1）兩條均線同時下行，為死亡交叉，是賣出訊號，賣出風險較小。
（2）一條均線下行，另一條均線走平，為普通交叉，賣出風險較大。
（3）一條均線下行，另一條均線上斜，為普通交叉，賣出風險很大。

第五、金叉和死叉買賣訊號強弱的判別：

當出現金叉時，兩線交叉時的夾角越大、上穿時的角度越陡，則買入訊號準確性越高；反之，平坦型、粘沾型的交叉和上穿坡度平緩，其力度往往較弱。對於這種上穿力度較弱、型態不明顯的金叉，要耐心地觀察幾天，並根據量價關係變化做決策。若價升量增，再考慮買入；若價升量減、價跌量減或價量關係無明顯變化，幾根均線仍呈沾粘狀態，則應繼續觀察，決不可貿然建倉。

當出現死叉時，兩線交叉時的夾角越大、下穿的角度越陡，則賣出訊號準確性越高；反之，平坦型、粘沾型的交叉和下穿坡度平緩，其力度往往較弱。對於這種走勢不十分乾脆、方向不很明確的死叉，要綜合其他因素一起分析，否則容易掉進陷阱。

二、MA型態訊號

1. 虛假銀三角

銀三角的圖形特徵：短期均線（一般為5日）由下往上穿過中期均線（一般為10日）後，繼續向上穿過長期均線（一般為30日、60日），即成為市場看漲的預報訊號，當中期均線也向上穿過長期均線，看漲訊號得到驗證，此時如果長期均線出現上行，則市場上漲訊號更加強烈。這時候三根均線會形成一個尖頭朝上的不規則的三角形，這個不規則三角形的出現，表示多方已積累相當大的上攻能量，是一個典型的買進訊號，所以人們依形象把它稱為銀三角或金三角。

但是，買入訊號出現後，股價不一定都會上漲，甚至很快出現下跌走勢，不久出現了「死亡角」，而這個「死亡角」卻是真的賣出訊號，因此

圖1-3 絲路視覺（300556）日K線圖

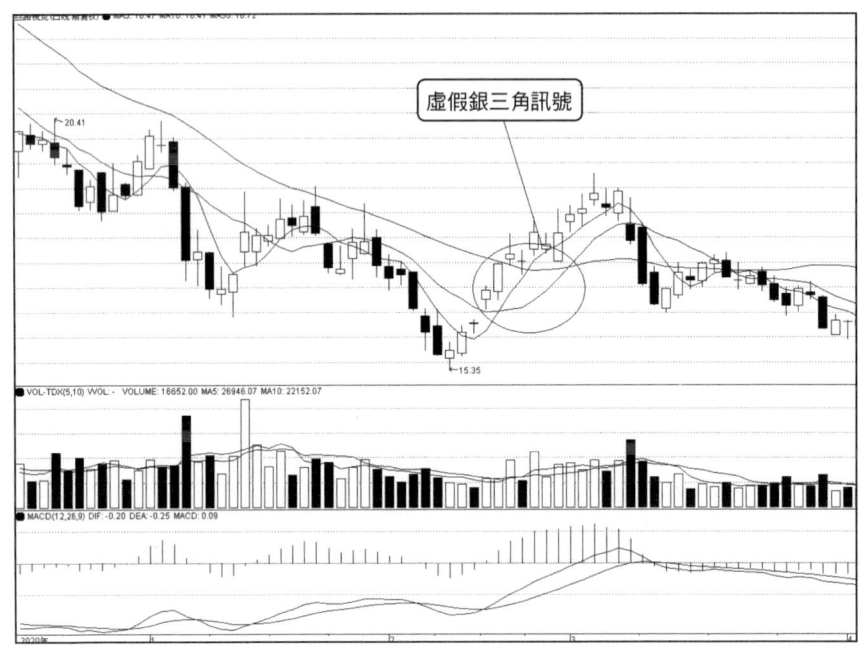

前面的銀三角就成為虛假訊號。

【案例】圖1-3：絲路視覺

　　2021年2月初，經過持續盤整後開始穩定回升，股價開始向上突破均線型態的壓制。5日均線金叉10日均線後繼續向上成功穿越30日均線，之後10日均線也金叉30日均線，此時30日均線向上移動，在圖上產生一個十分標準的銀三角型態，構成強烈的買入訊號。然而，這個訊號只是一次反彈或回彈而已，股價並沒有出現預期的走勢，上行壓力重重，在銀三角上方短暫震盪後，股價轉而向下。此後，在3月中旬構築了一個「死亡角」，繼續向下盤跌。

【技術解盤】

　　該股三線交叉後，股價受上方壓力，成交量沒有放大，說明短期做多力道不足。而且，在出現銀三角時，股價處於下跌趨勢之中，築底時間

不夠充分，底部不夠扎實，這種走勢屬於反彈性質。股價突破時成交量不大，力度不夠，有虛漲聲勢的嫌疑。均線交叉時，角度比較平坦，上攻力量比較單薄。因此，這個銀三角屬於虛假訊號。

2. 虛假金三角

股價在底部區域出現一個銀三角之後，小幅向上攀升，經過洗盤換手的調整後，股價開始呈現漲勢，出現同樣的技術型態，再次出現買入訊號，表示行情即將進入主升段。因其圖形與銀三角圖形特徵相同，「含金量」更高，故將後面出現的三角形稱為金三角，這是強烈的買入訊號。如果回檔確認成功，應大膽加倉買入，短期獲利概率極大。但是在實盤中，按照這個訊號買入股票後，股價不漲反跌的現象經常出現，「金三角」變成了「死亡角」。這個「死亡角」卻是真的賣出訊號，因此前面的金三角成為虛假訊號。

【案例】圖1-4：中國電影

2020年7月上旬，該股形成一個銀三角後，股價出現一波漲升行情，成交量溫和放大，然後出現回檔。8月中旬，出現一個金三角，預示股價即將進入拉升階段，通常是一個好的買入訊號。可是，買入後股價並沒有出現上漲行情，而是在經過短期的整理後出現下跌，之後形成一個「死亡角」，此後股價出現盤整走勢。

【技術解盤】

金三角訊號產生後，股價很快又回到短期均線與長期均線之間的地帶，顯示市場有所勉強，此時應放棄看漲思維。同時，股價受制於前期高點壓力，沒有形成突破走勢。而且，成交量無法持續放大，上升能量難以為繼，因此容易演變為虛假訊號。

銀三角、金三角從圖形特徵上來說沒有本質區別，不同的是出現的時間有先有後。習慣上，把均線上先出現的尖頭朝上的不規則三角形稱為銀三角，後出現的尖頭朝上的不規則三角形稱為金三角。通常，金三角的位置要高於銀三角，但也可能平於或略低於銀三角。

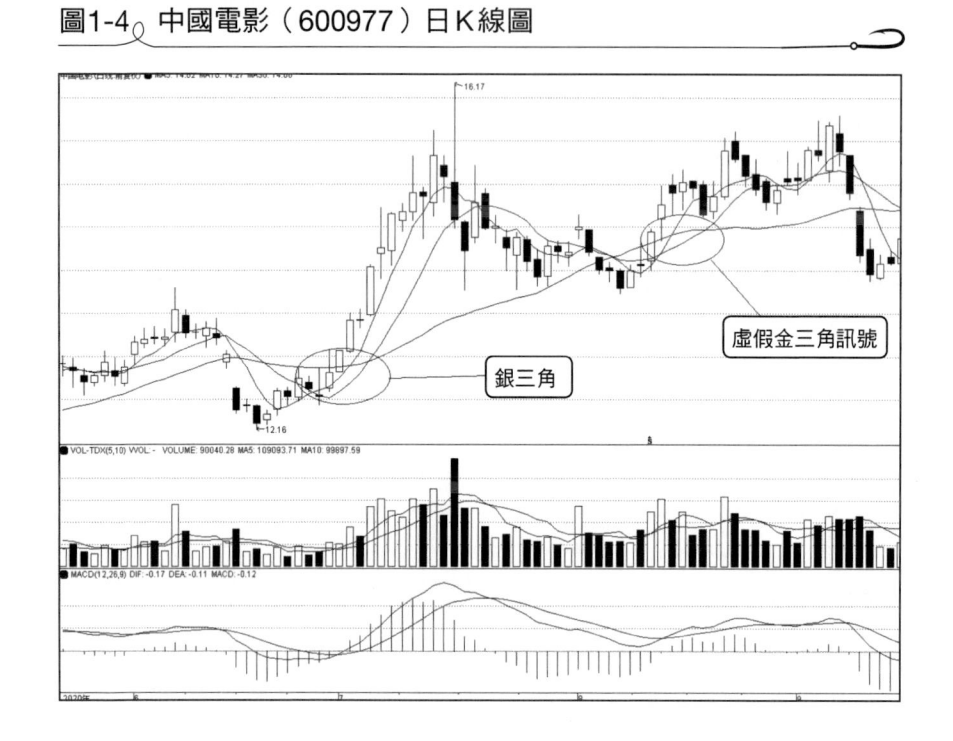

圖1-4 中國電影（600977）日K線圖

（圖中標註：銀三角、虛假金三角訊號）

　　從時間上來說，它們相隔時間越長，金三角的含金量就越高。就技術上而言，金三角買進訊號的可靠性要比銀三角高，原因是金三角的出現既是對銀三角做多訊號的再一次確認，又說明多方在有了前一次上攻經驗後，這次準備得更加充分，這樣成功機率自然更大一些。據經驗分析，在銀三角處買入股票，日後成功與失敗之比為7：3，而在金三角處買入股票，日後成功與失敗之比為8：2。

3.虛假死亡角

　　死亡角圖形的特徵：短期（5日）均線由上向下穿過中期（10日）均線後，繼續向下穿過長期（30日）均線，這是市場發出漲勢即將發生變化的預警訊號，隨後中期均線向下穿過長期均線，長期均線隨之下行，市場轉

勢訊號進一步得到驗證。

這時候三根均線在頂部形成一個尖頭向下的不規則三角形，該三角形稱為死亡角。這個不規則三角形的出現，表示空方已積累相當大的殺跌動能，是一個典型的賣出訊號。據經驗分析，在股價前期漲幅較大的情況下出現死亡角，日後股價下跌和上漲的比例為8：2。但是，死亡角同樣有許多陷阱，投資仍不能盲目看空殺跌。

【案例】圖1-5：健康信息

該股上市不久就出現盤整走勢，然後出現一波反彈行情，反彈結束後再次回檔。2021年4月22日，5日均線向下死叉10日均線後，再繼續死叉30日均線，不久10日均線向下死叉30日均線，30日均線走平後隨之下行，從而形成一個尖頭向下的死亡角型態。

這個令投資者心有餘悸的型態，形成強烈的賣出訊號。可是，死亡角出現後，股價並沒有出現大跌，而是經過短暫的橫盤整理後，在5月25日放量拉漲停，此後出現拉升行情，股價連拉7個漲停。

【技術解盤】

該股上市後就沒有好的表現過，存在中線上漲潛力，盤中長時間盤調非常充分，主力籌碼收集順利。在死亡角出現後，股價沒有持續下跌，表示做空力度有限。而且，在成交量方面變化不大，沒有引發恐慌。因此，下跌訊號的準確性較差，為主力刻意設置的技術陷阱。

4.MA型態訊號辨別技巧

移動平均線的交叉訊號非常客觀，也非常實用，但虛假訊號也非常多。金三角訊號出現後，不久又發生死亡角，死亡角訊號出現後，不久又產生金三角，買進賣出所賺的不夠手續費，幾趟下來虧損累累。那麼，投資者如何破解均線的這個虛假訊號呢？

（1）看均線交叉後的走勢

將均線及股價結合起來分析，當股價向上穿越了短期均線之後，又穿越了長期均線，那麼市場發出看漲訊號。但如果股價穿過長期均線之後

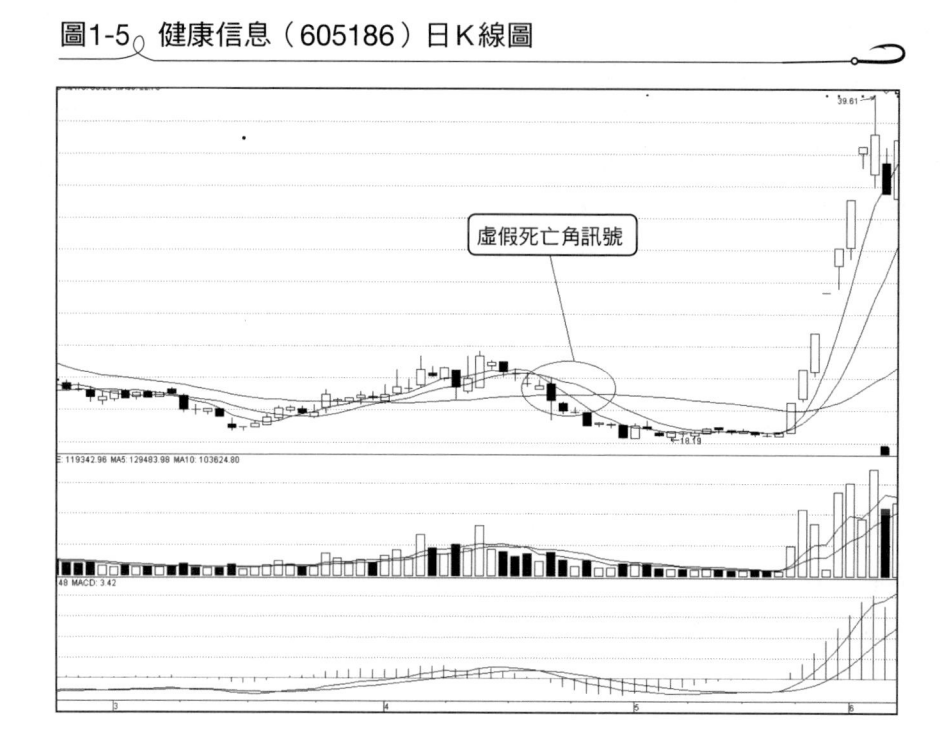

圖1-5 健康信息（605186）日K線圖

虛假死亡角訊號

又回到短期均線與長期均線之間的地帶，那麼看漲訊號被取消。同樣，當股價跌破兩條均線之後，構成了賣出訊號，但如果股價在跌破短期均線之後，又重新返回到長期均線與短期均線之間，賣出訊號就會變成假訊號。

（2）看股價運行趨勢

通常在上升趨勢中，均線出現死叉，可能是主力震倉洗盤，可以逢低關注；均線出現金叉，可能是主力震倉洗盤結束，行情進入新一輪漲勢。在下跌趨勢中，均線出現金叉，可能是反彈行情或主力為了自救刻意拉高股價，可以逢高離場；均線出現死叉，表示反彈或主力自救行情結束，行情進入新一輪跌勢，這是最後的逃命時機。在反覆的牛皮盤整中，交叉訊號經常出現，其準確率不高，可以暫時放棄使用。

（3）看成交量變化

當5日均線金叉（已經金叉或即將金叉）10日均線時，成交量連續溫和

放大，5日成交均量大於10日成交均量，表示有場外資金介入，否則要謹慎入場，不可盲目做多。當5日均線死叉10日均線時，股價出現下跌走勢，這時普遍看法是重勢不重量，但在實盤操作中有時（關鍵位置）成交量大小仍是重要的參考因素，因為無量難以製造恐慌盤面。

（4）均線出現交叉時，則要看是否得到MACD指標的配合

當均線已經或即將出現金叉時，如果MACD指標已經或即將趨向多頭，則均線金叉有效性大大提高。當均線已經或即將出現死叉時，如果MACD指標已經或即將趨向空頭，則均線死叉有效性將大大增強。如果二者相互矛盾，則準確性較差，可能是主力刻意設置的陷阱。

三、MA位置訊號

均線型態對股價具有支撐和壓力作用，股價在均線之上由上向下形成的均線型態（通常以30日均線作為參考依據）附近時，遇到強大的支撐而出現回升走勢，此時為最佳買入點。同樣，股價在均線之下由下向上到達30日均線附近時，遇到強大的壓力而出現回落走勢，此時為最佳賣出時機。

但在實盤中，這個買賣位置並不可靠，尤其是在盤整行情中，這個位置更不可靠，有時甚至與投資者的判斷差之千里，以致造成許多失誤。

1. 虛假支撐

在震盪或持續漲勢行情中，通常股價回落到30日均線附近時，會遇到較強的技術支撐，再次出現回升漲勢，因此30日均線附近是一個較好的買入機會。但是，實盤中主力為了達到出貨的目的，經常會利用這些技術位置設置虛假訊號。在盤面上的表現為股價在30日均線上方做一個回升的假動作，或者只是在30日均線附近做短暫的停頓，當投資者以為有支撐而紛紛入場後，股價卻很快向下跌破30日均線支撐，形成真正的持續下跌走

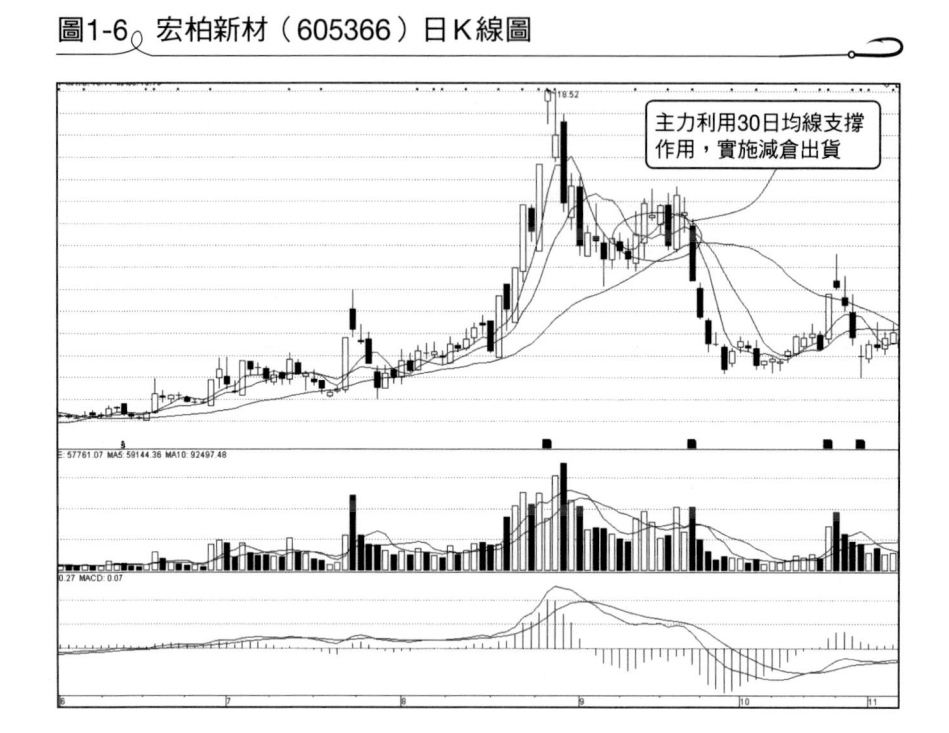

圖1-6：宏柏新材（605366）日K線圖

主力利用30日均線支撐作用，實施減倉出貨

勢，主力成功地製造了一個支撐陷阱。

【案例】圖1-6：宏柏新材

股價見底後緩緩向上推高，然後出現一波加速拉高行情。股價上漲遇到上方壓力，出現倒V形反轉回落。當股價回落到30日均線附近時，遇到技術和心理支撐，得到短線資金的關注，股價出現回穩盤整，出現多根上漲陽線。不少投資者看到此情形，以為股價遇到技術支撐，預示股價將出現新一輪上漲行情，而紛紛買入。可是，買入後股價卻出現滯漲，2021年9月23日一根跌停大陰線，切斷了均線型態，向下跌破30日均線，之後股價快速下跌，把散戶牢牢套住。

【技術解盤】

該股的上漲高點正好是前面下跌的起始位置，這個位置對股價上漲構成強大的壓力。股價從頂部回落後，回檔幅度太深，使上漲氣勢減弱，對

後期上漲構成新的壓力,「會漲的股票不會跌,會跌的股票不會漲」說的就是這種盤面情形。此外,股價在30日均線處停留時間過長,支撐力度被消磨。所以,這是主力借30日均線的支撐減倉出貨的一種操盤手法。

2. 虛假壓力

股價見底後向上回升,當回升到30日均線附近時,遇到均線型態壓制而回落,因此使30日均線附近形成了一個較好的技術賣點。但是,實盤中主力為了達到建倉或洗盤的目的,故意在這些位置製造空頭陷阱,造成股價無力向上突破的假象,迫使散戶拋售離場,主力則輕鬆接走低價籌碼。

在盤面上表現為,股價只是在30日均線下方稍做回落態勢,或者只是在30日均線附近作短暫停頓,當投資者紛紛賣出籌碼後,股價卻很快向上成功突破30日均線,出現一輪真正的漲升行情,主力成功地完成了一個空頭陷阱。

【案例】圖1-7:福鞍股份

該股主力為了吸納更多的低價籌碼,2021年5月19日採取向下打壓的措施,一根大陰線導致型態破位,當主力吸納了大量的低價籌碼後,股價開始緩緩回升。當股價回升到30日均線附近時,為了日後順利拉高出貨,主力再次展開洗盤走勢,造成股價無力突破30日均線的假象。在整理過程中,股價屢次突破30日均線時,均遇阻回落,這更讓投資者感到猶豫和擔心,感覺30日均線附近有重大壓力,從而動搖了持股信心。當浮動籌碼清洗完畢之後,7月22日股價開始放量上漲,成功突破30日均線的壓力,此後展開快速上漲行情。

【技術解盤】

該股擊穿30日均線後,下跌幅度不大,這在邏輯上講不通,既然是突破,那麼股價肯定會快速下跌,迅速脫離突破區域,而該股卻在突破位置附近徘徊,這就使人懷疑這是假突破。而且,在股價擊穿30日均線後,成交量大幅萎縮,這說明主力拋售的可能性不大,主力籌碼仍穩穩鎖住,既然主力沒有拋售動作,那麼後市一定有上漲機會。

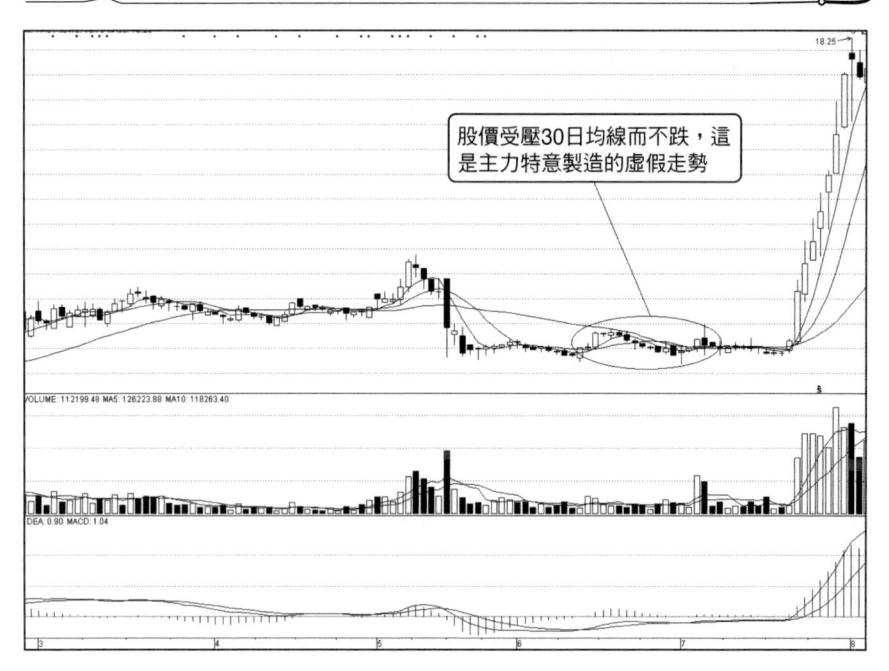

圖1-7 福鞍股份（603315）日K線圖

股價受壓30日均線而不跌，這是主力特意製造的虛假走勢

此外，當股價回升到30日均線附近遇阻後，也沒有出現明顯的下跌走勢，說明下跌空間十分有限。投資者在實盤中遇到這種個股時，當股價放量返回30日均線之上，可以積極買入做多。

3. MA位置訊號辨別技巧

在均線型態中，30日均線是一條非常重要的均線，它既是中短期炒作的生命線，也是中長期投資的輔助線。也正因如此，30日均線長期以來被主力用來製造各種虛假技術訊號，所以想要成功的投資者應當掌握破解陷阱的方法。

（1）看30日均線自身的運行趨勢

若30日均線呈上升走勢，則支撐力度較強，通常是洗盤回檔的低點，

此處可作為介入位置考慮。若30日均線呈下行趨勢，則壓力力度較強，通常是反彈行情的高點，此處可作為賣出選擇。

若30日均線基本呈橫向運行，可以區別三種現象：

① 是在長期的震盪過程中形成橫向運行走勢，則參考意義不大。

② 是在上漲末期構築頭部過程中形成的橫向運行走勢，則支撐力度較弱，壓力力度較強。

③ 是在下跌末期構築底部過程中形成的橫向運行走勢，則壓力力度弱，支撐力度強。

（2）觀察盤面氣勢

當股價到達30日均線附近，能迅速折返的，表示多空力量氣勢強大，則支撐和壓力力道強，若股價在30日均線附近逗留三、五日，則支撐和壓力力道弱，大多是主力故意所為，虛假訊號的可能性大，不多日股價脫離這個位置的可能性非常大。

（3）看出現支撐和壓力作用的次數

在一輪持續的漲勢行情中，曾經出現過幾次（一般為3次以下）明顯的支撐作用，則其後（4次以上）出現的支撐作用就不那麼有力了，越往後支撐力道越弱，只要股價跌破均線支撐，就應堅決離場。

同樣，在一輪持續的跌勢行情中，曾經出現過幾次（一般為3次以下）明顯的壓力作用，則其後（4次以上）出現的壓力作用就不那麼明顯了，越往後壓力力道越弱，一旦股價升破均線壓制，就可以中長線介入。

（4）分析成交量的變化

通常股價在30日均線附近得到支撐而回升的，需要大的成交量配合，將股價迅速推高，其支撐訊號的可靠性就高，如果縮量盤升或在均線附近逗留時間較長，則往往會失去支撐作用。

（5）結合MACD、RSI、DMI等技術指標進行綜合分析

若能相互驗證，則可信度高。同時，還要運用道氏理論、型態理論及波浪理論等進行分析研判，得出的結果更為可靠。

四、MA突破訊號

在一個震盪或趨勢行情中，股價運行一段時間後，多空雙方力量將會發生改變，股價將選擇另一個方向發展，並朝著這個方向運行一段時間和距離。因此，在股價突破初期做好買賣策略，可以獲得較大收益或減少市場風險。但是，突破訊號有真有假，難以辨別，投資者應多加研判。

1. 向上假突破

在下跌趨勢中，通常30日均線對股價運行構成較大的壓力，股價出現反彈觸及30日均線時，大多受到均線的壓制而再現跌勢。如果股價在某段時間裡向上拉升，有效突破30日均線的壓制，而且均線型態呈現向上金叉，表示股價已探底部，行情將轉跌為升，可在回檔時介入。但是，這種訊號也經常為虛假訊號，股價突破後並沒有出現預期的效果，且很快回落出現一輪新的跌勢，從而成為虛假向上突破訊號。

【案例】圖1-8：麥迪科技

股價經過一輪下跌後，下跌速度漸漸放緩，2021年7月19日，股價向上突破30日均線的壓力，這時不少散戶以為股價見底回升，因而紛紛買入做多。可是，股價並沒有出現預期的上漲行情，在30日均線上方作短暫的盤整後，開始新一輪下跌走勢，將買入的散戶套牢。

【技術解盤】

該股為什麼會形成假突破？其原因如下：

（1）是30日均線處於下行狀態，對股價既沒有支撐作用，也沒有助漲作用。

（2）是股價上漲面臨前期盤整區的壓力。

（3）是成交量不大，盤面顯得過於勉強，股價屬於弱勢反彈，突破有虛假成分。

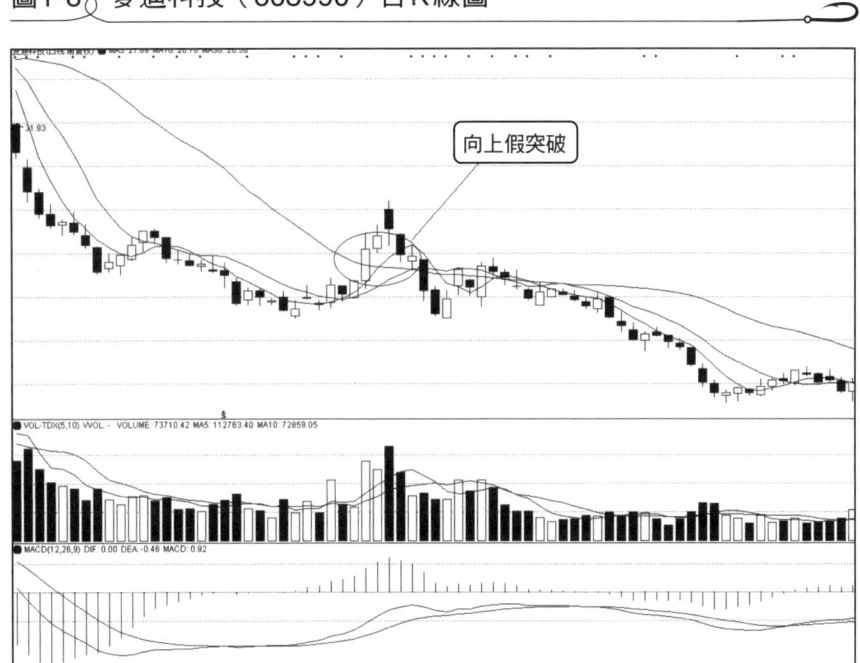

圖1-8 麥迪科技（603990）日K線圖

向上假突破

2. 向下假突破

在上漲趨勢中，通常30日均線對股價會構成較強的支撐，當股價回檔觸及30日均線時，大多受到均線的支撐而再次拉升。如果股價在某段時間裡向下運行，有效跌破30日均線的支撐，而且均線型態向下死叉，表示股價頭部已經形成，行情將轉升為跌，可在回升反彈時賣出。但是，這種訊號也經常具有欺騙性，股價突破後只是向下小幅調整，且很快展開更為有力的上漲行情，從而成為向下假突破訊號。

【案例】圖1-9：芯朋微

股價在底部經過充分的整理後，成功構築了一個大型的雙重底型態，然後開始逐步向上盤升，當股價成功突破雙重底頸線壓力位後，主力為了日後順利拉高出貨，便開始洗盤整理。2021年7月14日，股價向下擊穿30日

完整解析趨勢線交易技術

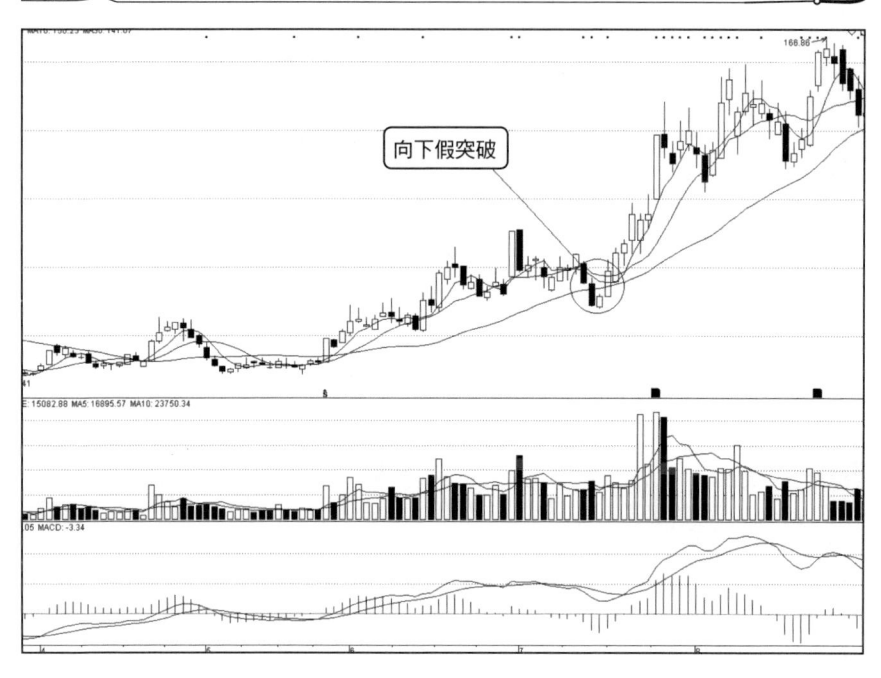

圖1-9 芯朋微（688508）日K線圖

向下假突破

均線的支撐，5日均線死叉10日均線，形勢對多方非常不利，此時不少投資者選擇拋售觀望。但是，第二天股價就止跌，第三天重返30日均線之上，之後股價繼續強勢走高。

【技術解盤】

該股經過長時間的調整後，主力吸納了大量的低價籌碼，這部分籌碼根本沒有獲利，股價處於主力成本區域附近，若向下突破，假突破的概率較大，下跌是為了更好地拉升，因而屬於洗盤性質。成交量迅速萎縮，表示主力控盤程度好，並未引起市場恐慌，在此處賣出的是散戶，而不是主力。

而且，在股價向下擊穿30日均線後，沒有持續下跌，表示下跌勢頭不夠兇猛，既然是突破，那麼股價肯定會快速下跌，迅速脫離突破區域，而該股卻在突破後立即止跌，這就使人懷疑為假突破了。同時，此次回檔也

是對股價突破雙重底頸線的一次確認走勢，從盤面可以看出，當股價回到頸線附近時即獲得技術支撐而向上回升，說明股價向上突破有效，雙重底型態成功構成。因此，投資者可以在股價返回到30日均線之上或越過前期高點時積極買入做多。

3. MA突破訊號辨別技巧

在實際操作中，投資者經常為突破是真是假而大傷腦筋，那麼如何判斷股價是否有效突破？

（1）觀察突破時股價所處的位置或階段

如果處於底部吸貨區、中途整理區、主力成本區附近，若向上突破，真突破的概率較大，若向下突破，假突破的概率較大。如果處於高位區、遠離主力成本區域，若向上突破，假突破的概率較大，若向下突破，真突破的概率較大。

（2）有效突破一般都建立在已經充分整理的基礎上

充分整理的形式有兩類：

一類是我們已知的各類型態整理，如三角形整理、楔形整理、旗形整理、箱體整理等。

另一類是主力吸完貨以後，以拖延較長時間作為洗盤手段，或者因等待題材或拉升時機，長期任憑股價回落下跌，股價走出了比型態整理時間更長、範圍更大的整理。股價一旦突破此種整理盤，則往往是有效突破。但是，由於這種整理超出了型態整理的範圍，因而有時候投資者是難以察覺和辨別的。

（3）在突破時成交量應有效放大

如果成交量過低突破肯定無法成立，如果成交量特別大股價位置又在高處，需提防主力以假突破的方式出貨。

（4）股價上漲必須有氣勢，走勢乾淨俐落，不拖泥帶水

突破後應能持續上漲，既然是突破就不應該磨磨蹭蹭，如果放量不漲就有出貨的嫌疑。

（5）對主力選擇突破時機需要仔細研究

走勢較好價位又不高的時候沒有疑問，如果走勢一般就需要結合主力成本、股價位置、主力類型及其控盤特性進行分析，在大勢較好的時候走勢不逆勢，在市道不好的時候突然逆勢突破，要提防主力出貨。

（6）突破要成功跨越或脫離某一個有意義的位置

比如一個整數點位、一個整理型態、一條趨勢線、一個成交密集區域或某一個特定時間等，否則判斷意義不大。

五、MA葛氏訊號

移動平均線是由美國投資家葛蘭碧所創立的。「葛氏八大法則」在市場應用中歷久不衰，長期以來為技術分析者所崇尚。但是，實盤中主力經常利用「葛氏八大法則」製造虛假訊號欺騙散戶，故稱其為「葛氏陷阱」。

1.虛假探底

「葛氏八大法則」中第二條大概內容是：「股價在移動平均線的上方運行，雖然股價跌破移動平均線，但又立刻回升到移動平均線之上，此時表示趨勢並沒有改變，股價仍然有可能持續上升，此為買入訊號。」但是，主力經常利用這一法則製造多頭陷阱。

【案例】圖1-10：金科股份

2021年2月，股價經過一輪急跌後回穩反彈，均線型態形成多頭排列，股價成功站在30日均線之上，當股價反彈到前期盤整區域的下邊線附近時，遇到壓力而回落，向下擊穿30日均線後又很快回升到30日均線之上，兩次放量向上拉起，表示上升趨勢並沒有改變，通常是主力洗盤所為，股價仍然有可能持續上升，因而是買入訊號。可是買入後不久，股價緊貼30日均線盤整了幾個交易日，然後向下回落且漸漸走低，從而成為多頭陷

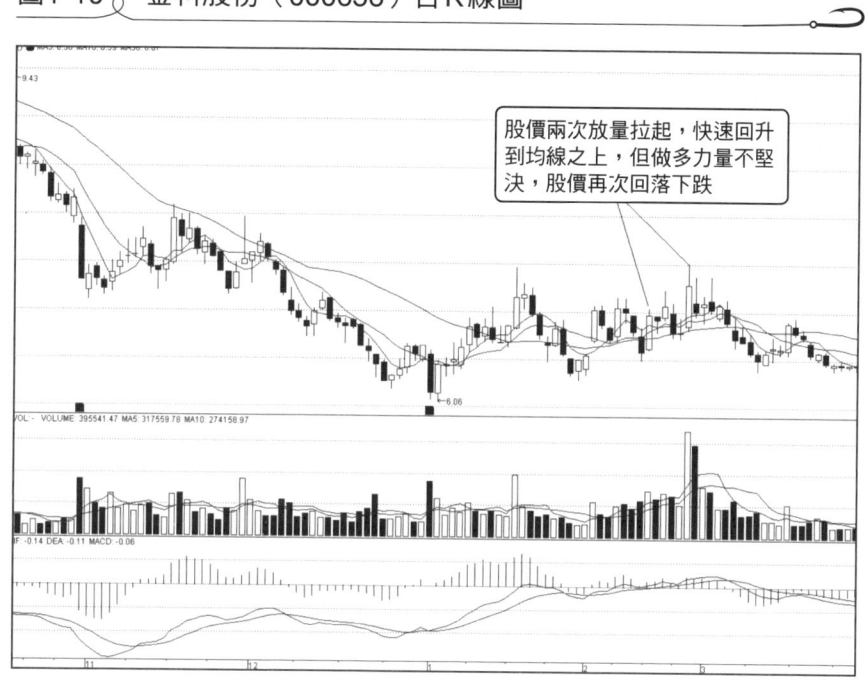

圖1-10 金科股份（000656）日K線圖

> 股價兩次放量拉起，快速回升到均線之上，但做多力量不堅決，股價再次回落下跌

阰。

【技術解盤】

　　從該股走勢圖可以看出，股價上漲遭到低位獲利盤和前期套牢盤的打壓，成交量一度放大，但這部分既有出貨量，也有主力對倒量，因此這時一旦股價回落，往往又形成新的壓力位置。當股價回落並擊穿30日均線後，雖然股價短期重返30日均線之上，但很難再越過本輪的反彈高點，說明主力做多意願不強烈，因此投資者這時不宜盲目看多，應謹慎操作。

2. 虛假做頭

　　「葛氏八大法則」中第六條大概內容是：「股價在移動平均線的下方運行，雖然向上突破移動平均線，但又立刻回跌到移動平均線之下，此

圖1-11　盛通股份（002599）日K線圖

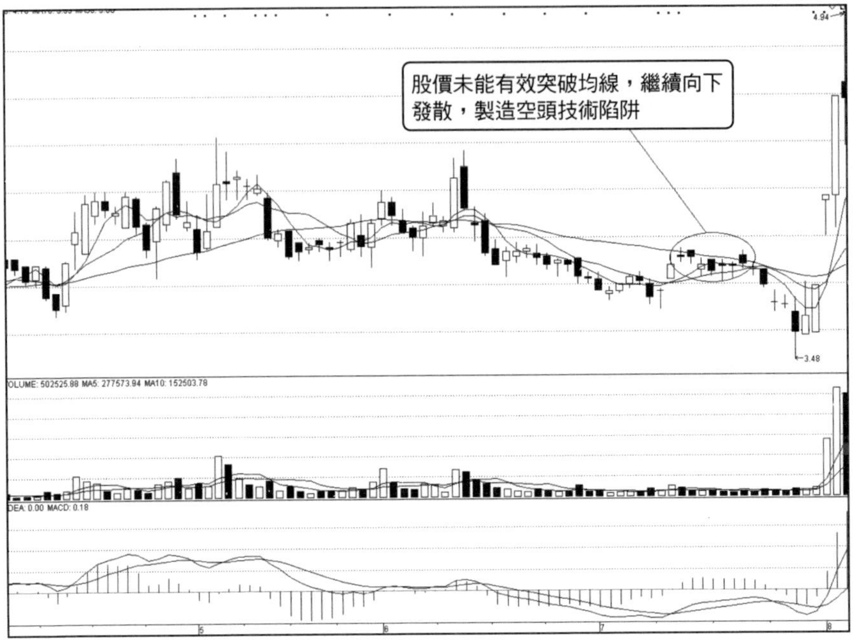

股價未能有效突破均線，繼續向下發散，製造空頭技術陷阱

時表示趨勢並沒有轉變，價格仍然有可能持續下跌，此為賣出訊號。」但是，主力經常利用這一法則製造空頭陷阱。

【案例】圖1-11：盛通股份

　　該股反彈結束後，再次出現盤整，均線型態向下發散，股價處於30日均線之下，顯示盤面已經走弱。2021年7月中旬，股價幾次出現向上反彈並穿過30日均線，但幅度不大且很快回落到30日均線之下，表示股價仍然處於下降趨勢之中，後市仍以下跌調整為主，因此是一個賣出訊號。可是賣出後不久，股價並沒有出現持續的下跌走勢，而是在回穩後向上突破30日均線的壓制，出現一波主升段行情。

【技術解盤】

　　從該股走勢圖中可以看出，股價雖然在上漲時遭到30日均線的壓力，但向下打壓力度不大，沒有出現持續的下跌走勢。在下跌過程中，成交量

十分低迷，說明主動性的賣盤不明顯，盤中籌碼已被主力鎖定，因此後市上漲的概率較大。

3. MA葛氏訊號辨別技巧

（1）分析移動平均線的斜率程度

對於太陡峭的均線，要分析股價是不是一步上漲到位，謹防後市進入盤整。太平坦的均線，支撐力度不強，無法發揮助漲助跌的效果。理想的均線角度應當在45度左右，盤面張弛有序，脈絡清晰可見。

（2）分析股價前期下跌幅度大小以及調整時間長短

若前期下跌幅度大、調整時間長，股價處於初漲階段，則後市上漲的可能性大，反之應謹慎看多；若前期上漲幅度大、調整時間短，股價處於上漲末期，則後市下跌的可能性大，反之不宜盲目看多。

（3）股價在回檔結束後的上漲過程中，要有成交量的積極配合

第二波行情的成交量要大於前面起漲時期的成交量，這樣才能使行情向上發展。

（4）結合MACD、RSI、DMI等中長線技術指標進行綜合分析，股價的走勢得到多項技術指標支持，其發出的訊號更準確。

1-2 乖離率（BIAS）：重新理解超買與超賣

■ 一、BIAS的假超買、超賣訊號

1. 虛假超買

　　股價見底後出現一輪漲升行情，BIAS指標從負值回升並穿越0值向正值發展，運行距離越來越遠，BIAS指標脫離0值向正值發展，就會形成短線超買現象，這時通常股價會有向下拉回「回歸平均線」，此時應賣出股票。但在實盤操作中，指標向0值稍做「回歸」或「回歸」到0值附近時，再次反轉向上，BIAS指標正值越來越大，股價出現飆升走勢，從而使前面的「回歸」走勢成為虛假的超買訊號。

【案例】圖1-12：上海電力

　　主力在底部的整理過程中吸納了大量的低價籌碼。股價脫離底部向上走高時，主力為了日後能更好地拉升股價便展開洗盤整理，股價出現回檔，同期的BIAS指標從0值附近向正值持續發展，BIAS指標值不斷加大向0值「回歸」，此時應該賣出股票。但是，股價沒有下跌多少就反轉上行，突破前期高點後，出現一輪快速上漲行情。

圖1-12　上海電力（600021）日K線圖

股價突破後回檔確認時，獲前期盤區支撐

BIAS指標小幅回落，反轉向上

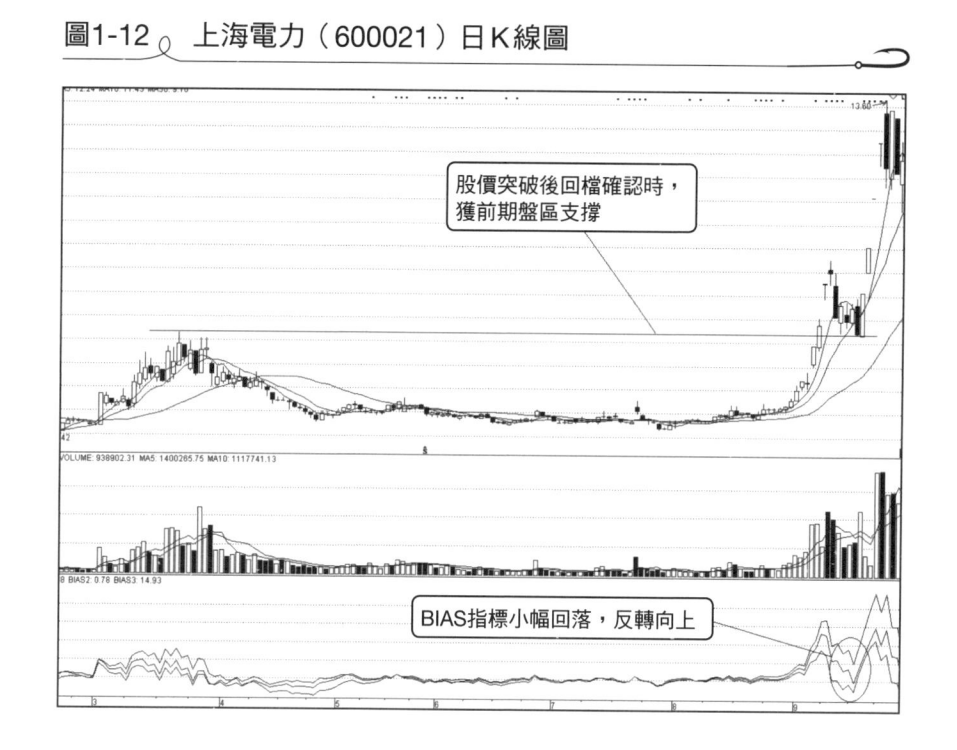

【技術解盤】

從該股走勢圖中可以看出，一是股價放量突破前期盤整區後，本身需要一次技術回檔的確認過程，同時也是洗盤的需要；二是上漲氣勢已經形成，10日均線支撐多頭發展，成交量呈現委縮，盤中浮動籌碼較少，量價配合得當；三是在股價回落到前期盤區高點附近時，獲得強大的技術支撐，主力洗盤恰到好處。投資者遇到這種個股時，可以在前期盤整區附近買進，持股待漲。

2. 虛假超賣

股價見頂後出現一輪跌勢行情，BIAS指標從正值回落並穿過0值向負值發展，運行距離越來越遠，BIAS指標脫離0值向負值發展，就會形成短

完整解析趨勢線交易技術

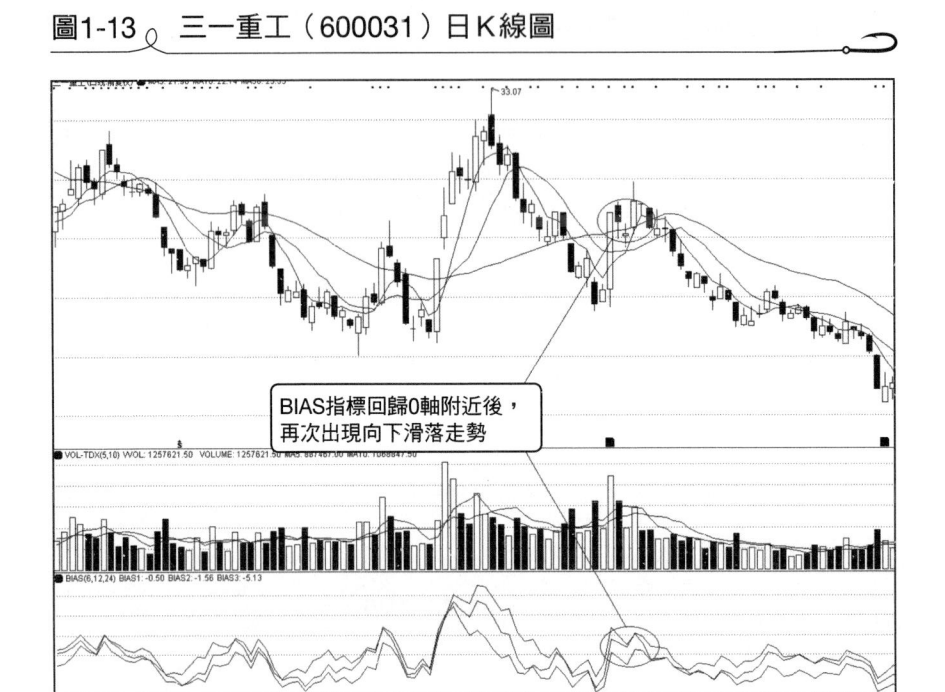

圖1-13。三一重工（600031）日K線圖

> BIAS指標回歸0軸附近後，再次出現向下滑落走勢

線超賣現象，股價會產生向上拉升「回歸平均線」，此時應買入股票或搶反彈。但在實盤操作時，指標向0值稍做「回歸」或「回歸」到0值附近時，再次轉頭向下，BIAS指標負值越來越大，股價出現深跌走勢，從而使前面的「回歸」走勢成為虛假的超賣訊號。

【案例】圖1-13：三一重工

經過幾輪炒作後，股價高高在上，此時主力開始倒貨，股價見頂後逐波下跌。2021年8月股價反彈結束後，再次回落到前期低點附近，短期形成超賣現象。9月1日股價出現反彈，BIAS指標向0值回歸，這可以作為買入訊號。可是，事實上股價並未止跌回穩，稍做整理後又繼續向下回落，搶反彈者不但難以賺錢，而且一不小心就被套牢。

【技術解盤】

該股屬於近年典型的資金抱團股，前期股價穩步走高，當資金抱團解

散後，股價見頂回落並逐漸走弱，形成一條明顯的下降趨勢線，這個趨勢一旦形成，短期內很難止跌上漲。而且，成交量出現明顯的萎縮狀態，雖然也反映下跌動能不夠強大，但更加說明缺乏上漲動力，因而不宜介入。

3. BIAS超買與超賣辨別技巧

BIAS指標離0值多遠才算遠呢？

BIAS是一個超買超賣指標，至於這個「值」是多少，必須根據不同的大勢、不同的勢道、不同的個股進行追蹤研究，才能得出比較準確的資料。在股市中，一些大師在運用BIAS指標操盤時，積累了很多的寶貴經驗。為了幫助投資者更好理解和正確運用BIAS指標，將BIAS指標經驗做了彙集（其指標數值僅是參考值，所觀察的物件和時間不同，指標數值也存在著較大的差異。投資者在參考運用這些經驗時，要結合實際靈活掌握）。

（1）6日BIAS值低於-3時，是買進時機；高於3.5時，是賣出時機。

12日BIAS值低於-4.5時，是買進時機；高於5時，是賣出時機。

24日BIAS值低於-7時，是買進時機；高於8時，是賣出時機。

72日BIAS值低於-10時，是買進時機；高於14時，是賣出時機。

（2）對大盤而言，10日BIAS值低於-10時，為買進時機。30日BIAS值高於30時，為賣出時機。

對個股而言，10日BIAS值低於-15時，為買進時機。30日BIAS值高於35時，為賣出時機。

（3）在弱勢市場，6日BIAS值達到6以上時，為賣出時機；達到-6以下時，為買入時機。12日BIAS值達到5以上時，為賣出時機；達到-5以下時，為買入時機。

在強勢市場，6日BIAS值達到8以上時，為賣出時機；達到-3以下時，為買入時機。12日BIAS值達到6以上時，為賣出時機；達到-4以下時，為買入時機。

（4）在多頭市場的狂漲時期，72日BIAS值達到70以上時就可賣出。

但一般多頭市場的主升段及空頭市場重挫後強勁反彈，72日BIAS值達到40時，為賣出時機。在多頭市場的初升段、末升段，72日BIAS值達到20以上時，為賣出時機。

在大空頭市場的初跌階段，72日BIAS值達到-20時為買進時機。在主跌段，72日BIAS值達到-40時為買進時機。在空頭市場中的反彈行情中，72日BIAS值達到-25時即可買進。

（5）在操作中，如果BIAS值設定得過大，投資者會發現機會少；如果BIAS值定得過小，將會發生賣出後上漲、買入後下跌的現象。因此投資者在使用BIAS指標時，應注意要有一定的範圍，並根據當時的實際情況來決定，過分地強調一個數值，反而容易引起失誤。

（6）6日BIAS值為-3～-5時，為買進訊號；3～5時為賣出訊號。10日BIAS值為-5～15時，為買進訊號；5～15時為賣出訊號。30日BIAS值為-15～-30時，為買進訊號；15～30時為賣出訊號。

（7）除特大消息影響外，10日BIAS值在10以上時，應賣出停利；在-10以下時，一般會有強勁的反彈。

（8）10日BIAS值低於-5時，為買進時機；在5以上時，為賣出時機。
30日BIAS值低於-7時，為買進時機；若高於8時，為賣出時機。
72日BIAS值低於-10時，為買進時機；高於14時，為賣出時機。

（9）大盤的30日BIAS值達到±12～±15時，會有大回檔或大反彈出現。但也要注意，當大盤走勢過於強盛或過於疲軟的時候，30日BIAS值達到±18～±25的時候，才會出現大回檔或大反彈。

（10）BIAS數值在選擇時，要考慮常態和非常態兩種情況。在常態下，BIAS值達到以下數值時，即可買進或賣出。賣出時，5日BIAS值大於3.5，10日BIAS值大於5，20日BIAS值大於8，60日BIAS值大於10。買進時，5日BIAS值小於-3，10日BIAS值小於-4.5，20日BIAS值小於-7，60日BIAS值小於-10。

在非常態下，如遇到股價由於突發的利多或利空消息而暴漲暴跌時，BIAS參數應做修正：

① 指數的10日BIAS值大於30時，為賣出時機；小於-10時，為買進時

② 個股的10日BIAS值大於35時，為賣出時機；小於-15時，為買入時機。

二、BIAS的假支撐、壓力

1. 虛假支撐

股價脫離底部後走出上漲行情，當上漲到了一定的幅度時，主力開始洗盤整理，股價產生回檔。當BIAS指標回落到0值附近（或微破0值）時，大多會獲得支撐，經過短暫的盤整後，股價再重新上漲。投資者可以在0值附近逢低介入（在大勢上漲行情中，如遇負BIAS值，可以在回跌時低價買進，此時進場風險較小）。但在實際操作時，BIAS值回落到0值附近時，僅作短暫的停留後（主力出貨的最佳位置），最後股價向下滑落，股價頭部出現。

【案例】圖1-14：美錦能源

該股經過長時間的下跌調整後，在2021年8月出現一波力度較大的放量上漲行情，BIAS指標從負值到0值再到正值，BIAS值不斷加大。不久，股價出現滯漲，BIAS值也回落到0值附近。通常這是股價洗盤走勢，BIAS指標0值附近具有支撐作用，後市漲勢可期，可以介入做多。但是，股價經過短暫的盤整後，9月22日向下跌破，BIAS向負值發散，反彈頭部形成，股價陷入弱勢。

【技術解盤】

該股經過一輪強力的漲升行情後，在回落調整時30日均線上升斜率開始趨緩，走勢不夠堅挺，重心出現下移，表示行情的上升動力在逐漸衰竭，上升換擋壓力大。高位又出現大幅放量，顯示有主力對敲減倉，隨著減倉結束成交量也逐步萎縮，上攻力度逐漸減弱。從ROC、OBV、BOLL等技術指標觀察，也出現走弱跡象。因此，在股價沒有成功脫離盤整區域之前，只能作為疑似支撐訊號，不能作為確認訊號來操作。

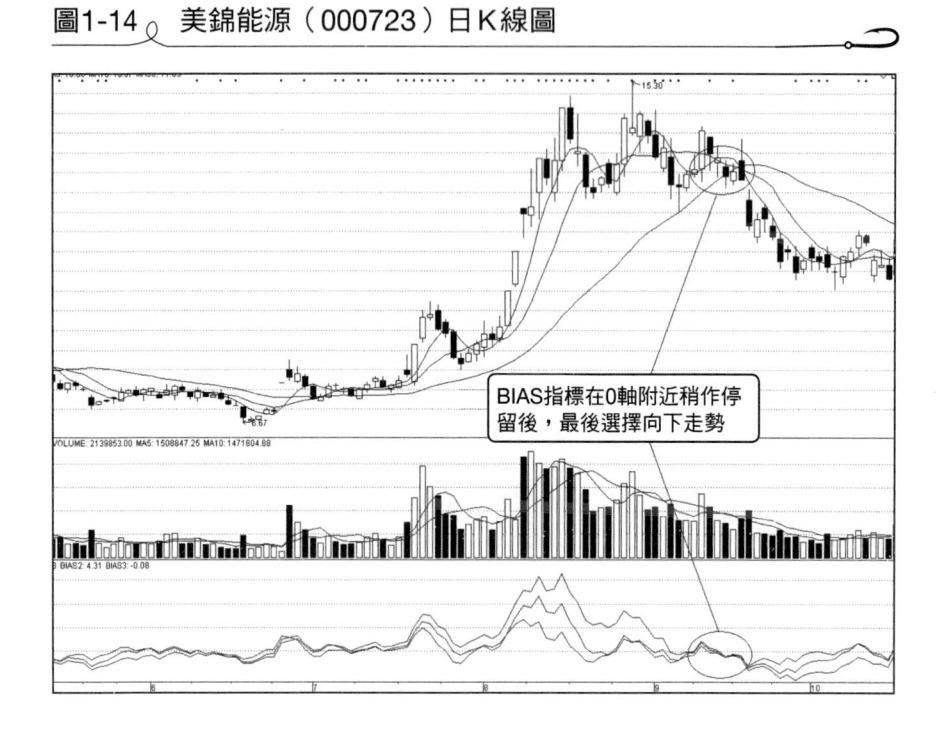

圖1-14 美錦能源（000723）日K線圖

BIAS指標在0軸附近稍作停留後，最後選擇向下走勢

2. 虛假壓力

　　股價脫離頂部後開始了下跌行情，當下跌到一定的幅度時，股價產生反彈。當BIAS指標上升到0值附近（或微穿0值）時，大多會受到壓力，經過短暫的盤整後，股價往往再陷跌勢，可以在0值附近逢高減碼（在大勢下跌行情中，如遇正BIAS值，可以在回升時高價出售）。但是在實盤操作時，BIAS上升到0值附近時，僅作短暫的停留後（主力吸貨的最佳位置），股價向上漲升，階段性底部出現。

【案例】圖1-15：華亞智能

　　該股完成一波反彈後回跌，然後開始震盪整理，30日均線緩緩下壓。BIAS指標從負值上升到0值附近，通常0值對股價具有壓力作用。通常在弱勢反彈行情中，均線產生一定的壓力，短線股價難以上升，可以賣出觀

圖1-15 華亞智能（003043）日K線圖

BIAS指標在0軸附近徘徊後，向上運行

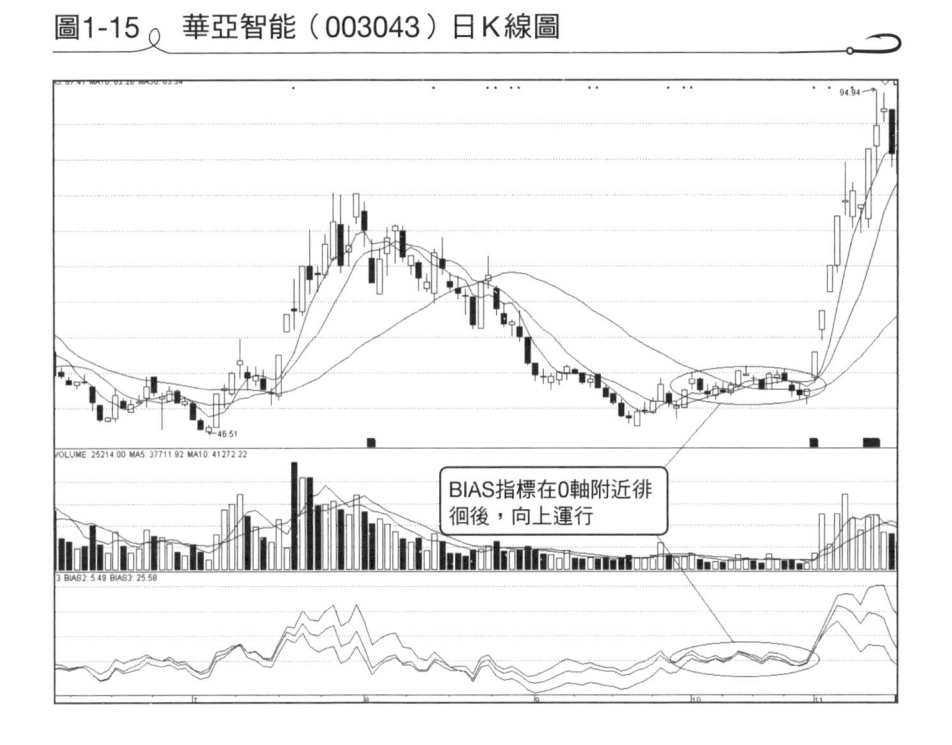

望。但是，股價在均線附近經短暫盤整後，2021年11月1日選擇向上突破走勢，BIAS向正值發散，股價成功脫離底部，漲升行情由此展開。

【技術解盤】

該股上漲的理由：

（1）股價反彈回落後，在前期盤整區的低點附近獲得支撐。

（2）當股價整理到30日均線「卡口」位置時，沒有受30日均線壓制而下跌。

（3）是成交量出現持續萎縮，表示下跌動能不足，賣盤不大。從ROC、OBV、BOLL等技術指標觀察，也明顯出現走穩跡象。在此處投資者不必恐懼，可以堅定持股做多，當股價向上突破時，可以加倉買進。

3. BIAS撐壓辨別技巧

BIAS指標0值的支撐和壓力作用，在通常情況下具有一定的效果。但是，股市中錯誤往往發生在特殊情況下，而且支撐和壓力是相對而言的，有被突破的可能。主力總是處處設置陷阱，欺騙更多的投資者。那麼，如何破解這種陷阱呢？

（1）當移動平均線向上移動時，出現BIAS指標由負值變為正值或者BIAS指標從0值向上遞增，表示多方已控制局勢，投資者可以在0值附近跟進做多。

當移動平均線向下移動時，出現BIAS指標由負值變為正值，表示雖然多方經過努力，暫時將股價控制在均線上方，但是因為均線仍在向下移動，所以多方並沒有把局勢扭轉過來。此時，行情仍有繼續向下的可能，因此投資者不宜看多、做多。當移動平均線由向上轉為走平或微向下時，BIAS指標在0值附近，表示一輪漲升行情即將終結，可在30日均線附近先行出場觀望，待方向明朗後再行決定。

（2）當移動平均線向下移動時，出現BIAS指標由正值變為負值或者BIAS指標從0值向下遞減，表示空方佔據盤面優勢，投資者可以在0值附近出場觀望。

當移動平均線向上移動時，出現BIAS指標由正值變為負值，表示雖然多方放棄進攻，暫時將股價撤回均線下方，但是因為均線仍處於向上移動過程，所以空方並沒有控制全域。此時，行情仍有繼續向多的可能，因此投資者不宜盲目看空、做空。當移動平均線由向下轉為走平或微向上時，BIAS指標在0值附近，表示一輪跌勢行情即將結束，此時如果股價放量突破30日均線，可以適量跟進做多。

（3）在經過一輪上升行情後，30日均線上升斜率漸漸趨緩，股價運行均線下方，表示行情的上升動力逐漸衰竭。此時，投資者應在30日均線、BIAS線0值附近先行出場，觀察均線有無支撐或支撐作用大小。若向下突破，可以放棄；若重新向上突破，可以再度介入。

在經過一輪下跌行情後，30日均線下降斜率逐漸趨緩，股價運行於

均線上方,表示行情的下跌動力逐漸衰竭。此時投資者不應立即介入搶反彈,應觀察均線有無壓力或壓力作用大小。若向下突破,可以放棄;若向上突破,應立即介入。

(4)當均線系統處於橫向動時,BIAS指標即進入了盲區。所以,即使BIAS指標由負值變為正值或由正值變為負值,實際上已經沒有參考價值。此時,投資者究竟是做多、做空,還是觀望,只能參考其他技術分析方法後,再作出選擇。如短線可以觀察KDJ、RSI、W%R、VOL等技術指標,中長線可以觀察MACD、BOLL、DMI、ROC、OBV等技術指標進行綜合分析研究。

1-3 指數平滑異同移動平均線：（MACD）股市多空趨勢轉向解碼

▌一、MACD多空訊號

1. 虛假多頭

（1）當DIF線和MACD線向上突破0軸，由負值變為正值時，按指標的一般應用法則為買入時機，但實盤中DIF線和MACD線向上突破0軸時，往往也預告一波漲勢或反彈行情即將結束，後市可能出現跌勢，買入者將被套牢。

【案例】圖1-16：塞力醫療

股價見頂遇到壓力後一路下跌，在下跌過程中出現多次反彈走勢，反彈結束後股價不斷創新低。2021年6月4日，股價放量漲停，帶動MACD指標由負值區進入正值區，DIF線向上突破0軸進入正值區，接著MACD線也向上突破0軸進入正值區。

按照MACD指標的特徵，此時屬於多頭市場的開始，可以作為買入訊號處理。可是，當DIF線和MACD線突破0軸由負值變為正值時，正是一波反彈行情的高點，股價經過短暫的整理後又出現回落走勢，一波反彈行情宣告結束。這種現象在主力反彈出貨過程中經常出現，投資者還需小心。

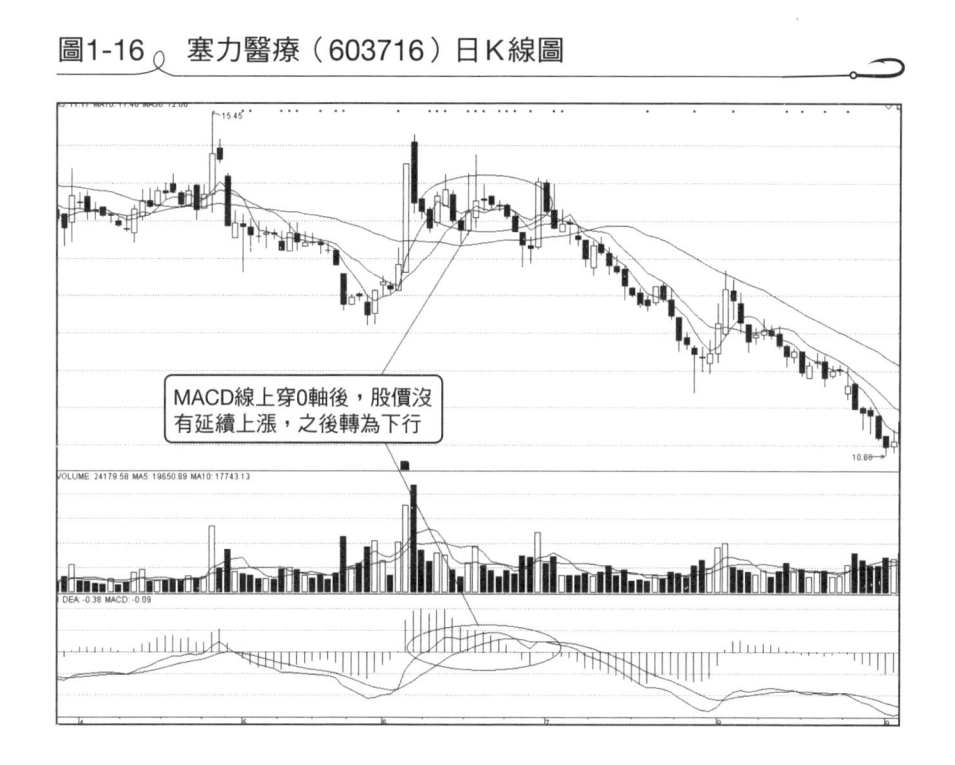

圖1-16 塞力醫療（603716）日K線圖

MACD線上穿0軸後，股價沒有延續上漲，之後轉為下行

【技術解盤】

　　該股反彈開始後，股價經過多個交易日的回漲，此時MACD指標的DIF線剛剛穿過0軸進入正值區，再過幾天MACD線穿越0軸進入正值區，在此時一波反彈行情已經全部結束。這時的買入點應在MACD指標遠離0軸的時候，而不是穿越0軸的時候。同時，30日均線仍然處於下降狀態，股價上漲屬於典型的反彈性質。而且，在股價漲停當天及第二天的成交量急劇放大，這是主力在對敲出貨，但在MACD線穿越0軸時，成交量反而萎縮，說明做多力量不足，因此不足以推動股價上漲。

　　（2）在0軸上方較遠位置，當DIF線向上突破MACD線形成金叉時，表示市場處於強勢之中，後市看漲，但實盤中往往是「最後的晚餐」，據此買入容易被套牢在高位。

圖1-17　三星醫療（601567）日K線圖

在0軸上方，DIF線與MACD線金叉，卻是漲勢的高點

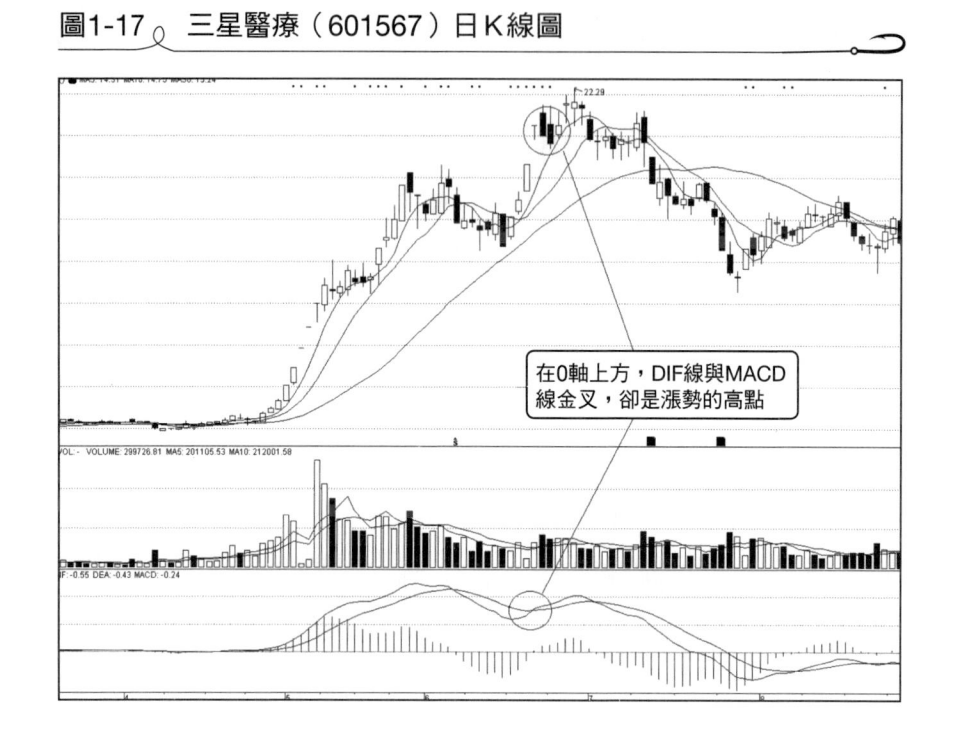

【案例】圖1-17：三星醫療

主力吸納了大量的低價籌碼後，出現一波漲勢，經過短暫的回檔後，2021年6月17日開始，股價再次展開新的拉升行情。同期的MACD指標在0軸上方持續拉高，不久因股價回檔而回落。隨著股價重新上漲，MACD指標在0軸上方較遠位置再次出現金叉，顯示多頭勢力非常強大。此時，如果按照MACD指標「DIF線向上突破MACD線時買入」的買賣法則而入場，無異於虎口拔牙，這時的金叉是「最後的晚餐」，如果沒有飛快的跳跑功夫，那肯定會被猛虎吞食。其後，股價略做衝高後見頂回落，很快出現下跌走勢，從而使這個金叉成為虛假多頭訊號。

【技術解盤】

為什麼該股MACD指標二次金叉會演變為美麗的陷阱？其原因如下：

（1）股價累計漲幅較大，主力兌現獲利。

（2）MACD指標距離0軸較遠位置騰空而起，看似是很強勢的「空中加油」狀態，實則為強弩之末，屬於主力最後的衝高出貨動作。

（3）股價與MACD指標出現頂背離型態。

透過上述實例分析，MACD指標中的0軸雖是多空強弱的分界線，但並不是股價漲跌的標誌，有時在0軸下方也會出現有力度的漲升行情，在0軸上方也有可能出現深幅下跌走勢，所以容易出現虛假多頭訊號。

2. 虛假空頭

（1）當DIF線和MACD線由上向下突破0軸，由正值變為負值時，按指標的一般應用法則為賣出時機，但實盤中可能是一波跌勢或調整行情即將結束，後市可能出現漲勢，賣出容易踏空。

【案例】圖1-18：深圳新星

股價在低位長時間震盪築底過程中，主力吸納了大量的低價籌碼，在拉升股價之前，主力刻意向下打壓股價，2021年7月28日股價跌停，技術型態出現破位。之後幾日，MACD指標的兩條曲線先後向下穿過0軸進入負值區域。

按照MACD指標的一般應用法則，此時該股已經屬於空頭市場，應當賣出拋售離場。可是，這正是一波調整行情的低點和結束點，股價很快展開強勢的盤升行情。因此，DIF線和MACD線下穿0軸就成為一個虛假空頭訊號。

【技術解盤】

股價處於長期盤整的低位，當DIF線和MACD線向下穿過0軸進入負值區域時，股價往往在最低點，有向上運行的可能。而且，在股價回落過程中，成交量明顯萎縮，表示沒有恐慌盤出現，盤中籌碼很穩定，主力沒有出貨的動作。

股價在BOLL的下軌線得到較強的支撐，雖然一度擊穿30日均線的支撐，但下跌幅度並不深，因此可以做多或入場搏反彈。可見，當股價向下穿越0軸時，很多時候並不是一個賣出點，恰恰相反可能是最後一跌，是一

圖1-18 深圳新星（603978）日K線圖

MACD線雖然下穿0軸，但沒有持續下行

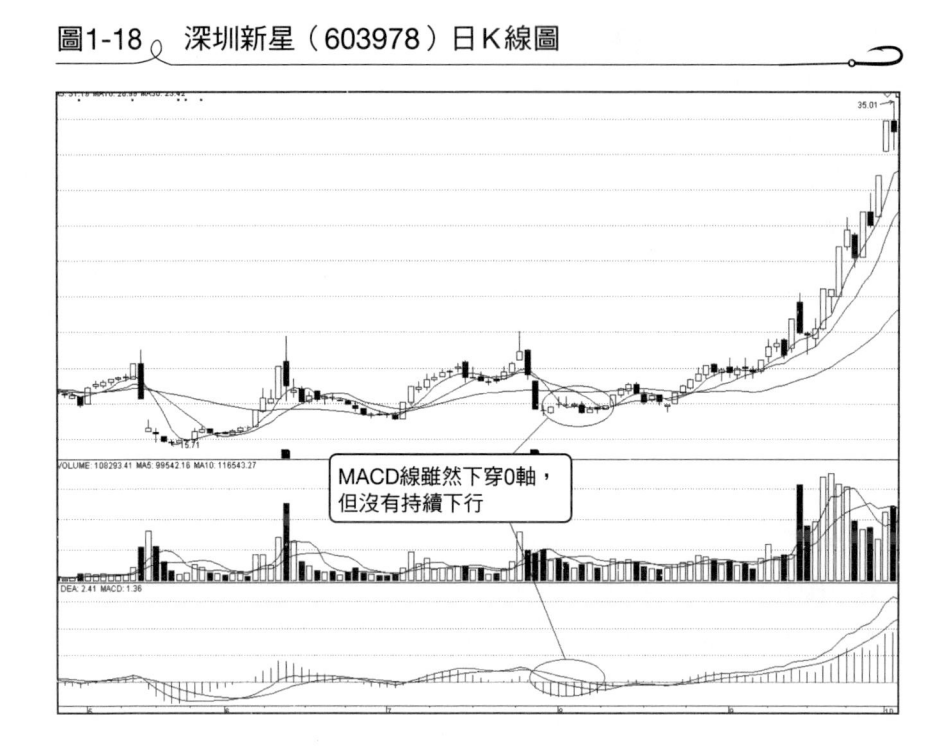

次逢低買進的機會。

（2）在0軸下方較遠位置，當DIF線向下突破MACD線形成死叉時，表示市場正處於弱勢，後市可能再次出現下跌，但實盤中往往可能是最後一跌，此時賣出可能賣在地板價上。

【案例】圖1-19：中欣氟材

股價經過長時間的調整後，漸漸回穩盤整，主力吸納了大量的低價籌碼，在起漲前主力故意向下打壓股價，股價再創新低，造成技術破位，預示股價將繼續下跌。2021年1月11日，在0軸下方較遠位置DIF線與MACD線形成死叉，通常此時已是空頭市場，死叉訊號更具有殺傷力，應離場觀望。但是，股價並沒有持續下跌，很快回穩並轉跌為升。

【技術解盤】

MACD指標在形成死叉後，已經遠離0軸，有向0軸返回的跡象。成交

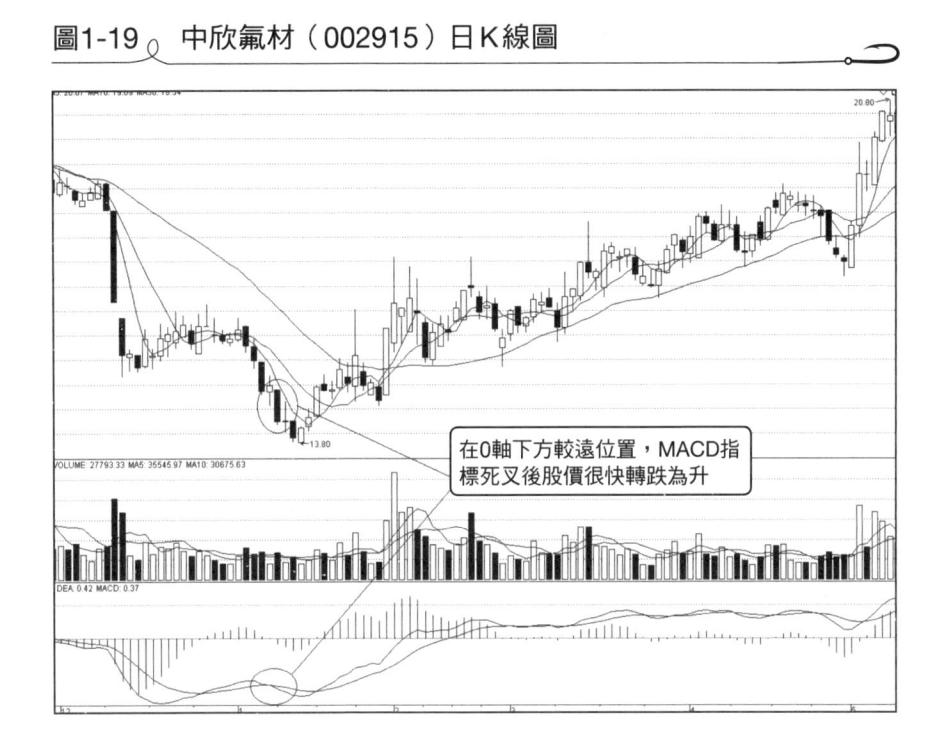

圖1-19　中欣氟材（002915）日K線圖

在0軸下方較遠位置，MACD指標死叉後股價很快轉跌為升

量明顯萎縮，顯示主動性賣盤較小，殺跌動能不足，這時主力出貨的可能性不大。股價已經到達前期低點附近，主力有故意打壓的行為。當股價觸及BOLL的下軌線，將有一定的支撐作用，因此不宜盲目做空後市，當股價重返30日均線之上時，可以積極做多。

透過上述實例分析，MACD指標中的正值區域並不代表一定上漲，負值區域並不代表一定下跌，股價即使在負值區域運行，有時也會出現強勢的上漲行情，所以容易出現虛假空頭訊號。

3. MACD多空辨別技巧

MACD指標有正值和負值兩個區域，正值區域為多頭市場，負值區域為空頭市場。但在實際操作中，多頭市場裡買入股票後，股價不但沒有上

漲反而下跌，使投資者被套牢；空頭市場裡賣出股票後，股價不但沒有下跌反而上漲，使投資者踏空。那麼，應該如何避免這種失誤呢？

（1）看MACD指標所處的位置

0軸對任何以0軸為中軸的技術指標都有牽引力，如果指標遠離0軸，無論是在0軸上方還是下方，都會有回歸0軸的要求。MACD指標圍繞0軸作無規則的波譜式運動，0軸是中心，當MACD指標離開0軸很遠時，無論是在0軸上方或下方運行，都會有向0軸靠近的要求，投資者應在MACD指標離0軸很遠時，提早做出買賣行動。

那麼有人不禁要問，到底MACD指標離0軸多遠才算是遠呢？這要因個股不同、趨勢不同而異，MACD指標正區和負區的值沒有限制。這裡不妨教給大家一個操作技巧：首先「壓縮」K線走勢圖，然後以MACD指標歷史達到的最大值作為參考值，當指標接近或超過參考值時，可以作為指標回歸0軸的大概位置和買賣參考價。

（2）參考MACD的另一個指標，即紅綠相間的柱狀線BAR指標

它是用來表示DIF線和MACD線之間距離大小和力度強弱的指標，是重要的短期參考依據。紅色柱狀線為做多訊號，當紅柱增多拉長時，說明多方氣勢旺盛，多頭行情仍將繼續。當紅柱減少縮短時，說明多方氣勢在衰減，股價隨時可能會下跌。

綠色柱狀線為做空訊號，當綠柱增多拉長時，說明空方氣勢旺盛，空頭行情仍將繼續。當綠柱減少縮短時，說明空方氣勢在衰減，股價隨時會止跌或見底回升。當DIF與MACD的距離很大時，DIF線有向MACD線靠近的要求，技術高手可用於波段操作。

那麼，兩者的距離多大才算是大呢？沒有一個固定的參考數值，要根據當時的行情強弱和靈活的操盤經驗而行。在一段持續的趨勢行情中（在暴漲暴跌行情中更為突出），DIF線和MACD線之間距離必將愈拉愈大，隨後逐漸放緩，兩者之間的距離也必然縮小，最後互相交叉並趨向0軸，這時趨勢行情基本告一段落。

（3）看股價運行趨勢

在持續連貫的行情中，MACD指標可能會出現失真狀況，投資者應看

當時的趨勢，判定公司價值，而不應被短期指標超買超賣訊號所誤導，以致低價賣出或高價買入。

在上升通道中，股價上漲有氣勢的，突破後能持續上漲的，MACD指標無論在什麼位置，每一次回落和每一個金叉都是理想的買入或加倉的時機。在下降通道中，股價走勢疲軟，每一次死叉形成後都會出現大跌，每一次金叉後不久都是反彈結束的位置，MACD指標在接近0軸附近時，都是減倉或出場的時機。

（4）看成交量變化

在股價上漲時成交量應持續有效溫和放大，如果成交量過低，上漲肯定沒有力度，但如果成交量特別大且股價位置高，需提防主力以假突破的方式出貨。有時在底部區域，主力為了作勢，特意製造出放量下跌的情形，使散戶產生出貨的錯覺，這種現象一般跌幅在10%～20%，然後重新拉起。

（5）看BOLL指標變化

在底部DIF線金叉MACD線時，或DIF線和MACD線分別上穿0軸時，或黏合在一起的DIF線和MACD線向上發散時，可以觀察BOLL的變化。收斂變窄後的BOLL通道口向兩邊擴張，股價上穿中軌線或上軌線，則表示行情已經產生了向上突破，可在回檔時介入；或者，股價已經位於中軌線之上，此時行情已經處於強勢，在回檔到中軌線附近時介入。

相反，當在頂部DIF線死叉MACD線時，或DIF線和MACD線分別下穿0軸時，或DIF線和MACD線黏合後向下發散時，如果收斂變窄後的BOLL通道口向兩邊擴張，股價下穿中軌線或下軌線，則表示行情已經轉弱，可在反彈時賣出；或者，股價已經位於中軌線之下，此時行情已經處於弱勢，在股價反彈到中軌線附近時賣出。

此外，股價形成通道趨勢後，在通道內，MACD線也常出現虛假訊號，此時同樣可以參考BOLL指標，以中軌線作為短期強弱參考依據。在上升通道內，DIF線死叉MACD線後，股價回落到BOLL中軌線或下軌線附近時，會受到較強的支撐，可以作為買入位置。在下降通道內，DIF線金叉MACD線後，股價上升到BOLL中軌線或上軌線附近時，會受到較強的壓

力，可以作為賣出位置。

（6）看TRIX指標變化

MACD指標在高位或低位出現買賣訊號後，TRIX指標在高處或低處兩條下行的「平行」線失衡後走平，進而在高位或底部形成黏合，最後出現死叉或金叉，表示行情中長線已經轉勢，可以按轉勢後的方向靈活操作。

（7）看移動平均線走勢

盤整行情中移動平均線頻繁交叉，無判別意義。移動平均線呈多頭排列時，當DIF線死叉MACD線後，股價回檔到30日均線附近，一般會受到較強的支撐，此時可以買入。移動平均線呈空頭排列時，當DIF線金叉MACD線後，股價反彈到30日均線附近，一般會受到較大的壓力，此時可以賣出。將MACD指標與移動平均線的這一特徵靈活結合起來，會有神奇的使用效果。

二、MACD交叉訊號

1. 虛假金叉

當DIF線由下往上金叉MACD線時，顯示市場逐步轉強或回檔結束，表示多方佔有一定的優勢，為買進訊號。但在實盤操作中，當MACD指標形成金叉後，股價並沒有出現大幅上漲，而是出現小幅反彈後即告下跌，從而形成虛假金叉訊號。

【案例】圖1-20：三美股份

股價快速下跌後出現向上反彈，2021年2月19日DIF線向上金叉MACD線，預示股價見底回升，構成買入訊號。可是MACD指標金叉後，股價只是短暫衝高，經過一段時間的橫盤整理後股價緩緩下行，該訊號成為虛假的金叉訊號。

【技術解盤】

在DIF線向上金叉MACD線時，雖然MACD線已經走平，但股價的上升力度不強，突破氣勢也不夠，上漲底氣不足。此時，雖然股價穿過30日均

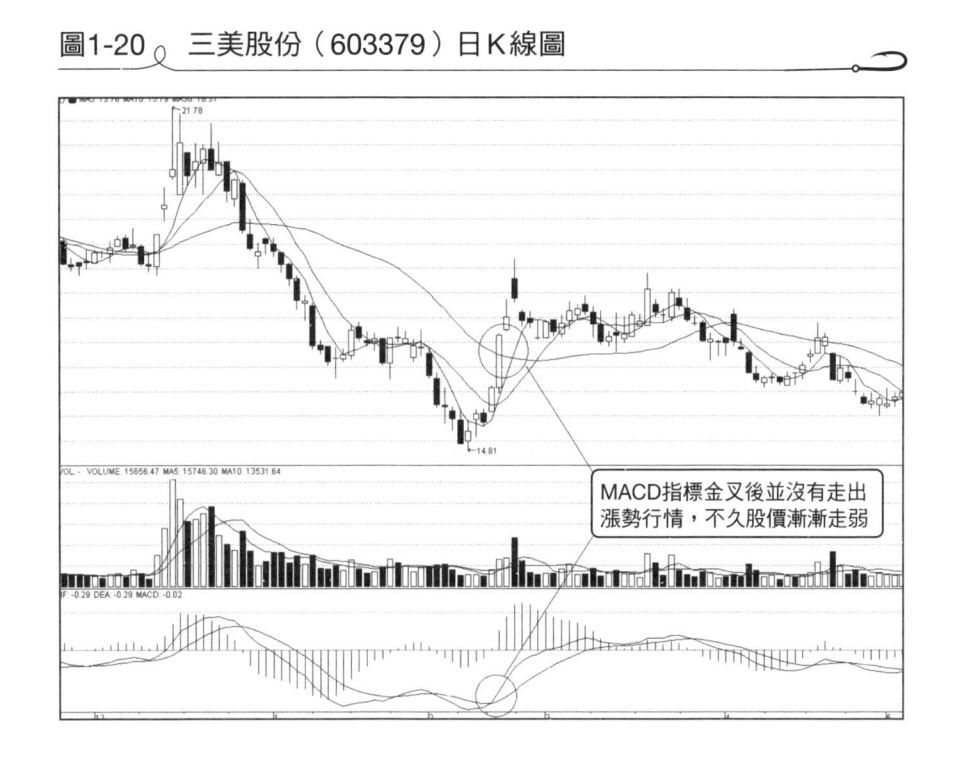

圖1-20 三美股份（603379）日K線圖

MACD指標金叉後並沒有走出
漲勢行情，不久股價漸漸走弱

線，看起來好像突破了30日均線的壓力，但30日均線還處於下行狀態，此後轉橫向運行，對股價仍然沒有助漲作用。同時，得不到成交量的放大配合，顯然沒有新增資金介入。可見，此時MACD指標出現的金叉屬於築底的訊號，而不是上漲訊號，不宜盲目跟風。

2. 虛假死叉

當DIF線由上向下死叉MACD線時，顯示市場逐步轉弱或反彈結束，表示空方佔有一定的優勢，為賣出訊號。但是死叉形成後，股價並沒有出現大幅下跌，僅僅以短暫的橫盤完成整理或小幅下探後，股價梅開二度再拾漲勢，從而形成虛假死叉訊號。

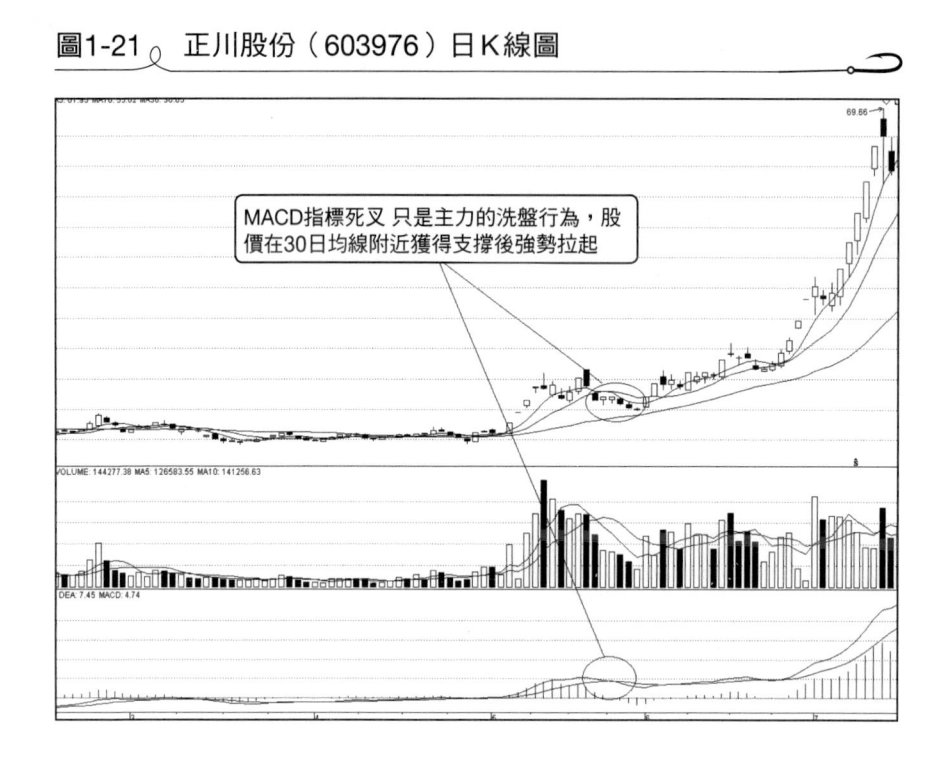

圖1-21　正川股份（603976）日K線圖

MACD指標死叉 只是主力的洗盤行為，股價在30日均線附近獲得支撐後強勢拉起

【案例】圖1-21：正川股份

　　主力完成建倉任務後，股價成功脫離底部開始上升。經過一波上揚行情後，為了有利於日後順利拉升股價，主力對盤中籌碼進行洗盤換手，以減輕上漲的壓力。同期的MACD指標從負值區金叉向上到達正值區，不久隨著股價的調整，DIF線由上向下死叉MACD線，形成一個標準的賣出訊號。然而，MACD指標死叉形成後，股價並沒有出現大幅下跌，在相對高位進行短暫的整理後，股價再拾漲勢，成功向上突破前期高點，步入快速拉升行情，短期漲幅巨大。

【技術解盤】

　　在DIF線向下死叉MACD線時，下行角度並不陡峭，DIF線和MACD線之間的距離很近，顯示空頭力量不夠強大，這種型態一般是在回檔調整。此時30日均線繼續保持多頭上行趨勢，當股價下探30日均線附近時，就遇

到支撐而回升，說明這是主力在進行洗盤換手。而且，股價下跌時，成交量出現萎縮，表示場內籌碼沒有出現鬆動跡象，資金沒有明顯抽離市場，盤中籌碼已被主力成功鎖定。俗話說：「能漲的股票不會跌，能跌的股票不會漲」，就是這個道理，因此DIF線與MACD線死叉是一個虛假空頭訊號，當股價在30日均線附近遇到支撐而再度放量走強時，投資者可以積極入場。

3. MACD交叉訊號辨別技巧

MACD指標經常出現虛假交叉訊號，以致造成操作和判斷失誤。那麼，該如何避免這種失誤呢？

（1）當MACD指標形成交叉時，可以觀察MACD線的方向是下降、走平，還是上升，因為MACD線具有助漲助跌效果。在DIF線金叉MACD線時，若MACD線是下降的，股價的上升力度可能較弱，大多是反彈行情；若MACD線是平行的，股價的上升力度較強，大多出現在突破行情之中；若MACD線是上升的，交叉後的上升力度最強，大多發生在主升行情之中。在DIF線死叉MACD線時，若MACD線是上升的，股價的下跌力度可能較小，大多是回檔調整；若MACD線是平行的，股價的下跌力度較強，大多出現在突破行情之中；若MACD線是下降的，交叉後的下降力度最強，大多發生在暴跌行情之中。

（2）當DIF線交叉MACD線時，分析移動平均線排列情況。如果移動平均線呈多頭排列，DIF線金叉MACD線，表示股價轉跌為漲或回檔結束，此時可以持股或加倉買進；DIF線死叉MACD線，表示主力進行洗盤換手，投資者不必為一時的下跌而驚慌，後市將會再度呈現漲勢。如果移動平均線呈空頭排列，DIF線死叉MACD線，表示股價漲勢即將完結，行情進入空頭市場，此時應逢高及時離場；DIF線金叉MACD線，表示市場出現反彈行情或主力發動自救行情，此時投資者不要過於樂觀，後市將會再創新低。

（3）當DIF線交叉MACD線時，分析成交量配合情況。當DIF線金叉MACD線時，如果成交量同步放大，表示有增量資金介入，可以看多做

多；如果成交量沒有放大，表示場外資金沒有進入，此為虛張聲勢，主力有拉高出貨嫌疑，可看多不做多。當DIF線死叉MACD線時，如果成交量同步放大，表示有場內資金撤離市場，應當看空做空；如果成交沒有放大，表示場內籌碼鎖定性好，主力手法穩健，此為換手洗盤手法，後市有向上反攻的可能。

但需要注意的是，有時主力為了隱蔽手法故意製造出量價失衡的走勢，造成投資者判斷失誤。

（4）MACD指標發出買賣訊號時，應綜合其他技術指標進行具體分析，如TRIX、DMA、EXPMA、SAR、BOLL等技術指標，如能相互驗證，則訊號準確性高，否則為疑似訊號，這樣可以避免單項技術指標的某些缺憾，提高判斷的準確度。

（5）當DIF線交叉MACD線時，可以觀察股價走勢的技術型態特徵。當DIF線金叉MACD線時，是否有底部型態出現，如V形、雙底、頭肩底及上升三角形、下降楔形、上升旗形等技術型態。當DIF線死叉MACD線時，是否有頂部型態出現，如倒V形、雙頂、頭肩頂及下降三角形、上升楔形、下降旗形等技術型態。

三、MACD背離訊號

1. 虛假底背離

在一輪持續下跌的行情中，股價逐步走低，低點一個比一個低，而同期的MACD指標不但沒有相應創出新低，反而越走越高，低點一個比一個高，股價與指標形成底背離狀態，這種型態一般作為中期見底買入訊號。但在實盤中，底背離出現後，股價並沒有上升多少就轉為下跌，形成虛假底背離訊號。

【案例】圖1-22：雙象股份

從2021年1月開始，該股MACD指標在底部徘徊一段時間以後，出現明顯的上升走勢，DIF線長時間站穩於MACD線之上，指標方向訊號指示明

圖1-22 雙象股份（002395）日K線圖

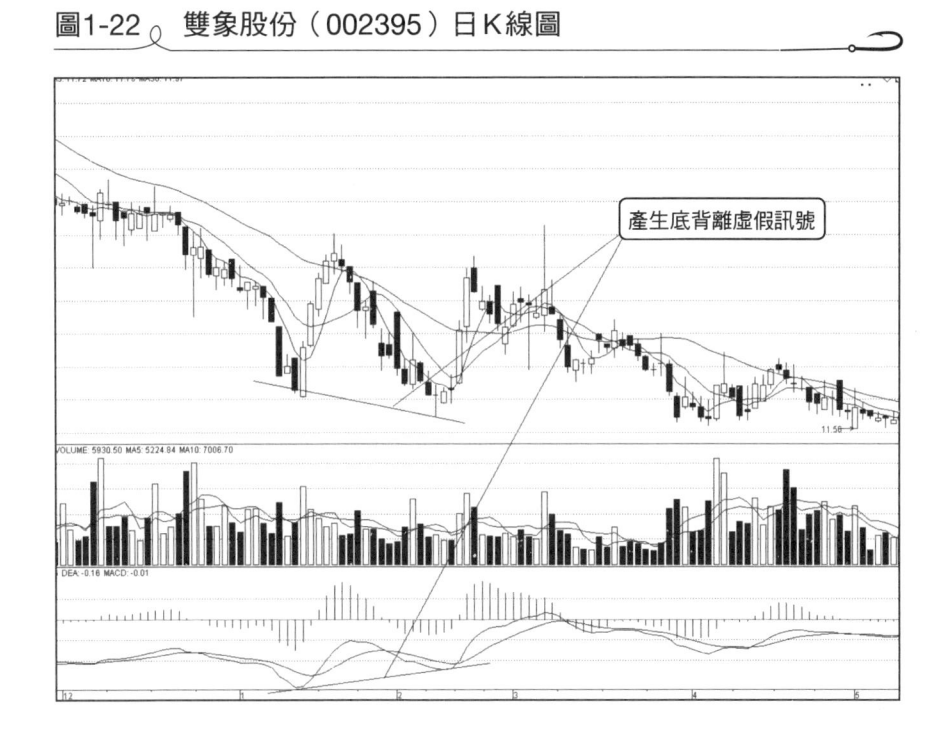

（圖中標註：產生底背離虛假訊號）

確，而同期的股價卻盤跌不止，再創近期新低，兩者的高低點形成底背離型態，通常這是典型的買入訊號。誰知，後面的股價並未出現上漲走勢，只是做了一次小幅反彈之後，很快回落並連創新低。在這裡，如果介入較早又未能及時止損，其損失更大。

【技術解盤】

在MACD指標出現底背離時，30日均線呈空頭下行，對股價上漲構成很大的壓力。一般而言，在均線系統之下的多頭訊號往往是疑似多頭訊號，不能成為確定訊號。而且，成交量未委縮也暗示跌勢未止，場內空頭資金在悄悄離場，這是下跌時的「量價配合」，表示空方力量依然強大，因此底背離訊號不可靠。

2. 虛假頂背離

在一輪持續上漲的行情中,股價逐步走高,屢創近期新高,而同期的MACD指標卻未能相應地隨之而上,反而連連走低,股價與指標兩者形成頂背離狀態,這種現象一般視為中期見頂賣出訊號。但在實盤中,頂背離訊號出現後,股價並沒有下跌多少就重拾漲勢,形成虛假頂背離訊號。

【案例】圖1-23:鄂爾多斯

股價見底後逐波而上,盤面後浪推前浪,一浪高過一浪,屢創近期新高,可是同期的MACD指標並不配合,不但沒有同步上升,反而向下走低,兩者形成頂背離狀態。通常這是一個中期見頂賣出訊號,於是不少散戶相繼拋售股票,落袋為安。誰知,這是一個虛假空頭訊號,股價並沒有出現大幅下跌走勢,在30日均線附近回穩後,展開一輪主升段行情。

【技術解盤】

在MACD指標出現頂背離時,30日均線呈多頭上行,當股價擊穿30日均線後,也沒有出現明顯下跌,說明做空力量不強。當股價在30日均線獲得支撐,出現強勁拉升,下檔接盤能力強,投資者不必顧慮重重。一般而言,在均線型態之上的空頭訊號往往是疑似空頭訊號,不能成為確定訊號。而且,成交量未委縮,量價配合理想,尚未出現異常情況,主力操作手法穩健,籌碼鎖定性好,做多意願強烈。

3. MACD背離訊號辨別技巧

MACD指標有背離功能,通常其買賣訊號的準確性較高,這是技術高手常用的賺錢利器之一。但正因為其準確性較高,所以也經常被主力用來製造技術陷阱。因此,投資者應儘量熟悉並避免虛假背離訊號。

(1)分析移動平均線的支撐和壓力程度

在出現頂背離時,如果均線對股價的回檔有較強的支撐作用,表示下檔接盤能力強,可以不理會指標的背離情況;如果股價輕鬆擊穿均線的支撐,表示主力出貨堅決,股價即將見頂,應逢高離場。在出現底背離時,

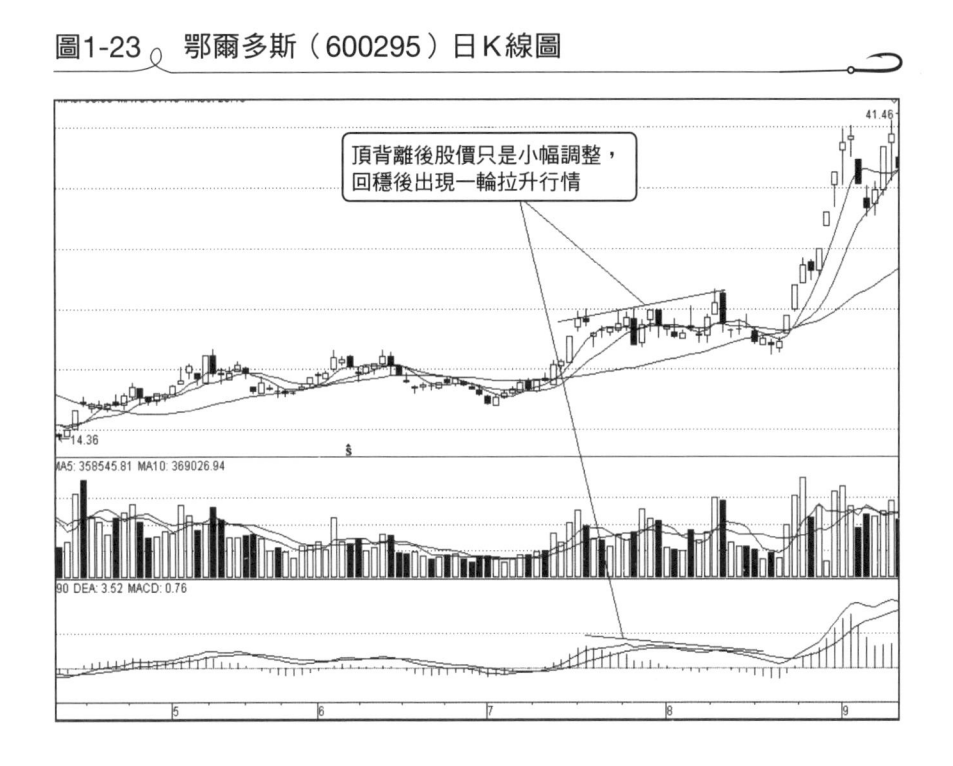

圖1-23 鄂爾多斯（600295）日K線圖

頂背離後股價只是小幅調整，
回穩後出現一輪拉升行情

如果均線對股價的上攻有較強的壓力作用，表示股價上升乏力，應逢高了結為宜；如果股價向上突破均線的壓力，表示股價即將見底轉勢，可以逢低買進。

（2）觀察成交量變化情況

在出現頂背離時，如果成交量未委縮，表示主力在增加持倉量，有場外資金介入；如果是縮量上漲，表示跟風盤減少，主力有刻意拉抬的嫌疑，預示股價即將見頂；如果是放巨量上漲，應提早落袋為安。

在出現底背離時，如果成交量未委縮，表示空方力量仍然沒有釋放殆盡，場內資金在悄悄離場，應止損離場；如果是縮量下跌，表示賣盤減少，跌勢即將接近尾聲；如果是放巨量下跌，表示後市看空意識較濃或有恐慌盤湧出，後市仍有下跌空間，此時不要認為是底部放量。

（3）結合其他技術指標進行綜合分析

如用EXPMA、TRIX、SAR、BOLL等中長線技術指標進行相互驗證，可以減少失誤，提高準確率。

（4）在連續下跌的趨勢行情中，MACD指標可能會出現底背離狀況，投資者應注重當時的跌勢，分析下跌原因，注重公司價值，而不應被短期指標超賣訊號所迷惑，盲目搶反彈。

（5）結合波浪型態分析，頂背離型態出現在漲勢的1浪、3浪裡可靠性低，出現在上升5浪、B浪、延長浪裡可靠性較高。底背離型態出現在調整2浪、4浪或C浪後期，則可靠性較高，出現在A浪、C浪初期，則可靠性低。

四、MACD突破訊號

1. 虛假向上突破

股價在一個狹窄的通道裡運行較長時間，DIF線和MACD線黏合或接近，其差值接近於零，BAR指標的紅綠柱狀線縮短於0軸附近（接近於消失）。不久，股價突然向上突破，DIF線脫離MACD線的黏合而出現快速向上分離，BAR指標紅柱逐日增長，表示一輪漲升行情即將展開，這是中短線買入機會。可是，技術指標向上突破後，股價並沒有出現持續的大幅上漲行情，僅小幅上漲即出現下跌走勢，使之成為虛假向上突破訊號。

【案例】圖1-24：銀都股份

股價見頂後逐漸回落，重心不斷下移，此時的DIF線和MACD線在0軸下方長時間黏合在一起，BAR指標的紅綠柱狀線縮短接近於消失。2021年8月23日，股價放量漲停，衝破30日均線，同期的DIF線脫離MACD線的黏合而出現快速向上分離，這種跡象表示一輪漲升行情在即，構成一個較好的買入訊號。然而，股價衝高兩天後，很快反轉向下回落，不久又回落到30日均線之下，從此股價漸行漸弱。

【技術解盤】

該股為何沒有走出預期的上漲行情？其原因如下：

（1）股價上漲面臨前期高點壓力。

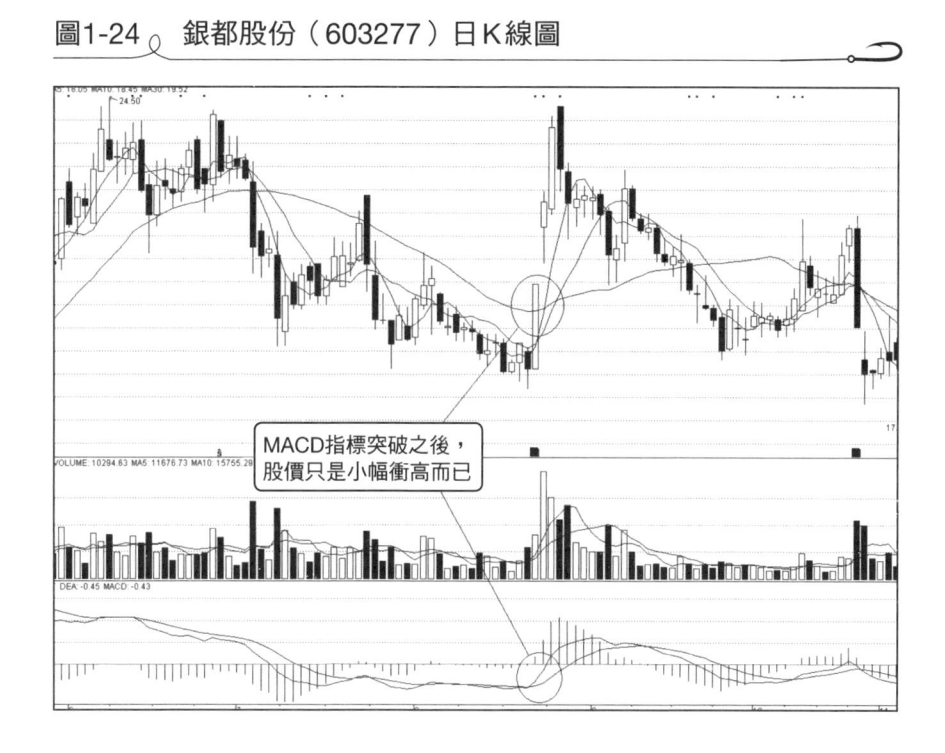

圖1-24 銀都股份（603277）日K線圖

> MACD指標突破之後，股價只是小幅衝高而已

（2）前期股價漲幅較大，再次回升高度有限。

（3）在股價突破時，30日均線還處於下行狀態，之後雖然漸漸上移，但支撐力度不強。

（4）成交量只在短期幾個交易日放大，沒有持續放量，說明入場資金不積極。

因此，MACD指標向上發散訊號失效，投資者應逢高及時離場。

2.虛假向下突破

在同樣的前提下，股價突然向下突破，DIF線脫離MACD線的黏合而快速向下分離，預示跌勢即將發生。然而，技術指標向下突破後，股價並沒有出現持續的大跌，僅小幅下跌後即止跌回升，這是虛假向下突破訊號。

完整解析趨勢線交易技術

【案例】圖1-25：寶通科技

股價經過一波反彈後緩緩回落，持續整理時間較長，此時的MACD指標在0軸下方黏合在一起。2021年7月23日開始，股價連收3根下跌陰線，打破短期整理平台，有加速下跌之勢，同期的DIF線脫離MACD線的黏合而出現快速向下分離，預示後市股價難有起色。可是，股價沒有下跌多少，重新構築新的整理盤區，MACD指標出現黏合狀態，8月27日向上分離，股價突破30日均線壓制，開啟一輪拉升行情。

【技術解盤】

從該股走勢圖中可以看出，在股價向下突破時，市場本身處於長期下跌後的低位，在低位橫盤震盪時蓄勢整理；主力透過試盤的方式（向下試探底部），繼續吸納低價籌碼；當主力順利地接走散戶的恐慌盤後，股價開始向上突破。在股價向下突破時，成交量沒有明顯放大，表示出逃的是散戶而不是主力，因此這是一個虛假空頭訊號。

3. MACD突破訊號辨別技巧

經常發現黏合在一起的DIF線和MACD線突破後，股價並沒有朝突破方向持續發展，而是反轉朝另一方向運行，原先的突破被徹底否定。這些現象大多是主力人為設置的陷阱，因此對MACD指標的突破仍須提高辨別能力。

（1）分析股價所處的位置高低

如果股價在低位，MACD指標發生黏合後向上突破，其可靠性較高；若向下突破，則欺騙性較大。如果股價在高位，MACD指標發生黏合後向下突破，其可靠性較高；若向上突破，則欺騙性較大。要知道股價的高位和低位，就要結合其他分析方法以及對市場的靈性和感悟了。

（2）看股價所處的階段

通常一輪完整的流程分為建倉、試盤、調整、初升、洗盤、拉升、出貨、反彈、砸盤等幾個階段，深入分析研究主力的整個過程，辨識當前股價處在流程中的哪個階段，就可以幫助我們區分突破的真假。如果處於底

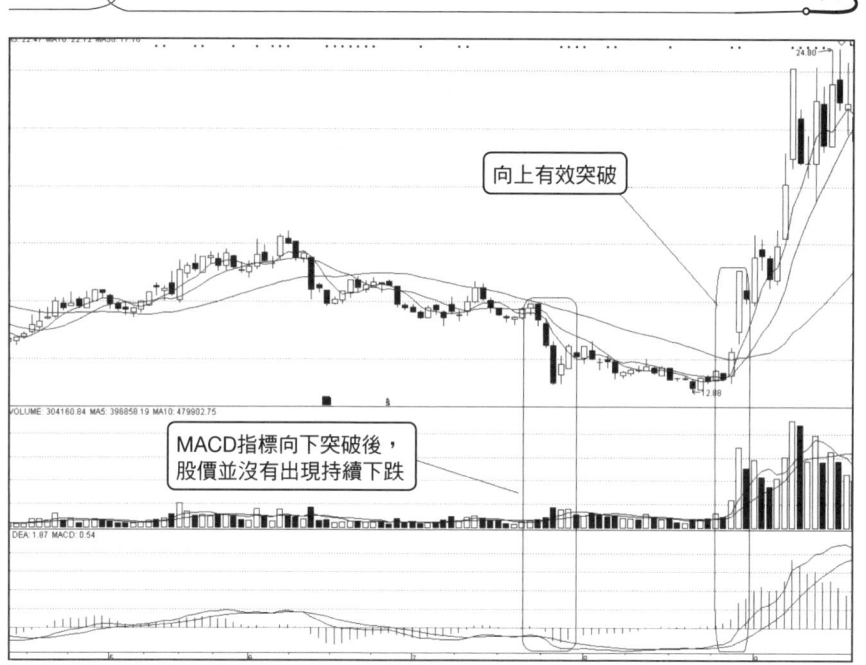

圖1-25 寶通科技（300031）日K線圖

（圖中標註：向上有效突破；MACD指標向下突破後，股價並沒有出現持續下跌）

部吸貨區域、中途整理區域、主力成本區域附近，若向上突破，真突破的概率較大，若向下突破，假突破的概率較大。如果處於拉升的末期、高位派發區域、股價遠離主力成本區域，若向上突破，假突破的概率較大，若向下突破，真突破的概率較大。

（3）觀察成交量變化

通常在股價真正向上突破時，會有成交量的積極配合，如果量價失衡（成交量巨大，股價突破後回落；股價突破後放量不漲；股價突破時成交量過小），則可信度差，需提防主力以假突破的方式出貨。在股價向下突破時，則無須關注成交量的放大，但根據多年實盤經驗來看，無量下跌多數是空頭陷阱，後市將會反轉向上。

（4）有效突破一般都建立在充分蓄勢整理的基礎上

充分蓄勢整理的形式有兩類：一類是我們常知的各類型態整理，如

三角形整理、楔形整理、旗形整理、箱體整理等；另一類是主力吸完貨以後，以拖延較長時間作為洗盤手段，或者因等待題材或拉升時機，股價走出了比型態整理時間更長、範圍更大的整理。股價一旦突破此種整理，則往往是有效突破。由於這種整理超出了型態整理的範圍，因而有時候是難以察覺和辨別的。

（5）對主力選擇突破時機需要仔細研究，勢道較好且價位不高的時候沒有疑問，如果勢道不好就需要結合主力成本、股價位置、主力類型及其控盤特點進行分析。在大勢較好的時候前期不逆勢，在市道不好的時候突然逆勢突破的，要提防主力出貨。

（6）突破要成功跨越或脫離某一個有意義的位置，比如一個整數點、一個整理型態、一條趨勢線、一個成交密集區域或某一個時間之窗等，否則判斷意義不大。

NOTE   /   /   /

1-4 相對強弱指標（RSI）：把握訊號的生成與終結

■ 一、RSI交叉訊號

1. 虛假黃金交叉

　　股價經過一段時間的下跌走勢後，在底部6日RSI線在20以下，由下向上與12日RSI線形成金叉，表示空方力量逐漸減弱，多方力量開始掌控局面，為買入訊號。但在實盤操作中並非如此簡單，按照這種訊號買入後，股價反而下跌套牢投資者。

【案例】圖1-26：長鴻高科

　　該股長時間的高位箱型整理後出現向下回落，從2021年7月開始形成一條清晰的下降通道，在下降過程中先後三次6日RSI線下行到20以下，表示股價已經嚴重超跌，然後RSI線在20以下由下向上與12日RSI線形成金叉，形成短線買入訊號。可是買入之後，股價並沒有出現預期的上漲走勢，經過一段時間的震盪整理後，股價再次破位下跌，RSI指標的金叉訊號成為一個美麗的陷阱。

【技術解盤】

　　從該股走勢圖中可以看出，RSI指標不具備一個強勢訊號的生成條件，

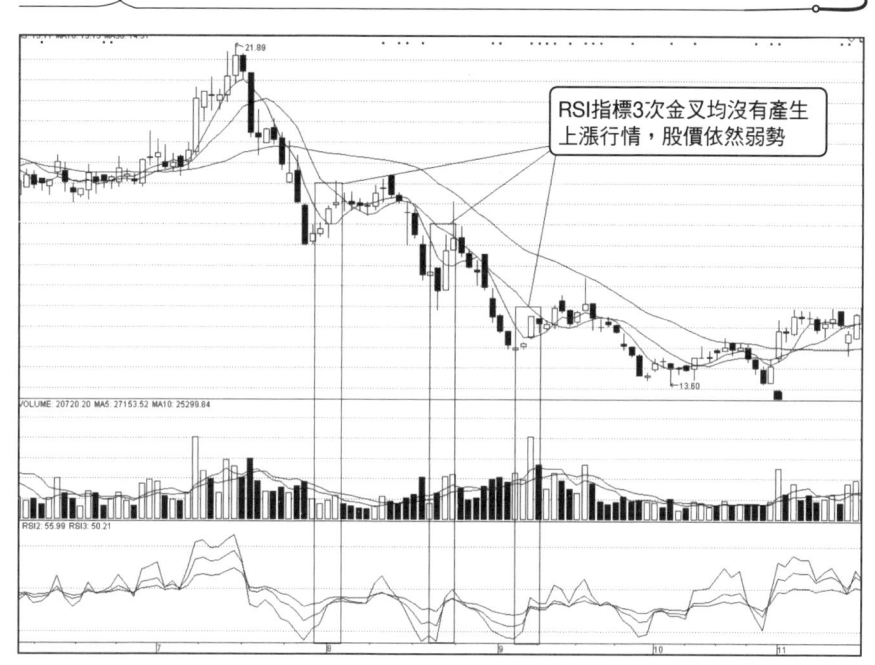

圖1-26 長鴻高科（605008）日K線圖

> RSI指標3次金叉均沒有產生上漲行情，股價依然弱勢

即RSI指標沒有成功突破50強弱分界線，更沒有到達強勢區域，表示市場還在處於弱勢格局，雖然其後一度穿過50強弱分界線，但未能成功站穩。而且，成交量沒有放大，多頭入場資金十分謹慎。同時，下降趨勢已經形成，且30日均線不斷下行，對股價上漲構成強大的壓力，因此容易演變為虛假金叉訊號。

2. 虛假死亡交叉

　　股價經過一段時間的上漲行情後，在頂部高位6日RSI線在80上方由上向下與12日RSI線形成死叉，表示多方能量逐漸減弱，空方能量開始增強，行情漲勢接近尾聲，無論成交量放大與否，均構成賣出訊號。但賣出之後股價卻繼續上漲，死叉訊號成為一個空頭陷阱。

【案例】圖1-27：川恆股份

該股在底部長時間橫盤震盪過程中，主力吸納了大量的低價籌碼。2021年6月8日股價向上拉起，次日放量漲停，但主力開始洗盤整理，6日RSI線在80上方由上向下與12日RSI線形成死叉，預示股價漲勢結束，將有一輪下跌行情，為普遍看淡的賣出訊號。可是，賣出之後股價只是小幅下跌，回落到30日均線附近時，獲得技術支撐而回升。此後，股價出現大幅飆升行情，RSI指標的死叉訊號成為一個空頭陷阱。

【技術解盤】

從該股走勢圖中可以看出，RSI指標不具備一個強勢訊號的終結條件，即強勢訊號還在持續中，RSI指標未能有效向下擊穿50強弱分界線，更沒有到達弱勢區域，表示市場仍然處於強勢之中。而且，均線型態支援多方趨勢，30日均線保持上行狀態，股價回檔到30日均線附近時，獲得有力的技術支撐。盤中股價張弛有序，量價配合得當，因此死叉訊號是一個空頭陷阱。

3. RSI強弱指標辨別技巧

RSI指標的兩條曲線頻繁相交，有時難以辨認而導致判斷失誤。導致判斷失誤的重要原因，就是對交叉訊號的產生和終結不甚瞭解，不少投資者只知道短期RSI線由下向上相交長期RSI線是金叉，短期RSI線由上向下相交長期RSI線是死叉，而對交叉訊號的產生和終結，及交叉訊號是否有效不那麼瞭解。這裡以強勢訊號的產生和終結為例，做一些簡要的分析。

（1）RSI交叉訊號的產生和終結

一個完整的RSI指標強勢訊號的產生過程：從弱勢區金叉後，向上運行到強勢區，即一個強勢訊號形成。訊號在強勢區域持續一段時間後（此時股價還不斷上漲），從強勢區死叉後，向下運行到弱勢區，一個強勢訊號的終結，即一輪行情的結束，同時又是一個弱勢訊號誕生。

RSI指標的圖形特徵：6日RSI線從20以下向上金叉12日RSI線後，分別有效穿越50強弱分界線，在強勢區域運行一段時間以後，6日RSI線從80以

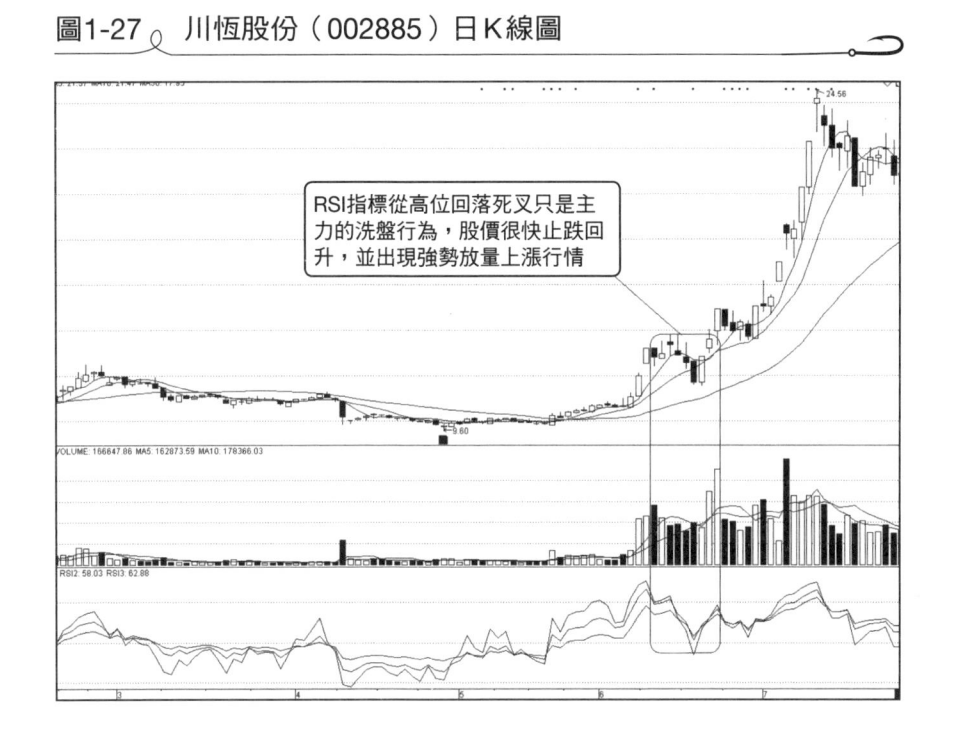

圖1-27 川恆股份（002885）日K線圖

> RSI指標從高位回落死叉只是主力的洗盤行為，股價很快止跌回升，並出現強勢放量上漲行情

上向下死叉12日RSI線後，成功有效擊穿50強弱分界線。

　　一個訊號從產生到終結，存續的時間長短不一。有的持續幾天就結束，如反彈行情、主力自救行情、受消息影響產生的震盪行情等；有的持續幾周甚至幾個月。在訊號存續期間，會出現許多疑似買賣訊號的圖形，但中間的圖形訊號對判斷行情沒有實質指導意義，投資者可以不必去理會（許多失誤發生在此），只有訊號在生成和終結時出現的圖形，才具有實質指導意義。

　　因此，把握住訊號的生成和終結，就能夠掌握市場買點和賣點。不過，若是短線技術高手，可以在訊號持續期間根據順勢操作的原則，進行一些短線操作，收益更豐。

　　在一輪行情中，可能只出現一個完整的強勢訊號，也可能出現多個完整的強勢訊號。如在洗盤過程中，可以先將強勢訊號終結，也可以將強勢

訊號持續到最後。一個訊號終結之後，不一定立即產生一個意義相反的訊號，可能出現許多無意義訊號，如盤整行情。

（2）交叉訊號的確認方法

在實盤操作中，如何確認RSI指標交叉訊號是否有效以及訊號是否在持續中，又是一大技術難題。經典的確認方法：

在訊號生成時，6日RSI線在低位（20以下）與12日RSI線金叉後上行（其金叉點在20左右更佳），並成功突破50強弱分界線（經確認有效），到達強勢區域（6日RSI線在80以上為佳）。RSI線金叉後在50線下方盤旋不行，沒有突破50線或突破後很快返回50線之下也不行，尤其是12日RSI線必須突破50線；6日RSI線到達80以上才可靠。

在訊號持續時，12日RSI線在強勢區有效盤穩；6日RSI線回檔時不能跌破50線，即使跌破也要很快拉起；6日RSI線回檔時拒絕死叉12日RSI線，則市場更加強勁。

在訊號終結時，6日RSI線在高位（80以上）與12日RSI線死叉後向下（其死叉點在80左右更佳），並成功穿過50強弱分界線（經確認有效），到達弱勢區域（6日RSI線在30以下為佳）。如果RSI線觸及50線後返回上行，並在強勢區盤旋，無論位置高低，都說明強勢訊號還沒有結束。或者，RSI線沒有成功下穿50線或下穿50線後很快拉起，也表示行情仍然處於強勢之中，投資者可以一路持股，直到訊號終結。

（3）破解RSI指標的交叉陷阱時，還要結合移動平均線、成交量、漲跌氣勢和股價位置等因素綜合考慮，同時參考其他技術指標一起研判，效果會更好。

二、RSI型態訊號

1. 虛假頂部型態

從圖表型態來看，RSI指標的型態比K線圖上的型態更為清晰，更容易判斷買賣點。當RSI指標在高位盤整時，所出現的各種頂部型態也是判斷

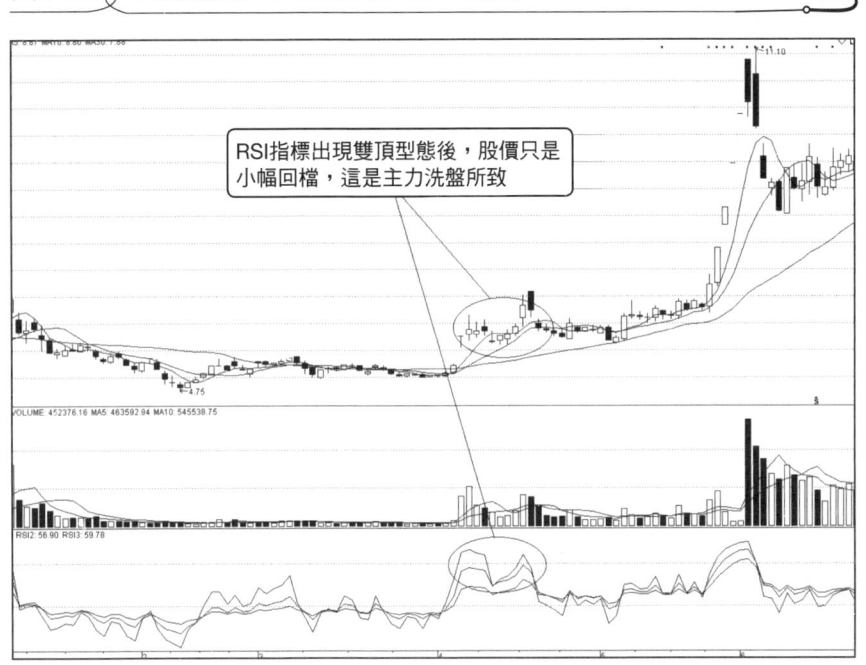

圖1-28　飛龍股份（002536）日K線圖

> RSI指標出現雙頂型態後，股價只是小幅回檔，這是主力洗盤所致

行情和決定買賣行動的分析依據。當6日RSI曲線在高位（80左右）形成頭肩頂、雙重頂或三重頂等高位反轉型態時，意味著股價的上升動能已經衰竭，股價有可能出現中線下跌行情，投資者應及時賣出股票。可是賣出股票後，股價只是小幅回檔，很快反轉向上，從而成為虛假RSI頂部型態。

【案例】圖1-28：飛龍股份

在下跌過程中主力吸納了大量的低價籌碼，2021年4月7日跳空漲停，股價脫離底部，此後一段時間股價在漲停價上方震盪。這時，RSI指標也從弱勢區向上穿過50強弱分界線到達強勢區，在強勢區運行一段時間後，6日RSI線從80上方向下死叉12日RSI線，在圖形上構成一個雙重頂型態，預示股價將出現下跌調整走勢，通常這是一個賣出訊號。可是賣出之後，股價只是小幅下調，在30日均線附近得到強大的技術支撐而回升，RSI線也在50中軸線上方盤穩，幾個交易日後股價出現快速拉升。

73

【技術解盤】

（1）6日RSI線死叉12日RSI線形成雙重頂型態後，RSI指標並沒有有效跌破50強弱分界線，且受50強弱分界線支撐後，反轉向上於強勢區運行，表示主力在洗盤而非出貨。

（2）股價脫離底部後，在回檔確認時得到30日均線的強大支撐。

（3）在RSI線出現死叉後，成交量呈現萎縮，回穩後再度放量上漲，量價配合比較得當。因此，行情不會就此結束，在向上拉起時可以積極跟進。

2. 底部型態陷阱

當RSI指標在低位盤整時，所出現的各種底部型態也是判斷行情和決定買賣的一種分析方法。6日RSI曲線在低位（20左右）形成頭肩底、W底或三重底等低位反轉型態時，意味著股價的下跌動能已經衰竭，股價可能在構築中線底部，投資者可逢低分批建倉。誰知，買入後才知道這是一個虛假訊號，股價只是小幅上漲並很快反轉向下繼續下跌，從而成為虛假RSI底部型態。

【案例】圖1-29：千禾味業

該股見頂回落後一路盤跌，股價短期出現超賣，6日RSI指標到達20以下，下行趨勢漸漸放緩。2021年3月12日，6日RSI線向上金叉12日RSI線，形成W底型態，次日回檔確認，第三天再次拉起，型態非常標準，按RSI指標理論，該型態是一個買入訊號。可是，該股後來的走勢與此恰恰相反，股價小幅走高後形成開始盤整，整理結束後再次出現下跌走勢，RSI指標成為一個虛假的W底型態。

【技術解盤】

從該股走勢圖中可以看出，在RSI指標出現W型態後，並沒有有效站穩50強弱分界線，僅僅是6日RSI線越過50強弱分界線後很快又回到弱勢區，弱勢特徵再一次顯現。RSI指標在出現W底型態時，成交量反而比前期縮小，縮量就無法維持上漲走勢。30日均線呈空頭下行，對股價上漲明顯壓

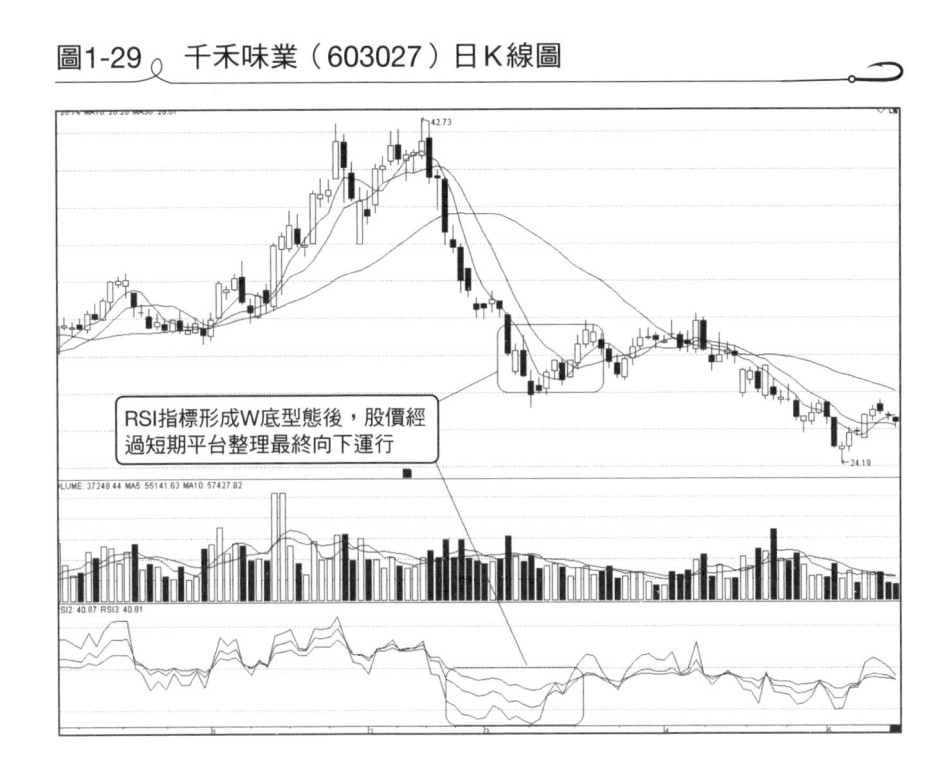

圖1-29 千禾味業（603027）日K線圖

RSI指標形成W底型態後，股價經過短期平台整理最終向下運行

制，最終在股價與30日均線「卡口」位置出現下跌。所以，弱勢中的RSI指標W底型態，只是股價弱勢反彈，不能作為買入訊號。

3. RSI型態訊號辨別技巧

RSI指標出現的型態訊號，有時買賣訊號的準確性很高，有時買賣訊號一無是處，以致是真是假，難分難辨，因此常常被主力所利用。投資者必須有破解陷阱的方法和識別疑難訊號的能力。

（1）50強弱分界線的運用

通常當RSI指標向上突破50強弱分界線時，為強勢特徵；當RSI指標向下突破50強弱分界線時，為弱勢特徵。這一點容易辨認，而技術難點在於突破後的運行趨勢，以及突破後的有效確認，僅僅是RSI線越過50強弱分界

線還不行,持續向突破方向運行才能有力,或維持在50強弱分界線上方運行,訊號可信度才高。

RSI指標的突破角度必須有力,太平坦了沒有力氣,訊號的可信度低。若RSI指標突破後很快返回到突破前這一邊,訊號的可信度更低。在股價回檔時,不越過50強弱分界線為佳,如果越過50強弱分界線,反映突破無效或突破無力,甚至是假突破,後市走勢值得懷疑。

RSI指標突破50強弱分界線後,在突破的這一邊運行一段時間,然後RSI指標返回到突破前的這一邊,經過短暫的運行後,再次到達突破的這一邊,表示洗盤或反彈結束,股價將出現新一輪漲升行情或新一輪下跌走勢。

(2)在RSI指標產生型態訊號時,應觀察成交量變化

在RSI指標出現底部型態時,要配合成交量放大,否則疑似多頭陷阱;在RSI指標出現頂部型態時,雖然並不強調成交量放大,但在突破時也要考慮成交量大小,太小了也不可信。

(3)在RSI指標產生型態訊號時,也要觀察均線方向

在一輪趨勢行情中,RSI指標訊號與均線同向的,訊號可信度高,與均線逆向的,為疑似訊號。股價在均線之上,30日均線向上運行時,RSI指標的底部型態訊號準確率較高,RSI指標的頂部型態訊號準確率較低。股價在均線之下,30日均線向下運行時,RSI指標的底部型態訊號準確率較低,RSI指標的頂部型態訊號準確率較高。30日均線平行運行時,RSI指標的所有訊號準確率均較低,應結合其他因素綜合分析。

(4)RSI指標的型態訊號還要與股價趨勢結合起來分析

在股價上漲趨勢中,RSI指標的底部型態訊號比較準確,在股價下降趨勢中,RSI指標的頂部型態訊號比較準確。如果股價在高位,應當結合其他因素綜合考慮,這樣才能減少失誤。

(5)在RSI指標出現型態訊號時,如果股價走勢曲線也先後出現同樣的型態時,則訊號更可確認。

(6)RSI指標曲線頂部反轉型態對行情判斷的準確性,要高於底部反轉型態的準確性。

三、RSI背離訊號

1. 虛假底背離

　　RSI指標的底背離，一般出現在50強弱分界線以下的弱勢區。當股價一路下跌，形成一波比一波低的走勢，而RSI指標在20以下低位創出一個顯著的新低點後，此後的幾個低點形成一底比一底高的走勢，此時股價與RSI指標產生底背離。底背離現象一般表示下跌動能不足，預示股價短期有可能反轉，是短期買入訊號。在弱勢中，下跌動力固然不足，但做多動力也可能不足，以致出現下跌走勢，這時候就會出現RSI指標底背離陷阱。

【案例】圖1-30：徠木股份

　　該股在2020年9月中下旬的調整過程中，股價不斷下行，同期的RSI指標卻向上運行，股價與RSI指標產生底背離走勢，預示股價即將止跌並反轉向上。按RSI指標的買賣法則，應是買入的良好時機，而且背離時間持續較長，股價跌幅較大，後市應有較大的行情產生。但是，在應用RSI指標底背離功能時，常常會落入弱勢反彈的陷阱。股價從此一路盤跌，即使遇到大盤反彈時，也只是小幅反彈而已，隨後又回到無量盤跌的狀況中，股價不斷創新低。

【技術解盤】

　　從該股走勢圖中可以看出，RSI指標在50強弱分界線附近，沒有形成向上走勢，更沒有到達80以上，表示上攻力道不強，最後RSI指標反而向下脫離底背離的趨勢線，並擊穿底背離中的最後一個低點，此時底背離訊號失去看漲意義。

　　在調整過程中，成交量大幅萎縮，尚無明顯新增資金入場跡象，無法形成趨勢向上的力量。均線呈空頭排列，30日均線趨勢不斷向下，對股價上漲構成重大壓力。股價處於下降趨勢之中，沒有完全擺脫弱勢格局。因此，即使RSI指標出現如此明顯的底背離利多訊號，但股價回升仍然顯得力不從心。

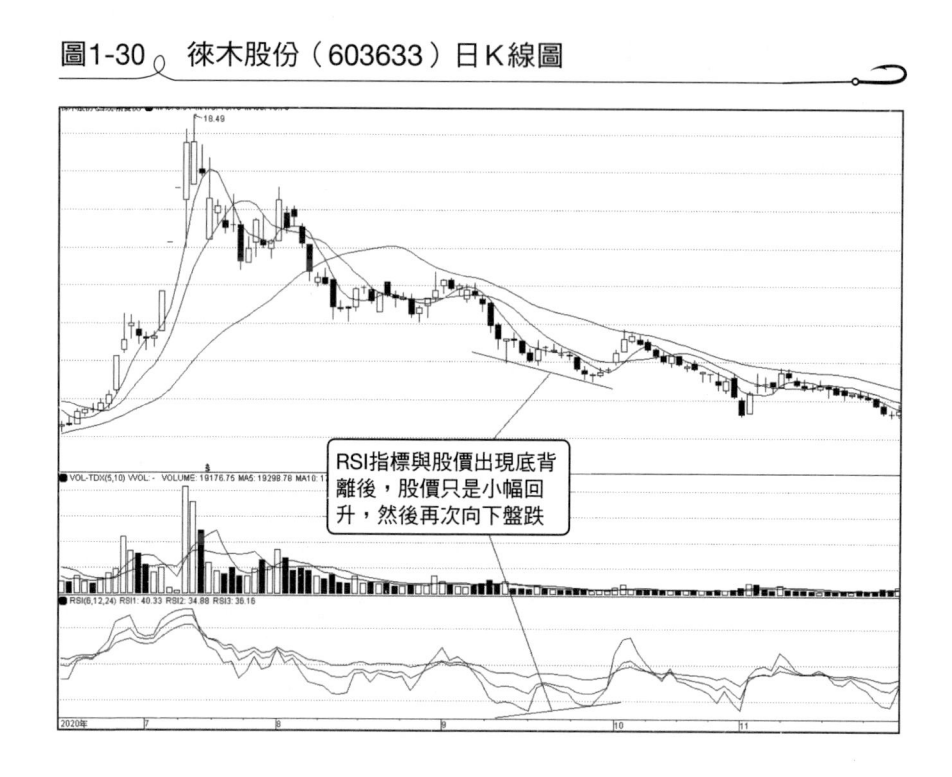

圖1-30 徠木股份（603633）日K線圖

RSI指標與股價出現底背離後，股價只是小幅回升，然後再次向下盤跌

2. 虛假頂背離

　　RSI指標出現頂背離是指在拉升過程中，股價屢創近期新高，RSI指標也相應在80以上創出一個顯著的新高點之後，股價出現一定幅度的回落調整，RSI指標也隨著股價回檔而回落。當股價再次向上並超越前期高點創新高點，而RSI指標隨著股價上漲，但沒有衝過前期高點就開始回落時，RSI指標在50強弱分界線以上與股價形成頂背離走勢。

　　RSI指標出現頂背離後，一般表示上漲行情接近尾聲，股價見頂回落的可能性較大，是強烈的賣出訊號。在實際操作中發現，頂背離的準確性要高於底背離的準確性。但頂背離出現後，股價只是小幅回檔，然後再次強勢上漲，構成虛假頂RSI背離訊號。

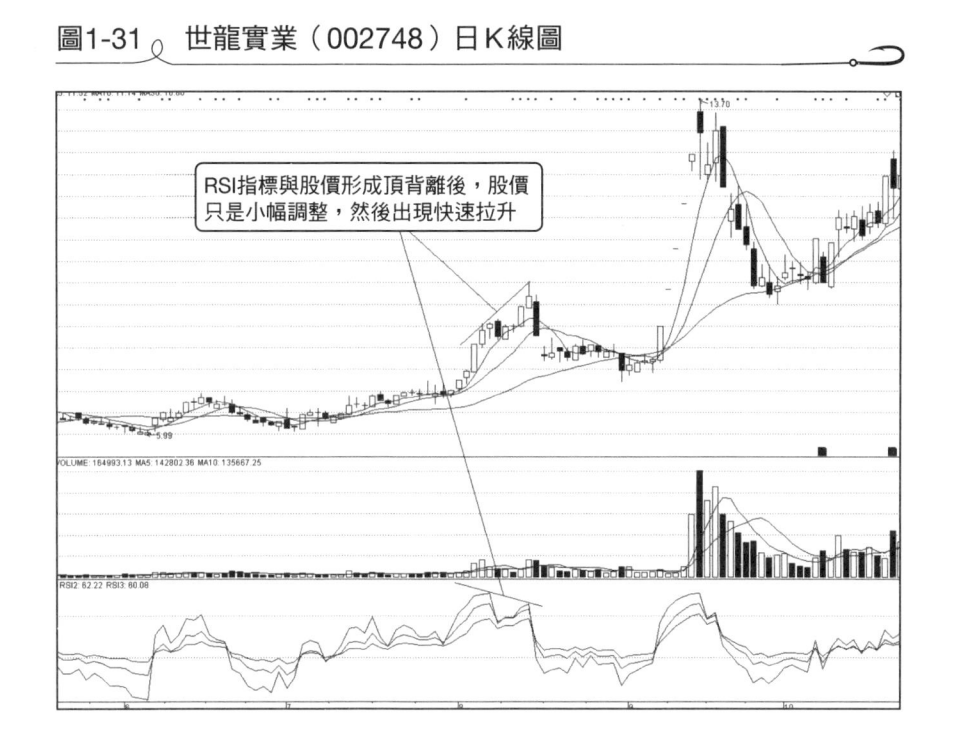

圖1-31　世龍實業（002748）日K線圖

（圖中標註：RSI指標與股價形成頂背離後，股價只是小幅調整，然後出現快速拉升）

【案例】圖1-31：世龍實業

該股頂背離訊號出現在股價上漲初期，股價不斷向上走高，創近期新高點，但RSI指標卻沒有相應創新高，股價與RSI指標形成頂背離走勢。按RSI指標的買賣法則，此時應獲利了結。但是，RSI指標頂背離出現後，股價只是小幅下跌，很快回穩並經短期調整後，於2021年9月7日開始加速上漲，股價連拉5個漲停。這是一個典型的RSI指標頂背離陷阱，是主力一手做出來欺騙跟風盤的。RSI指標頂背離陷阱出現，說明主力控盤能力極強，在後續行情中通常都有一段快速拉升的暴漲行情。

【技術解盤】

從該股走勢圖中可以看出，RSI指標在50強弱分界線附近，沒有形成快速向下走勢，更沒有到達20以下，表示下跌幅度有限，最後RSI指標向上運行。股價在回落時，成交量依然保持活躍狀態，且換手積極，多空交易活

躍，浮動籌碼得到換手。股價已成功脫離底部區域，30日均線支撐力度較強。因此，即使RSI指標出現頂背離訊號，短期也不會對股價總體上升趨勢構成影響。

3. RSI背離訊號辨別技巧

在實盤中，RSI指標的背離訊號是市場判勢的主要方法之一，投資者長期樂此不疲，但主力也常常在這個訊號中刻畫圖形，讓投資者上當受騙，因此投資者應掌握一套破解陷阱的方法。

（1）背離訊號形成後，要有明確的突破走勢，否則為疑似訊號

具體確認方法：在底背離訊號的末端，通常RSI指標從50強弱分界線附近快速有力向上運行到80以上。在第一次回落時，一般不破底背離訊號中的最後一個低點，然後返回到50強弱分界線以上，這時可以確認為底背離訊號有效，按RSI指標法則買入股票。如果在底背離訊號的末端，RSI指標向下成功脫離底背離的趨勢線，或擊穿底背離中的最後一個低點，則確認為假訊號，可以考慮賣出。在股價回升時，RSI指標無法越過50強弱分界線，被阻於50強弱分界線之下，則訊號得到進一步確認，股價可能出現新一波跌勢。

頂背離訊號確認方法正好與底背離相反，RSI指標從50強弱分界線附近，快速向下運行到20以下。在第一次回檔時，一般不會衝過頂背離訊號中的最後一個高點，然後回落到50強弱分界線以下運行，這時頂背離訊號確認，要儘快做空。如果在頂背離訊號的末端，RSI向上成功突破頂背離的趨勢線，或頂背離中的最後一個高點，則確認為假訊號，可以考慮買入。在股價回落時，RSI指標在50強弱分界線得到支撐而回升，則訊號得到進一步確認，股價可能出現新一輪漲勢。

（2）在產生背離訊號時，應觀察成交量變化

在底背離訊號出現後，股價向上反彈時，要有成交量放大的支撐，否則疑似多頭陷阱。要確認有新資金進場，才能使行情反轉。

（3）參考移動平均線運行方向

在出現底背離後，均線很快走平或向上拐頭，否則為疑似訊號；在出現頂背離後，均線很快走平或向下拐頭，否則也為疑似訊號。

（4）RSI指標的背離訊號還要與股價走勢結合

在底背離出現向上反彈時，股價應成功突破均線的壓制，且連續多日站於均線之上，這樣訊號才得以確認。在頂背離向下滑落時，股價應擊穿均線的支撐，且連續多日股價收於均線之下，這樣訊號方可確認。否則，均為虛假訊號或疑似訊號。

（5）結合波浪型態分析

頂背離型態出現在漲勢的1浪、3浪裡可靠性低，出現在上升5浪、B浪、延長浪裡可靠性較高。底背離型態出現在調整2浪、4浪或C浪後期，則可靠性較高，出現在A浪、C浪初期，則可靠性低。

（6）短線可以結合KDJ、DMI、W%R等技術指標一起分析；中長線可以結合MACD、BOLL、CCI等技術指標一起分析，進一步破解背離陷阱。

四、RSI強弱訊號

1. 虛假強勢

RSI指標從低位弱勢區由下向上穿越50強弱分界線到達強勢區時，表示多頭力量占絕對優勢，股價繼續向上揚升，這是RSI指標比較明顯的買入做多訊號。但是，主力為了借反彈出貨或被迫在低位出貨時，往往會將6日RSI線調高到強勢區，以取得出脫股票的空間。這時就會出現RSI指標轉強的虛假訊號，投資者在此處買入很容易被套牢。

【案例】圖1-32：設計總院

該股在2020年9-12月，RSI指標多次上穿50強弱分界線，這通常是股價開始走強的標記，但股價只是小幅反彈，反彈結束後股價繼續走跌。這裡出現的RSI指標上穿50強弱分界線的情形，都是虛假強勢訊號，明顯是主力

圖1-32 設計總院（603357）日K線圖

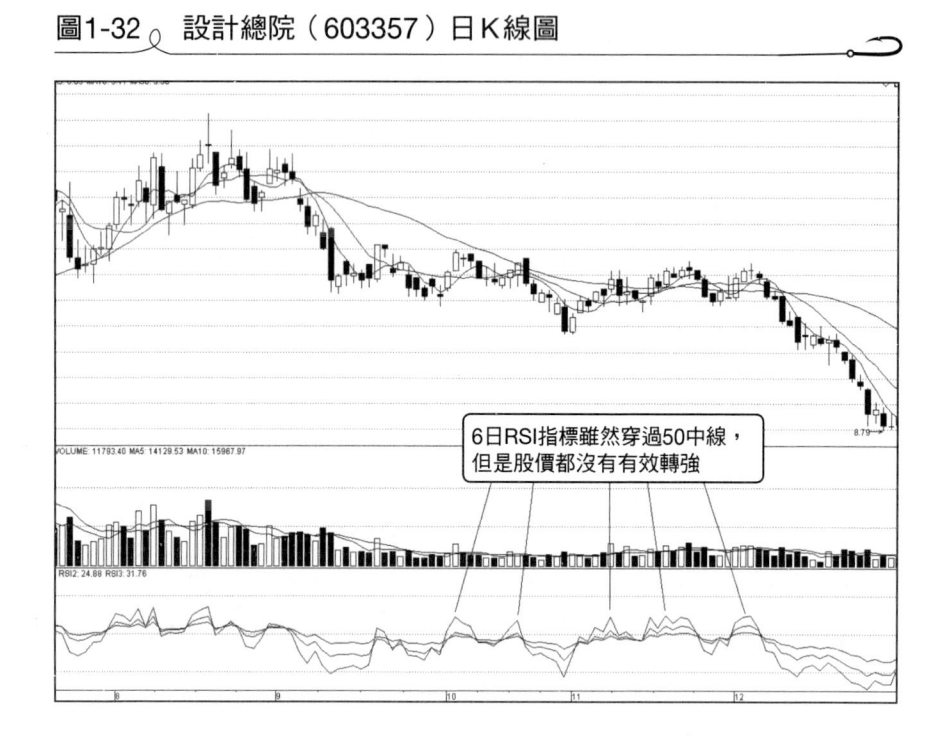

6日RSI指標雖然穿過50中線，但是股價都沒有有效轉強

為出貨所為。RSI指標虛假強勢訊號經常出現在弱勢的反彈行情中，RSI強勢陷阱既可以是主力的刻意畫線，又可能是市場自然形成。如果按照這個訊號去操作，失誤的概率將大增。

【技術解盤】

從該股走勢圖中可以看出，RSI指標在突破50強弱分界線時力道不夠，12日RSI線還沒有進入強勢區，上攻力度有限，通常這是弱勢反彈行情。在反彈過程中成交量沒有放大，表示主力無意做多，散戶跟風意願不強。均線型態沒有形成多頭排列，持續走低的30日均線對股價上漲構成重大壓力。因此該股的強勢訊號是一個多頭陷阱，股價依然不改跌勢。

2.虛假弱勢

RSI指標從高位強勢區，由上向下穿越50強弱分界線到達弱勢區時，意味著多頭力量逐漸衰竭，空頭力量開始加強，股價將向下調整，這是RSI指標比較明顯的賣出訊號。特別是對於那些股價高位盤整後開始下跌的股票，這種訊號更為準確。RSI指標回落到50強弱分界線以下，通常意味著股價已經走弱，行情發生逆轉，但在上升回檔或主力快速打壓股價時，出現的RSI指標快速回落往往是弱勢陷阱。

【案例】圖1-33：華陽股份

該股成功探明底部後盤升而上，主力採用邊拉邊洗的手法將股價穩步推高，在2021年6-9月的上漲過程中，RSI指標多次回落到50強弱分界線以下。通常RSI指標回落到50強弱分界線之下，表示股價走勢偏向弱勢，後市看跌的可能性較大。

但當RSI指標進入弱勢區時，股價完成了洗盤調整，重新開始上漲。RSI指標弱勢陷阱通常出現在洗盤調整即將結束之時，RSI指標重回50強弱分界線之上表示洗盤調整結束。一般而言，主力洗盤和出貨的表現手法明顯不同，洗盤手段是為了嚇唬投資者，出貨手段是為了吸引投資者。

【技術解盤】

從該股走勢圖中可以看出，RSI指標下穿50強弱分界線未能形成有效走勢，12日RSI線仍然處於強勢之中，表示空方力量不強，這種現象通常是主力洗盤行為所致。在盤整過程中成交量沒有出現異常現象，依然保持正常活躍狀態，盤內換手積極。均線保持多頭排列，30日均線堅挺有力，每次股價回落到30日均線附近時，都能遇到較強的技術支撐而回升。因此，該股的弱勢訊號不能成立，短線上漲勢頭難以改變。

3.RSI強弱訊號辨別技巧

RSI指標50線為強弱分界線，是一條重要的技術指標線，長期被作為市場強弱的分析依據，但真假難分難辨，投資者要有自己的破解方法。

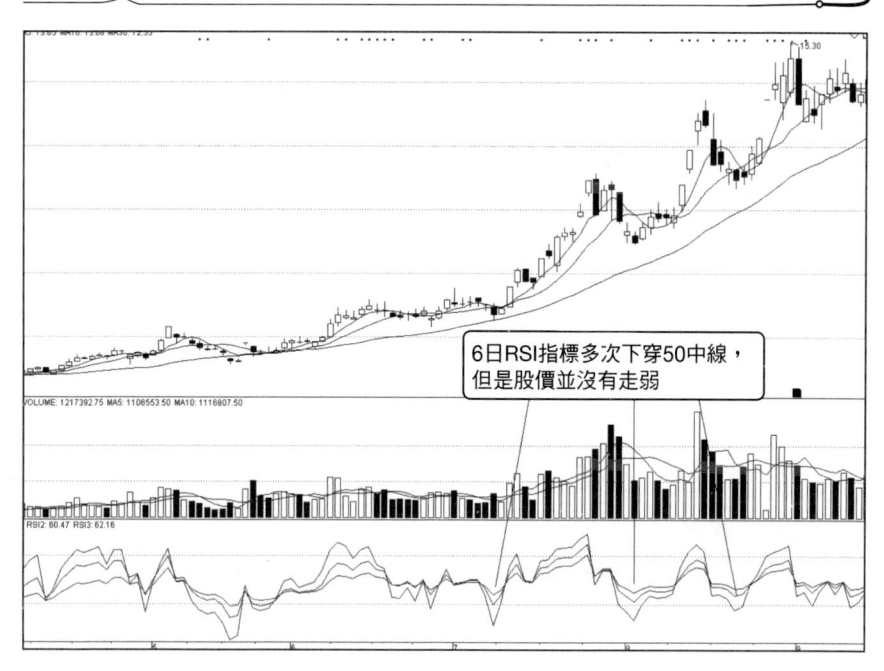

圖1-33 華陽股份（600348）日K線圖

> 6日RSI指標多次下穿50中線，但是股價並沒有走弱

（1）在分析強弱訊號時，要瞭解洗盤和出貨的區別

① 洗盤一般不會往下破10日均線，即使被利空消息打壓也會很快拉起，而主力出貨的目的是將手中籌碼儘快獲利賣出，並不介意往下破多少條均線。

② 洗盤往往利用大盤波動和個股利空消息，而出貨則往往利用市場指數大幅上揚或個股利多消息。

③ 洗盤的位置一般在第1上升段之後，有時也會在較低的位置，而出貨一般出現在第5浪上升之後的高位區。

④ 洗盤的目的是嚇唬跟風盤，而出貨則是為了吸引跟風盤。

⑤ 洗盤時均線仍然向上呈多頭排列，但上攻的斜率不是很陡，而出貨時均線多頭排列已被破壞或開始向下，股價重心開始小幅下移。

（2）如何在盤面中識別洗盤和出貨

①如果主力在吸足籌碼後，第一次進行洗盤，投資者不妨繼續持股。如果已經經過了幾次洗盤之後再次出現回落，而且累計升幅已相當可觀，則要隨時警惕主力的出貨。

②股價型態上連續出現多個上升缺口，高位的回落也伴隨著缺口的出現，而且短期內不予回補，說明主力出貨堅決，此時應離場觀望。

③洗盤時股價快速回落，往往擊穿一些重要的支撐點位，但又迅速拉回，不有效擊穿，說明主力並不希望股價進一步走低，而是透過營造短期的空頭氣氛將盤中浮籌震盪出場。

④洗盤時股價的回落呈現無量空跌走勢，在重要的技術支撐點位會縮量盤穩，「縮量下跌」是洗盤的主要特徵之一。持倉巨大的主力不會用大量籌碼來洗盤，只會拿部分籌碼來均衡市場。當盤中浮籌越來越少，成交量呈遞減趨勢，最終突破並伴隨著成交量驟然放大，表示洗盤過程已結束，新的一輪攻勢即將展開。主力在洗盤過程中，盤面上成交量圖會呈現圓弧底特徵。

主力在出貨階段，在見頂回落前或回落當天會伴隨巨量的出現，也就是籌碼在被大量賣出，成交量一直保持較高水平。因為主力通常採取邊拉邊出貨、以高位出貨為主的戰術，即使股價在回落後止跌盤穩，在造勢過程中也不會大手筆買入，股價往往在頂部形成放量滯漲或無量空漲的現象，成交量比洗盤時密集得多，但出貨後期成交量不一定迅速放大，呈盤跌狀態，表示主力出貨完畢，股價由散戶支撐，必然繼續下跌。

⑤日K線是否連拉（大）陰線。出貨時一般不會連續拉大陰線，頂多拉2～3根中（小）陰線，但到出貨後期也會出現大陰線。洗盤時經常連拉中（大）陰線，力求讓市場產生恐慌氣氛。此外，從當天外盤與內盤的成交量對比看，洗盤時外盤與內盤成交數差不多，出貨時一般內盤成交數大於外盤成交數，且經常有大賣單出現。

總之，面對主力各種形式的洗盤方法以及出貨方式，投資者應加以區分和辨別，如果能夠正確地識別主力正在洗盤，那麼上下打壓之時，就是逢低買入與逢高賣出的時機。如果知道主力在高位出貨，投資者的賣出要

比主力更快，雖然投資者害怕被主力套牢，但主力更怕被廣大的投資者所捨棄。

（3）在分析強弱訊號時，還要結合其他技術因素

① RSI指標強弱程度：多頭市場中，如果價格回檔，多頭的第一道防線為50強弱分界線，第二道防線為40，第三道防線為30。具體有三條細則：

a. 股價回檔，RSI指標未能突破第一道防線50，說明多頭力量強勁，股價再度向上時會超越原先的高價，RSI指標也極容易創新高。

b. 當行情回檔，RSI指標突破多頭第二道防線40，待股價再度上升時，除非股價急速上漲超越先前的最高價，否則RSI指標不會同時配合股價再創新高，表示多頭力量已不如以前強大。

c. 若行情回檔，RSI指標連續突破多頭第一道、第二道防線，回落至多頭的第三道防線30左右才止跌回穩，待股價再度上漲時，由於RSI起點太低，即使股價再創新高，RSI指標也可能穿越不了70，或是勉強穿越，但距先前RSI指標最高值仍有相當差距，表示多頭力量後勁不足，是大勢反轉下跌的前兆。

同樣地，空頭市場中，如果股價反彈，空頭的第一道防線是50強弱分界線，第二道防線是60，第三道防線是70，具體上也有與多頭市場中價格回檔所產生的情形相反的三條細則。另外，多頭市場裡，RSI指標每次因股價回檔而下跌盤整所形成的低點密集區域，也是多頭的一道防線。空頭市場裡，股價處於反彈盤整階段RSI指標所出現的高點密集區域，也是空頭的一道防線。

② 在強勢市場裡，RSI指標超過70以後，股價回檔，RSI指標很難再創低於30（至多跌至30附近），一旦回到30以下後，股價即使再創新高，RSI指標一般很難再創新高。但有時在強勢市場裡，RSI指標回落幅度越大，第二輪漲幅越大。在弱勢市場裡，RSI指標低於30是常見的情況，一般很難達到70以上，如果反彈至70附近，則會見頂回落。但有時在弱勢市場裡，RSI指標反彈的幅度越大，下一輪跌幅越大。

③ 股價向上越過50強弱分界線以後，要有成交量放大的支撐，只有確

認新資金不斷入場，才能使行情延續發展。

④ 移動平均線是確認市場強弱的重要指標工具之一，應結合移動平均線買賣法則進行研判。同時，RSI指標的強弱訊號還要與股價走勢結合起來，股價走勢有氣勢的，其訊號為強勢訊號，否則為弱勢訊號。

⑤ 結合KDJ、DMI、W%R、MACD、BOLL、CCI等技術指標進行綜合研判，相互驗證，效果更佳。

五、RSI突破訊號

1. 虛假向上突破

股價在震盪整理過程中，RSI指標有時候形成壓制股價上漲的一條壓力線，或一個技術型態，股價一旦向上突破這些技術位置時，預示有一段漲升行情產生，因此是一個較好的買入訊號。可是，股價向上突破後，並沒有出現持續的大幅上漲行情，僅小幅上漲後就出現下跌走勢，使其成為虛假向上突破訊號。

【案例】圖1-34：聚辰股份

股價反彈結束後一路向下走低，在2020年8-11月的走勢中，RSI指標多次向上而未能走強，將多個相近的高點連接成一條直線，RSI指標就會形成一條趨勢線。這條趨勢線與K線的趨勢線有著相同的技術意義，發揮支撐和壓力作用，當RSI指標向上突破這條趨勢線時，預示股價將轉跌為升，因而形成買入訊號。可是，11月3日RSI指標向上突破趨勢線後，股價並未因此立即轉強，而是經過短暫的整理後繼續向下盤跌，由此RSI指標向上突破為虛假訊號。

【技術解盤】

從該股走勢圖中可以看出，RSI指標出現向上突破型態，但市場仍然處於弱勢之中，均線繼續呈空頭排列，30日均線不斷壓制股價走低，成交量大幅萎縮。RSI指標本身也缺乏強勢訊號，雖然指標線穿過下降趨勢線，但仍然在50強弱分界線之下運行，表示市場十分脆弱，不具備做多條件。

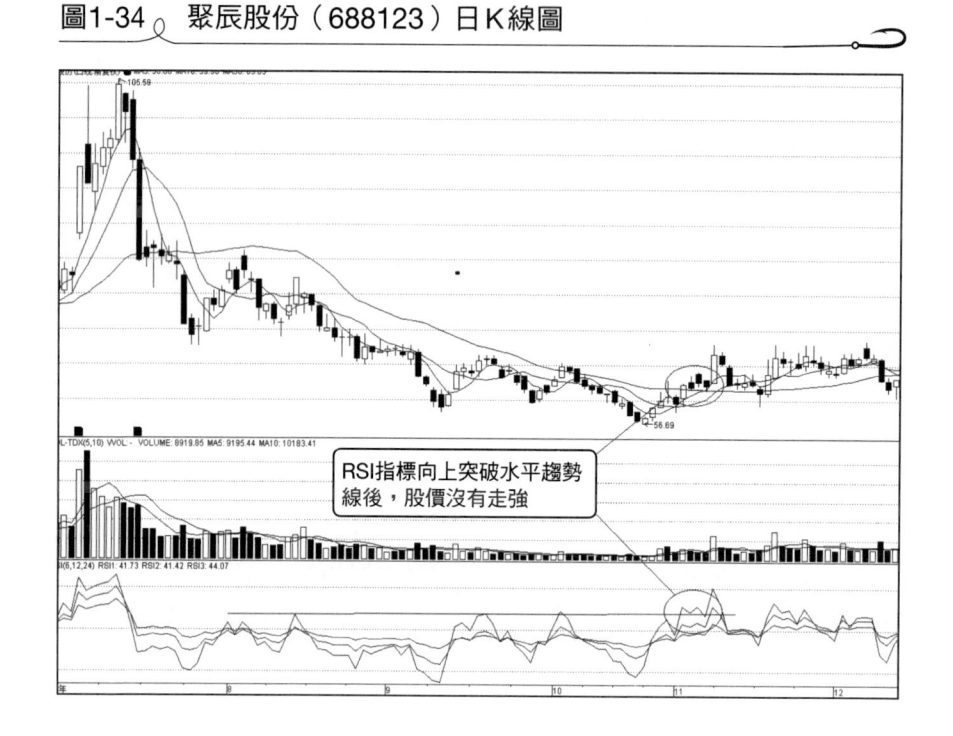

圖1-34 聚辰股份（688123）日K線圖

RSI指標向上突破水平趨勢線後，股價沒有走強

2. 虛假向下突破

　　股價在震盪整理過程中，RSI指標有時候形成阻止股價下跌的一條支撐線，或一個技術型態，股價一旦向下突破這些技術位置時，預示有一段下跌行情將產生，因此是一個較好的賣出訊號。然而，股價向下突破後，並沒有出現持續的大幅下跌行情，僅小幅下跌後就出現上升走勢，同樣成為突破陷阱。

【案例】圖1-35：華陽股份

　　該股2021年2月成功見底後，股價穩步向上走高，然後出現洗盤調整走勢。同期的RSI指標也隨著股價的回穩而上行，低點一個比一個高，將多個依次上移的低點連接成一條直線，RSI指標就會形成一條上升趨勢線。一般而言，當RSI指標向下突破這條趨勢線時，預示股價漲勢接近尾聲，因而構

圖1-35 華陽股份（600348）日K線圖

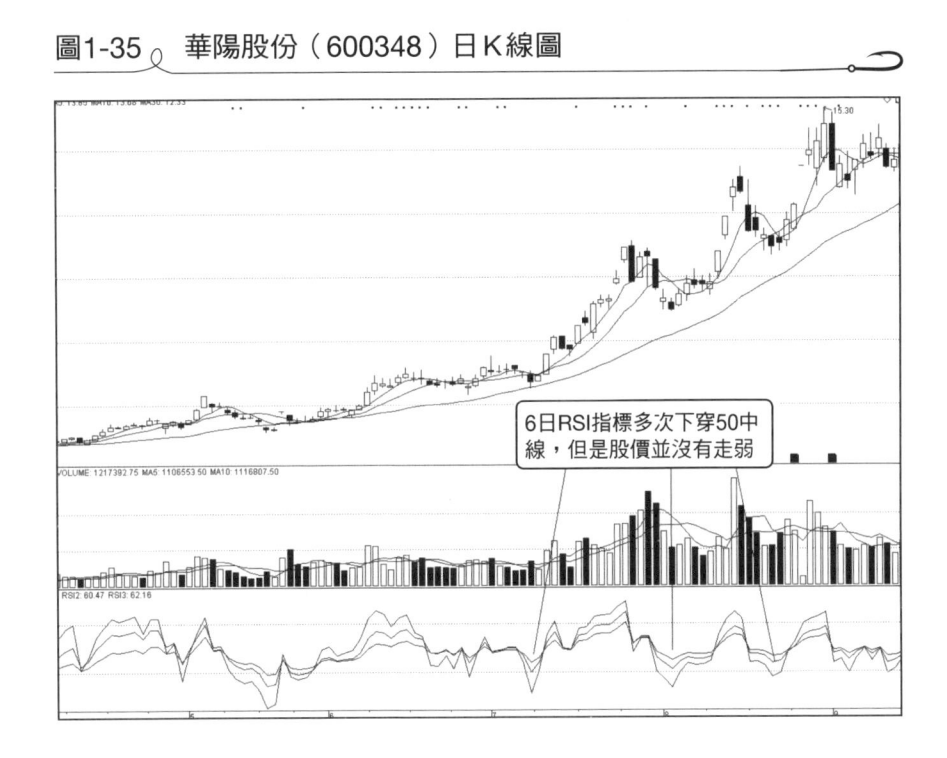

（圖中標註：6日RSI指標多次下穿50中線，但是股價並沒有走弱）

成賣出訊號。可是，RSI指標向下擊穿了這條趨勢線後，股價並未出現大幅下跌走勢，經過短暫的調整後，股價回穩並出現一波快速上漲行情，由此RSI指標向下突破為虛假訊號。

【技術解盤】

從該股走勢圖中可以看出，雖然RSI指標出現向下突破型態，但市場仍然處於強勢之中，30日均線依然緩緩上行，支撐股價繼續走高。在調整過程中，成交量明顯萎縮，顯示賣盤力道很小，盤中籌碼依然被主力掌握。從RSI指標位置分析，指標訊號也沒有完全轉弱，指標線向下穿過上升趨勢線後，仍然圍繞50強弱分界線的上下運行，表示市場還處於強勢之中，後市仍然有上攻動力。

3. RSI突破訊號辨別技巧

（1）突破時股價所處的位置或階段

如果處於底部吸貨區域、中途整理區域、主力成本區域附近，若向上突破，真突破的概率較大，若向下突破，假突破的概率較大。如果處於高位派發區域、遠離主力成本區域，若向上突破，假突破的概率較大，若向下突破，真突破的概率較大。

（2）對主力選擇突破時機需要仔細研究

趨勢較好且價位不高的時候沒有疑問，如果趨勢不好就需要結合主力成本、股價位置、主力類型及其控盤特點進行分析。在趨勢較好的時候前期不逆勢的，在趨勢不好的時候突然逆勢突破，要提防主力出貨。

（3）觀察成交量變化

通常在股價向上突破時，會得到成交量的配合，如果量價失衡（成交量巨大突破後回落、突破後放量不漲或突破時成交量過小），則可信度差，需提防主力製造假突破訊號。股價在向下突破時，則無須關注成交量的放大，但是據多年實盤經驗，無量下跌多數是空頭陷阱，後市將會反轉向上。

（4）有效突破一般都建立在充分蓄勢整理的基礎上

一是常見的各類型態整理，如三角形整理、楔形整理、旗形整理、箱體整理等；二是主力吸完貨以後，以拖延較長時間作為洗盤手段，或者因等待題材或拉升時機，長期任憑股價回落下跌，股價走出了比型態整理時間更長、範圍更大的整理。股價一旦突破此種整理盤面，則往往是有效突破。

（5）股價突破必須有氣勢、力度，走勢俐落，不拖泥帶水

突破後能持續走勢，既然是突破就不應該磨磨蹭蹭，如果在突破位置附近徘徊或放量不漲，就有假訊號的嫌疑。

（6）突破要成功跨越或脫離某一個有意義的位置

比如一個整數點位、一個整理型態、一條趨勢線、一個成交密集區域或某一個時間之窗等，否則判斷意義不大。

NOTE   /   /   /

1-5
隨機指標（KDJ）：
與均線型態同時觀察，可靠性大增

▌一、KDJ交叉訊號

1. 虛假黃金交叉

　　按照KDJ指標的特徵，當J線、K線在低位由下向上與D線形成金叉時，為買入訊號。如果KDJ指標在低位連續出現兩次向上金叉，則漲勢確立。但在實盤中，這種訊號時常是虛假訊號，這就是人們常說的「買入股票就跌」的現象，因此投資者必須有識別這種訊號真假的能力，不可盲目抄底。

【案例】圖1-36：賽伍技術

　　該股經過一段時間的盤升行情後見頂回落，KDJ指標滑落到低位，2021年1月22日J線、K線向上與D線形成金叉，之後再次回落，股價再創新低。不久，股價再度上攻，KDJ指標又一次在20左右形成金叉。通常KDJ指標在低位連續出現兩次向上金叉，則漲勢確立。然而，股價並沒有持續性上漲，稍做上衝後就轉為盤跌走勢，之後股價漸行漸弱，從而該訊號成為虛假金叉訊號。

圖1-36 賽伍技術（603212）日K線圖

KDJ指標低位金叉後，股價繼續震盪走低

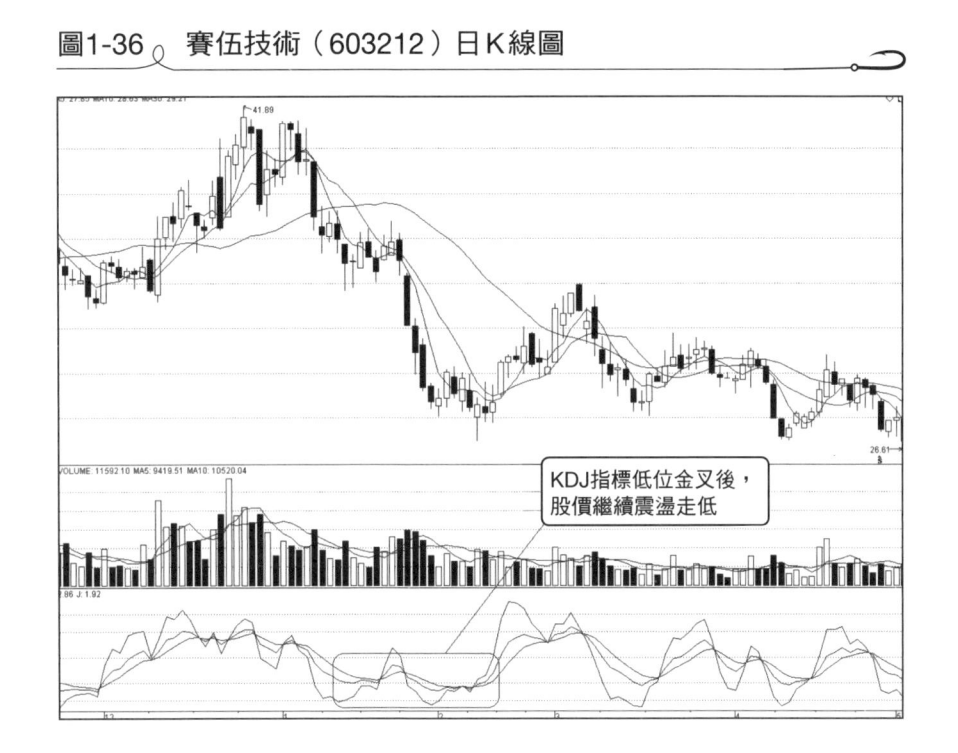

【技術解盤】

　　從該股走勢圖中可以看出，KDJ指標在底部金叉後，DIF線和MACD線均在負值區域運行，且沒有出現交叉、即將交叉或走平轉強跡象，股價的上漲屬於反彈性質，不可盲目追高。股價在上漲過程中，成交量沒有明顯放量，虛張聲勢的可能性較大。這時均線呈空頭排列，30日均線不斷下壓，不能形成有效突破。而且，股價反彈時受到盤區嚴重壓制，無法形成突破走勢。

2.虛假死亡交叉

　　KDJ指標在高位，J線、K線由上向下與D線形成死叉時，為賣出訊號。如果KDJ指標在高位連續出現兩次向下死叉，則跌勢確立。但在實盤中，

這種訊號時常是虛假訊號，這就是人們常說的「賣出股票就漲」的現象，因此投資者必須有識別這種訊號真假的能力，不然就會落入虛假訊號的操作陷阱。

【案例】圖1-37：永福股份

該股見底後漸漸向上推高，KDJ指標從底部金叉後到達超買區。2021年4月23日，隨著股價的震盪調整，KDJ指標很快在80上方形成死叉，此時通常會有一定幅度的下跌，可是股價次日就出現回升走勢。5月7日，KDJ指標在80以上再次形成死叉圖形，但僅僅引發了股價的小幅整理，並沒有出現大幅下跌走勢，稍做調整後股價又震盪走高。

【技術解盤】

該股KDJ指標在80上方第一次形成死叉時，MACD指標中的DIF線已經穿越0軸，MACD線也即將上穿0軸，指標曲線趨勢保持良好，SAR紅柱逐日增長，表示短期股價即使下跌空間也不會很大。這時均線呈多頭排列，30日均線向上運行，支撐有力。成交量出現溫和放大，表示有做多資金在逐步入場，因此短期股價還不會下跌，回檔可以逢低做多。

3. KDJ交叉訊號辨別技巧

（1）看MACD指標的走勢

該指標是一項中線指標，可以過濾掉一些細小的波動。如果MACD指標運行在正值區域，表示市場仍在強勢之中，或者當DIF線交叉MACD線後，DIF線沒有形成快速下滑（斜線較為平坦）的趨勢，表示股價只是回檔而不是下跌，經過短期調整後會重拾漲勢。如果MACD指標運行在負值區域，表示股價處於弱勢之中，或者當DIF線交叉MACD線後，DIF線沒有形成快速上行的趨勢，大多屬於反彈行情，經過短期反彈後會再度下跌。

（2）看成交量變化，股價是靠成交量推動才能上漲

KDJ指標在底部金叉後，如果股價放量上漲，多半是增量資金介入，可以看多做多；如果縮量上漲，一般是虛張聲勢，可以看多但不做多。相反，KDJ指標在高位死叉後，如果股價放量下跌，多數是主力出貨，可以

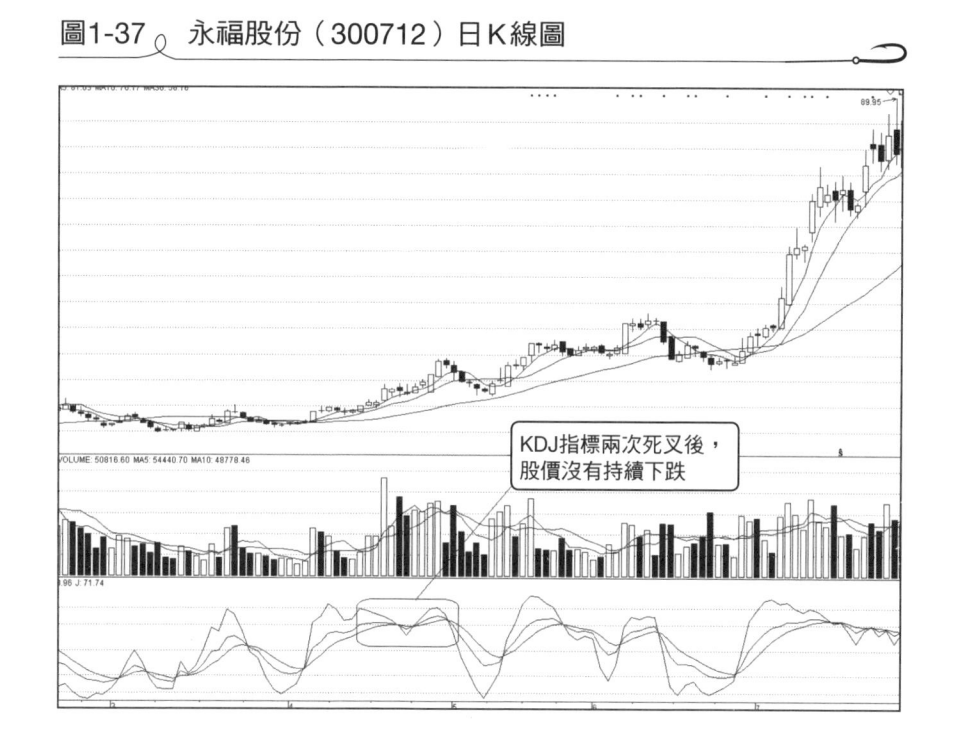

圖1-37 永福股份（300712）日K線圖

> KDJ指標兩次死叉後，股價沒有持續下跌

看空做空；如果無量下跌，一般為空頭陷阱。

（3）結合移動平均線進行分析

當KDJ指標出現金叉後不要過分樂觀，此時如果均線呈多頭排列，可以看多做多；如果均線剛剛勾頭向上或走平，可以看多但先不下手做多；如果均線呈空頭排列，股價反彈時無力向上突破，可以看空做空，反彈時逢高離場。

當KDJ指標出現死叉後也不必驚慌，此時如果均線呈空頭排列，可以看空做空；如果均線剛剛勾頭向下或走平，可以看空但也不做空；如果均線呈多頭排列，股價回檔時得到有力支撐，可以看多做多，回檔時逢低介入。

（4）KDJ指標金叉訊號在弱勢股、問題股中不可靠

在反彈行情、散戶行情、主力的自救行情中，其準確性也很難保證，

在主力股、強勢股中會比較可靠。死叉訊號應用在反彈行情、散戶行情、主力自救行情中準確性很高，在主力股、調整行情中出現虛假訊號較多。

（5）將KDJ指標的日線改為周線，可以過濾一些細小的波動

如果KDJ指標在低位金叉時，周線KDJ指標在低位也出現向上拐頭，可以做多。如果KDJ指標在高位死叉時，周線KDJ指標在高位也出現向下拐頭，應當做空。

二、KDJ位置訊號

1. 超買陷阱

通常，KDJ指標處在60～80為強勢區，80～100為超強勢區（即超買入區，表示買氣強盛，超過了一般供需的極限，大多會出現相反走勢）。一般的研判法則：K值在90以上、D值在80以上、J值處在100時為超買狀態，可以賣出。但在實際操作中，在這個區域內經常會出現虛假訊號，股價稍做調整後立即上升，KDJ指標超買再超買，常常使人做出誤判。

【案例】圖1-38：康隆達

2021年8月2日，股價收出一字跌停板，造成向下破位，之後股價漸漸回穩，9月13日向上突破底部盤整區。隨著股價的回升，KDJ指標很快到達超買區域。J線早已達到100，K線、D線的值均在80以上。按照KDJ指標「80以上賣出」的研判法則，這時應當減倉或賣出。但是，即使KDJ指標在80以上，股價仍然沒有明顯回落跡象，而是出現繼續強勁上攻行情。

【技術解盤】

該股KDJ指標到達超買區後，K值和D值仍然保持向上走勢，並沒有出現向下掉頭的跡象，而且當J線和K線回落到D線附近時，再次拐頭或金叉向上。股價已多個交易日成功站穩於30日均線之上，牛市的特徵初現，短期應當看多做多，即使有回檔幅度也不會很大。成交量明顯放大，顯示有場外大量資金介入。而且，股價在30日均線「卡口」位置向上突破，可靠性比較高。

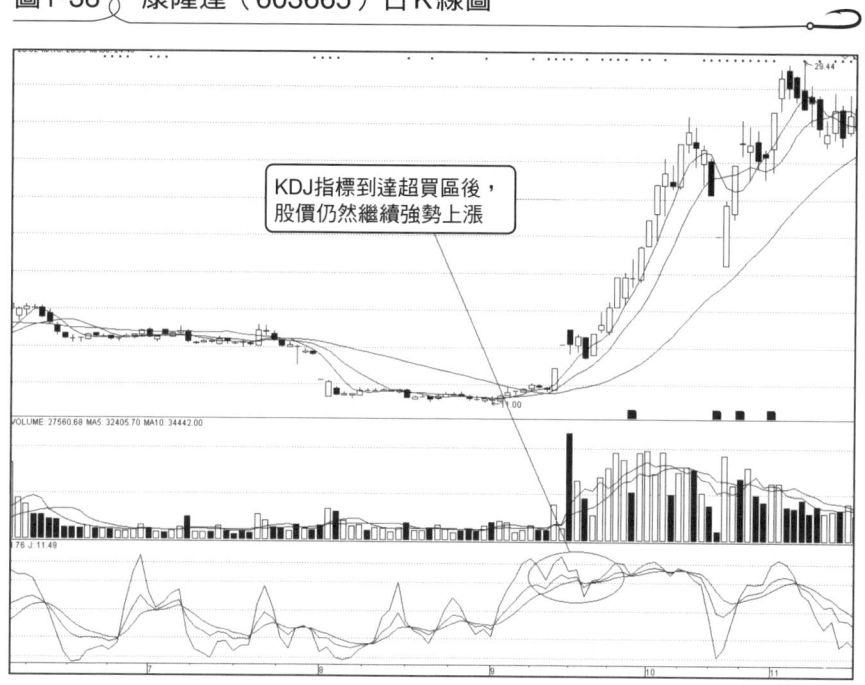

圖1-38 康隆達（603665）日Ｋ線圖

KDJ指標到達超買區後，股價仍然繼續強勢上漲

2. 超賣陷阱

通常，KDJ指標處在20～40為弱勢區，0～20為超弱勢區（又稱超賣出區，表示賣壓相當沉重，超過了一般供需關係的極限，大多出現相反走勢）。一般的研判法則：K值在10以下、D值在20以下、J值處於底部時為超賣狀態，可以買入。但在實盤操作中，這個法則並不十分奏效，經常出現虛假訊號，股價稍做反彈後立即下跌，KDJ指標超賣再超賣，常常使人掉進陷阱之中。

【案例】圖1-39：龍軟科技

該股上市初期略做上衝後就一路震盪下跌，中間也沒有像樣的反彈行情，2020年12月7日出現加速下跌走勢。同期的KDJ指標隨股價回落而到達超賣區，J線已經躺底了，K線、D線的值均在20以下。此時，按照KDJ指標

97

完整解析趨勢線交易技術

圖1-39 龍軟科技（688078）日K線圖

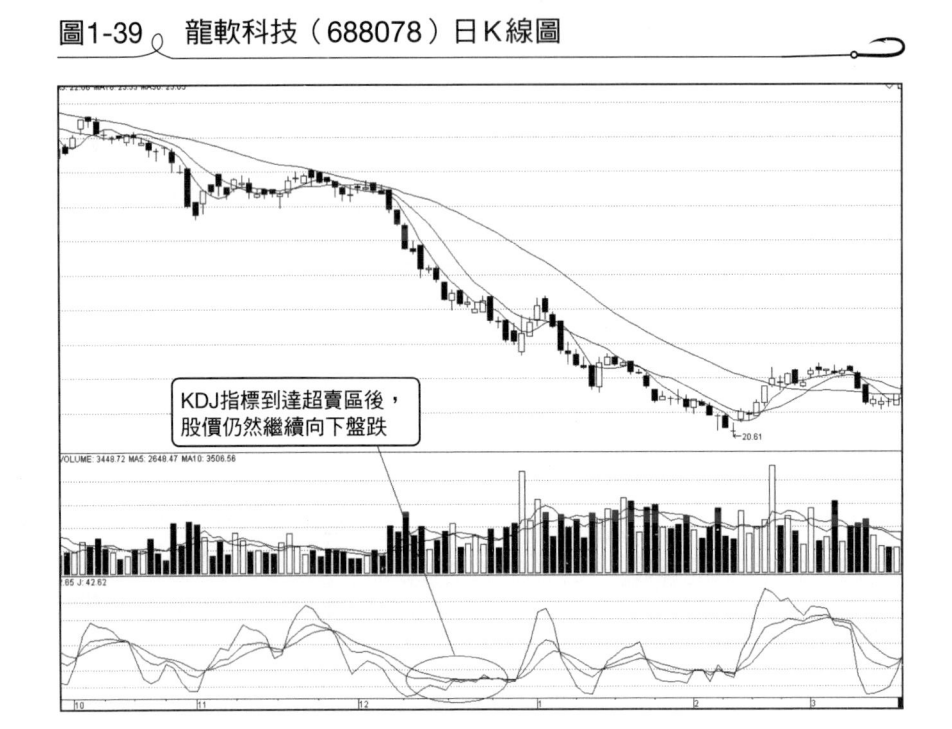

（圖中標註：KDJ指標到達超賣區後，股價仍然繼續向下盤跌）

「20以下買入」的研判法則，是可以加倉或買入做多。但是，即使KDJ指標在20以下，股價仍然沒有止跌跡象，而是繼續呈盤跌走勢，不久股價再創新低，使買入搶反彈者個個被套牢。

【技術解盤】

該股KDJ指標到達超賣區後，K值和D值仍然在下降，尚無明顯向上掉頭跡象，而且J線在每次攻擊K線和D線時遇挫回落。均線處於空頭排列，熊相畢露，做空訊號非常明顯，尚未到搶反彈時機。多項中長線技術指標已經發出賣出訊號，股價盤跌不休，顯示做多時機尚不成熟。可見，即使KDJ指標處在20以下，也不能貿然做多。

3. KDJ位置訊號辨別技巧

（1）觀察K值與D值的相對位置，是處於多頭排列，還是已經呈現空頭排列？

K值與D值在高位仍有金叉出現，還是在低位仍有死叉出現？根據KDJ指標應用功能，無論日線KDJ指標位置如何，金叉總是短線買入訊號。因此，出現高位KDJ指標金叉，即使不敢追漲買入，至少也應繼續持倉等待機會，在這時期超買區會隨時產生回檔，因期待而貿然放空是最要不得的。反之亦然，當低位KDJ指標再行死叉，則表示行情仍有下探的空間，如果此時固守在超賣區，會隨時產生反彈的觀念而買入，可能仍要吃套牢的虧。所以，出現低位KDJ指標死叉，即使不敢放空殺跌，至少也應等待一下做多的訊號出現。

（2）看股價走勢，股價脫離盤整後即轉入趨勢運行

這時的KDJ指標也離開40～60常態區，由於KDJ指標是一項短線指標，變化極其靈敏，很快到達超買超賣區域。這時可以擺脫KDJ指標的參考作用，以股價走勢強弱作為後市研判的重要依據，在股市裡要永遠記住：「強者恆強，弱者恆弱。」在牛市裡用牛眼看市，超買再超買是牛市的特徵，不要理會短期的回檔。在熊市裡要有熊向思維，超賣再超賣是熊市的本性，不要有過高的期望。

（3）移動平均線是判斷股市強弱的重要指標

在多頭市場中，通常30日均線具有較強支撐，一般不會被有效擊穿，30日均線附近是介入或加碼的重要位置，如果這個位置失守，表示漲升行情已經結束，應當及時逢高離場。在空頭市場裡，通常30日均線具有較大壓力，一般難以有效突破，30日均線附近是出場或減碼的重要位置，如果這個位置被有效突破，表示行情已經開始轉跌為漲，應當及時逢低買進。

（4）看成交量變化

KDJ指標在高位超買區域時，成交量保持溫和狀態，沒有出現異常變化，表示股價運行穩健，可以持股做多。如果在高位股價放量不漲，表示資金有抽離的嫌疑，此時應高度警惕，一有風吹草動就應迅速撤退。相反

地，KDJ指標在低位超賣區域時，成交量呈變化不大，股價盤跌不休，表示做空力量依然強大，不可盲目抄底。如果在低位股價放量不漲，表示仍有資金抽離，此處仍然不是真正的底部，股價可能要再下一個台階，不要被底部放量會漲所誘騙。

（5）改用其他中長線指標

可以參考MACD、TRIX、BOLL、DMA、EXPMA、SAR這些技術指標的買賣訊號，如能相互驗證，準確性就高，可以根據指標訊號做多或做空。如果指標之間矛盾較多，則準確性較差，應及時採取行動。

（6）將KDJ指標的日線改為周線，可以過濾一些細小的波動

三、KDJ鈍化訊號

1. 高位鈍化陷阱

根據KDJ指標的研判法則，當指標值到達超強勢區時，應賣出股票。但KDJ指標進入超強勢區後，長時間在那裡徘徊，指標無法繼續上升，到了極限值，此時股價卻不理會指標的高位而節節升高，漲得讓人不敢相信。股價在拉升過程中，高位鈍化時很少有像樣的調整，收盤價維持在近期最高價附近，才會使KDJ指標一直保持在高位出現鈍化。

當KDJ指標（包括其他類似的震盪指標）出現鈍化時，如果股價繼續上漲，不為指標鈍化所影響，說明主力強勢拉抬；如果股價漲幅不大（因個股而異，通常以50%為參考標準），則說明上漲走勢未盡。

【案例】圖1-40：中國中免

在2020年6-7月的上漲過程中，KDJ指標高位鈍化時間之長是十分罕見的，說明主力完全控盤且強勢拉抬。主力在底部吸納了大量的低價籌碼，經過拉升前的洗盤調整後，股價進入主升段階段，上漲走勢非常強勢。KDJ指標迅速到達強超買區域，J線鈍化後不久，K線和D線也隨之鈍化。按照KDJ指標的作用法則，此時是賣出時機。然而，股價卻不理會KDJ指標的高位鈍化，超強上攻，短期漲幅非常大。之後，該股在2020年12月到2021

圖1-40 中國中免（601888）日K線圖

股價我行我素上行，並不理會KDJ指標的高位鈍化

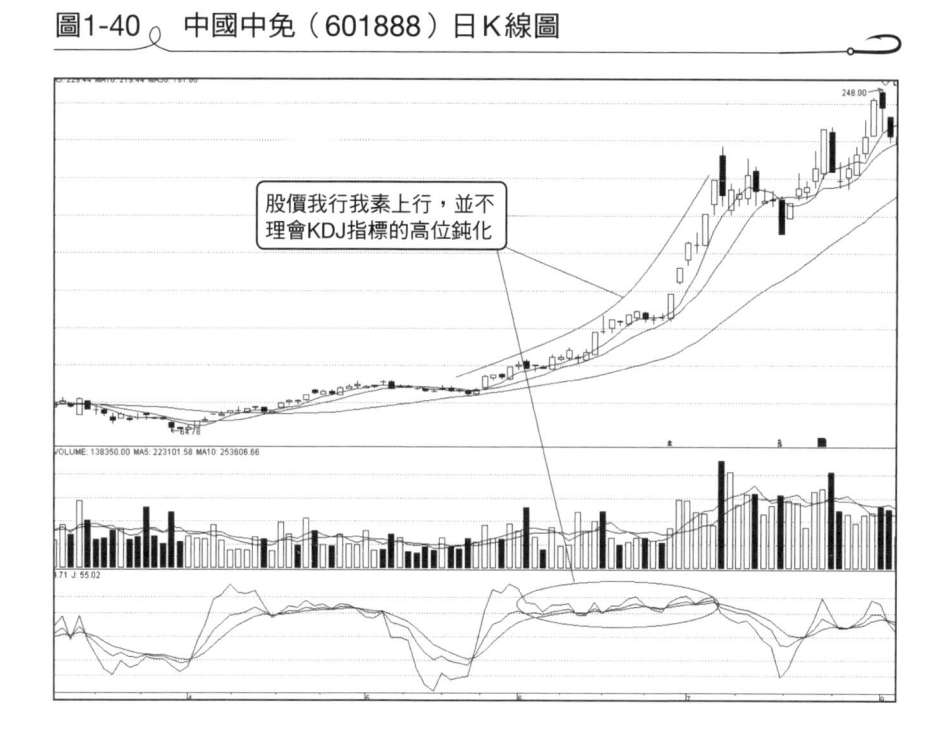

年1月出現同樣的盤面現象。

【技術解盤】

　　該股KDJ指標在高位出現鈍化後，從60分鐘、30分鐘以及15分鐘的KDJ指標走勢圖中發現，KDJ指標仍然有規律、有節奏地往上攀升，周線KDJ指標上升趨勢更為明顯。均線保持強勢上漲走勢，30日均線支撐有力。K線大陽小陰，節奏分明，說明主力控盤程度良好。

2. 低位鈍化陷阱

　　KDJ指標在到達超弱勢區時，有反彈行情出現應買入股票。但在實盤操作中，常常看到KDJ指標進入超弱勢區後，指標線長時間在底盤不動，指標無法繼續下降，到了極限值，此時股價卻不斷地向下創出新低，跌

完整解析趨勢線交易技術

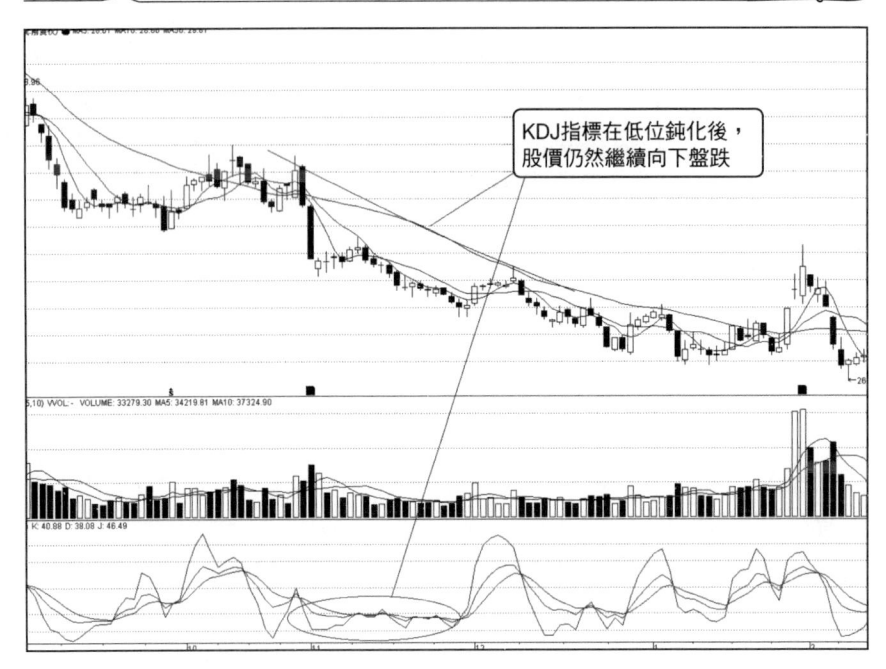

圖1-41 電魂網路（603258）日K線圖

KDJ指標在低位鈍化後，股價仍然繼續向下盤跌

得讓人無法接受。KDJ指標的低位鈍化通常出現在弱勢股中，股價一跌再跌，每日跌幅不大，收盤價始終維持在近期最低價附近，通常這種股票不是問題股就是惡炒的後遺症。碰到這樣的股票，投資者應有壯士斷腕的勇氣，越早離開越好。

【案例】圖1-41：電魂網路

該股見頂後逐波震盪走低，在2020年11月KDJ指標很快從強超買區域回落到強超賣區域，J線趴底不動，K線和D線也嚴重鈍化，在弱勢中出現底背離型態。按照KDJ指標的作用法則，此時應買入。可是，股價依然震盪下跌，跌得著實讓投資者難以忍受。

【技術解盤】

該股KDJ指標在低位出現鈍化後，60分鐘、30分鐘、15分鐘的KDJ指標每一次死叉後，股價都創出新低，周線KDJ指標下降趨勢更為明顯，顯

示股價仍有下跌的空間。成交量持續萎縮，人氣冷淡，盤面無人問津。均線空頭排列，30日均線壓制股價上漲，所以短期難以走強。

3. KDJ鈍化訊號辨別技巧

由於KDJ指標的數值永遠在0～100的區間波動，就有可能產生一種特殊的現象：鈍化。也就是說，KDJ指標的數值已經到頂而無法超越100，或已經躺底而無法低於0，此時行情和價位卻依然激烈地變化著，（這必然會給用隨機指標來判別行情時產生盲區），這也是在應用該指標時應重視的問題。這種現象多發生在超強勢個股或超弱勢個股裡，投資者應謹慎操作，防止過早買入或賣出造成不必要的損失。

（1）當日線KDJ指標出現高位（或低位）鈍化時，應觀察K值與D值的相對位置，是保持多頭排列還是已經呈現空頭排列？

K值與D值在高位鈍化後仍有金叉出現，還是在低位鈍化後仍有死叉出現？如果是多頭排列，在高位鈍化後仍有金叉出現，則多頭行情仍將延續。如果是空頭排列，在低位鈍化後仍有死叉出現，則空頭行情仍將延續。鈍化是背離的前奏，觀察日線KDJ指標從鈍化到背離的過程，也有助於走出鈍化的盲區。

（2）KDJ指標鈍化後，可以將日線改為分時走勢圖

如果難以從日線KDJ指標鈍化後的位置關係進行分析，不妨細細品味60分鐘和30分鐘走勢圖，根據分時指標的特點來把握最佳進出場點。因為畢竟分時的變化頻率要比日線高得多，要使30分鐘、60分鐘KDJ值產生鈍化並非易事。況且，即使它們無奈地一路鈍化下去，還有頻率更高的15分鐘值和5分鐘值，總是可以找出突破口。此外，還可以通過周線KDJ指標研判中長線波動趨勢，進一步化解盲區的判斷，這一點與RSI、W%R等技術指標的盲區鈍化破解原理是一致的。

（3）看成交量變化

在KDJ指標出現鈍化後，如果成交量沒有異常變化，量價配合變化不大，表示股價仍運行於原來的走勢中；如果在高位股價出現放量不漲，表

示資金有抽離的嫌疑，此時應高度警惕，一有風吹草動就應迅速撤退。相反地，KDJ指標在低位超賣區域鈍化後，如果股價放量下跌，表示有場內資金出逃；如果成交量變化不大，股價盤跌不休，表示做空力量依然沒有釋放完畢，不可盲目抄底；如果在低位股價放量上漲，表示有新資金介入，可以逢低買進；如果在低位股價放量不漲，表示仍有資金抽離，此處仍然不是真正的底部，股價可能要再下一個台階，不要被底部放量會漲所誘騙。

（4）改用其他中長線技術指標

可以參考MACD、TRIX、BOLL、DMA、EXPMA、SAR這些指標的買賣訊號，如能相互驗證，準確性就高，可以根據指標訊號做多或做空。如果指標之間矛盾較多，則準確性較差，應及時採取行動。

四、KDJ背離訊號

1. 頂背離陷阱

在一輪持續上漲的行情中，股價一步步走高，高點一層比一層高，且屢創近期新高，而同期的KDJ指標卻沒能隨之而上，反而連連下挫，形成頂背離狀態，視為短期、中期見頂訊號，這時應賣出股票。發生頂背離時，應以指標的方向作為參考依據，通常意味著股價上漲動力不足，即將見頂。但在實盤中，KDJ指標出現頂背離後，股價以橫向盤整完成調整，或略做回檔後立即反轉上攻，就會在形成一個多頭陷阱。

【案例】圖1-42：永福股份

該股成功見底後，股價緩緩向上走高。在2021年4-6月，股價不斷創出上漲新高，但同期的KDJ指標的高點卻一個比一個低，股價與指標形成典型的頂背離狀態。這暗示股價已經出現短期見頂訊號，不少投資者見此背離狀態紛紛離場觀望。然而，頂背離訊號雖然引發了市場的短期調整，但並沒有扭轉上升趨勢，股價僅僅進行小幅調整後，便再次加速上漲。

圖1-42 永福股份（300712）日K線圖

> KDJ指標頂背離後，股價只是小幅回檔

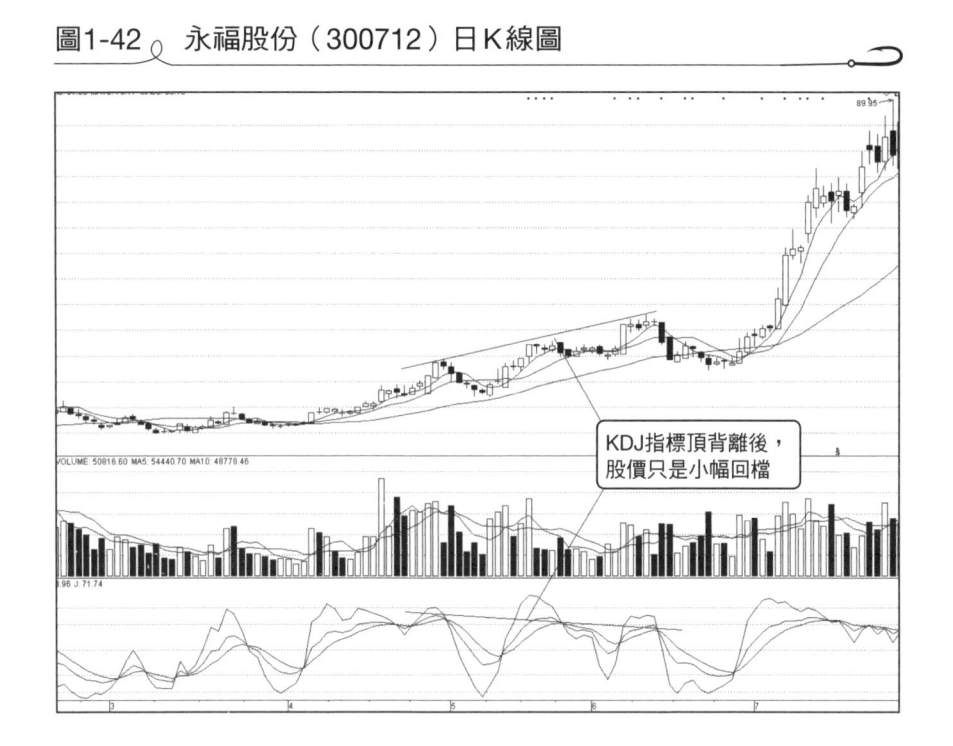

【技術解盤】

該股在KDJ指標出現頂背離訊號時，均線呈現多頭排列，股價回檔時得到30日均線的有力支撐，下檔接盤力道強勁，投資者不必顧慮重重。成交量變化不大，多空雙方交易活躍，盤內積極換手，尚未出現異常情況，主力操作手法和籌碼穩定。當股價回檔到30日均線附近，再次向上拉起時，就是一個很好的入場機會。

2. 底背離陷阱

在一輪持續跌勢的行情中，股價一步步走低，低點一個比一個低，且屢創近期新低，而同期的KDJ指標不但沒有創新低，反而越走越高，形成底背離狀態，這種現象意味著賣壓減弱，行情有止跌回升的可能，因此可

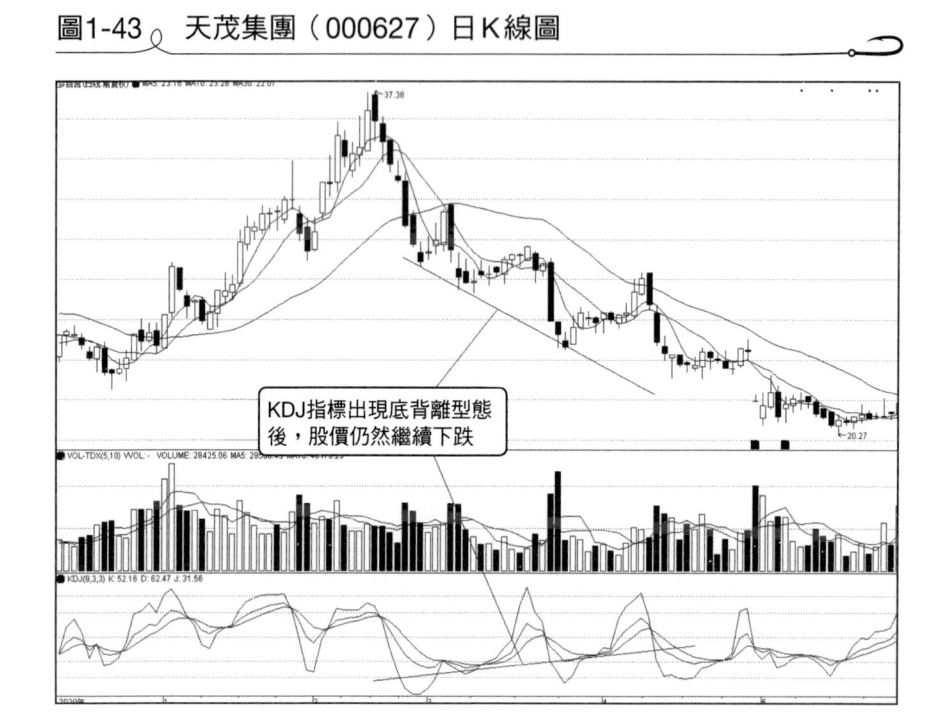

圖1-43 天茂集團（000627）日K線圖

> KDJ指標出現底背離型態後，股價仍然繼續下跌

以作為短期、中期見底訊號，這時應買入股票。但在實盤中，股價在KDJ指標出現底背離後並沒有見底反轉，反而一跌再跌，不斷創新低，形成底背離陷阱。

【案例】圖1-43：天茂集團

在2021年2-4月的走勢中，股價見頂後逐波回落，一浪比一浪低，不斷創新低點，而同期的KDJ指標卻向上抬高，股價與KDJ指標形成明顯的底背離走勢。這種現象暗示股價下跌幅度不大，可以作為買入訊號。可是，股價只是小幅反彈，隨後再次回落創新低，該訊號成為虛假的背離訊號。

【技術解盤】

從該股走勢圖中可以看出，在KDJ指標出現底背離時，均線呈現空頭排列，30日均線對股價的上攻構成很大的壓力，股價上升乏力，每一次反彈時無力攻克其壓力而受阻回落，因此逢高了結為宜。而且，前期已經有

了幾波上漲行情，股價累計漲幅也不小，本身需要調整，所以這個底背離型態出現在高位，其可靠性就不高了。

3. KDJ背離訊號辨別技巧

KDJ指標的背離現象也是較為頻繁的，雖然它可以提供較準確的買賣訊號，但是虛假訊號屢見不鮮，導致不少散戶深受其害，畢竟KDJ指標是短線操作的一大利器，但它絕非唯一的法寶。那麼，如何避開這些技術陷阱呢？

（1）看移動平均線的支撐和壓力程度

在出現頂背離時，如果均線對股價的回檔有較強的支撐作用，表示下檔接盤能力強，可以繼續持股看多；如果股價輕鬆擊穿均線的支撐，表示股價已經見頂，應盡快逢高離場。在出現底背離時，如果均線對股價的上攻有較強的壓力作用，表示股價上升乏力，逢高了結為宜；如果股價向上突破均線的壓力，表示股價即將見底轉勢，可以逢低買進。

（2）看成交量變化

在出現頂背離時，如果成交量變化不大，表示主力在增加持倉量，場外資金在不斷介入；如果是縮量上漲，表示跟風盤減少，有主力刻意拉抬的嫌疑，預示股價即將見頂；如果是放巨量上漲，表示有資金抽離市場，應早落袋為安。在出現底背離時，如果成交量變化不大，表示空方力量仍然沒有釋放殆盡，場內資金在悄悄離場；如果是縮量下跌，表示賣盤減少，跌勢即將接近尾聲；如果是放巨量下跌，表示後市看空意識較濃厚或有恐慌盤湧出，後市仍有下跌空間，此時不要認為是底部放量。

（3）頂背離陷阱通常出現在主力股中

頂背離是主力控盤能力極強的表現，頂背離陷阱是主力股的一個重要參考指標。主力股走勢不講章法，因此分清主力類型、摸清主力脾氣，便可以堅定地共舞到底。底背離陷阱出現是弱勢股的重要表現，也常常出現在問題股，這種股票中通常沒有主力，套牢盤每一次反彈都應當出貨，走得越快越好。

（4）結合波浪型態分析

頂背離型態出現在漲勢的1浪、3浪裡可靠性低，出現在上升5浪、B浪、延長浪裡可靠性較高。底背離型態出現在調整2浪、4浪或C浪後期，則可靠性較高，出現在A浪、C浪初期，則可靠性低。

五、KDJ型態訊號

1. 虛假頂部型態

從指標型態來看，圖上KDJ指標的型態比K線的型態更為清晰，更容易判斷買賣點。當KDJ指標在高位盤整時，所出現的各種頂部型態也是判斷行情和決定買賣行動的分析依據。當KDJ指標在高位（80以上）形成頭肩頂、雙重頂或三重頂等高位反轉型態時，意味著股價的上升動能已經衰竭，股價有可能出現中短期回落行情，投資者應及時賣出股票。可是賣出後，股價只是小幅回檔並很快反轉向上，從而成為虛假KDJ頂部型態。

【案例】圖1-44：銀座股份

在2020年5-7月的走勢中，股價出現一波有力的盤升行情，當股價上漲到前期高點附近時，遭到低位獲利盤和前期套牢盤的賣壓而出現震盪。6月23日，KDJ指標在強勢區構成死叉，出現雙重頂型態，通常這是一個賣點。可是賣出之後，股價只是小幅調整，仍然走勢堅挺，經過短暫的整理後，股價又加速上漲。

【技術解盤】

雖然KDJ指標出現雙重頂型態，但股價並沒有發出空頭訊號。從該股走勢圖中可以看出，市場已經漸漸轉強，股價成功穿越均線，形成多頭排列，使股價進一步走高。成交量開始溫和放大，且在回檔時出現縮量態勢，說明量價配合比較完整。KDJ指標之所以形成雙重頂型態，是因為股價上行遇到前期成交密集區域，對股價上漲構成一定的壓力，於是主力採用洗盤方式消化上方壓力，當上方壓力消除後，主力便適時將股價拉上一個台階，這樣就形成了虛假雙重頂型態。

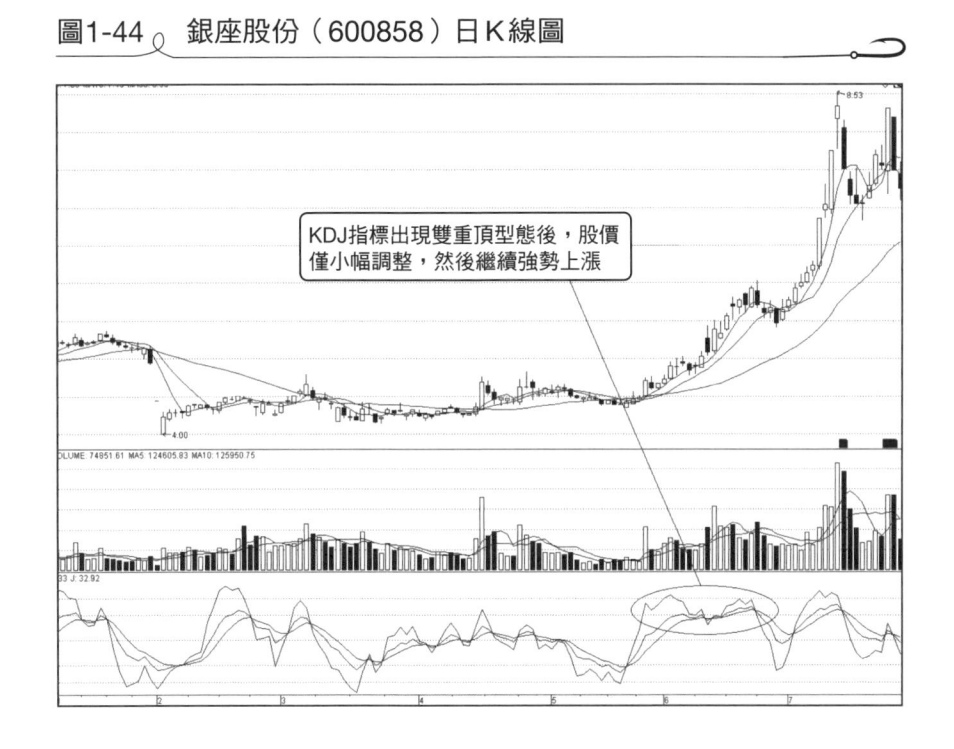

圖1-44 銀座股份（600858）日K線圖

KDJ指標出現雙重頂型態後，股價僅小幅調整，然後繼續強勢上漲

2. 虛假底部型態

當KDJ指標在低位盤整時，所出現的各種底部型態也是判斷行情和決定買賣行動的分析依據。當KDJ指標在低位（20以下）形成頭肩底、W底或三重底等低位反轉型態時，意味著股價的下跌動能已經衰竭，股價有可能在構築中長期底部，投資者可以逢低分批建倉。誰知，買入後才知道這是個陷阱，股價只是小幅上漲並很快反轉向下繼續跌落，從而成為虛假KDJ底部型態。

【案例】圖1-45：江化微

該股完成一波反彈行情後向下回落，股價逐波震盪下跌，2021年8月，KDJ指標在超賣區構成一個雙重底型態，通常這是一個買入訊號，後市股價應當回穩。可是，該股後來的走勢與此恰恰相反，股價不漲反跌，套牢

圖1-45 江化微（603078）日K線圖

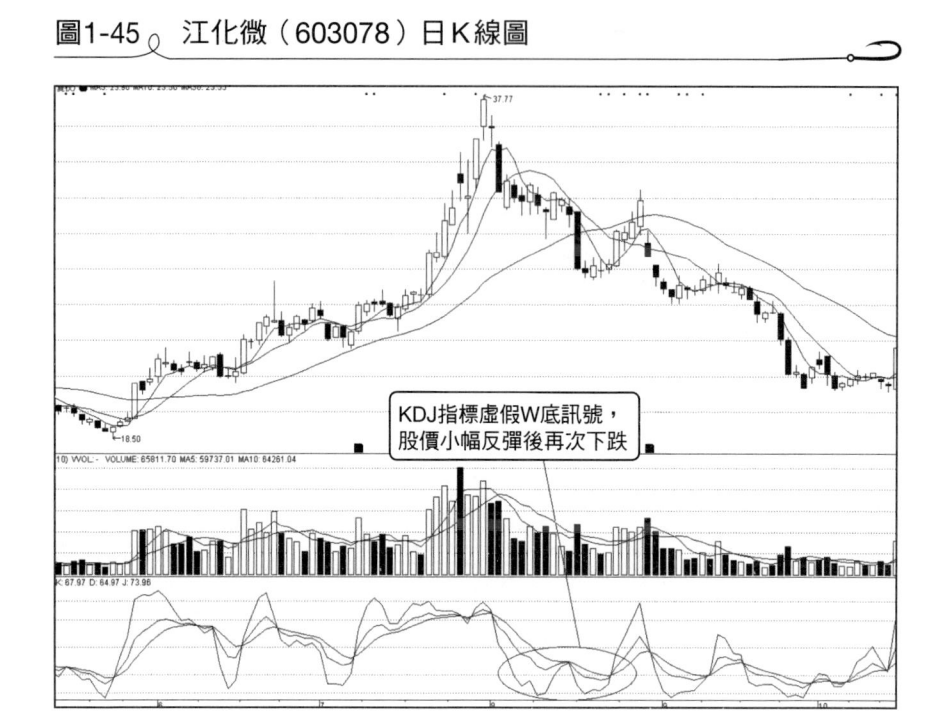

KDJ指標虛假W底訊號，股價小幅反彈後再次下跌

買入者，該型態成為虛假雙重底型態。

【技術解盤】

雖然KDJ指標出現雙重底型態，但股價並沒有發出多頭訊號。從該股走勢圖中可以看出，股價見頂後形成一個頭部盤區，8月17日股價向下突破這個盤區後，股價反彈明顯受到該盤區的壓制。此時，股價也向下擊穿了30日均線的支撐，而後的反彈只是對30日均線的一次回檔確認過程。而且，在形成雙重底型態時，也得不到成交量的配合，持續萎縮的成交量難以扭轉股價下跌走勢。因此，當KDJ指標出現多頭訊號時，應結合其他技術因素進行綜合分析。

3. KDJ型態訊號辨別技巧

KDJ指標經常出現型態訊號，其買賣訊號有時準確性很高，有時卻一無是處，以致是真是假，難分難辨，因此常常被主力所利用。那麼，如何識別這樣的虛假訊號呢？

（1）在KDJ指標產生型態訊號時，應觀察成交量變化

在出現底部型態訊號時，要有成交量放大的支援，否則為疑似多頭陷阱。在出現頂部型態時，雖然並不強調成交量的放大，但在突破時如果成交量放大，那麼型態的可靠性就大增。

（2）在KDJ指標產生型態訊號時，也要觀察均線運行方向

在一輪趨勢行情中，KDJ指標訊號若與均線同向，訊號可信度高，若與均線逆向，為疑似訊號。股價在均線之上，30日均線向上運行時，KDJ指標的底部型態訊號準確率較高，這時的頂部型態訊號準確率就低。股價在均線之下，30日均線向下運行時，KDJ指標的底部型態訊號準確率較低，這時的頂部型態訊號準確率較高。30日均線平行運行時，KDJ指標的所有訊號準確率均較差，應結合其他技術因素綜合分析。

（3）KDJ指標的型態訊號還要與股價趨勢結合起來分析

在股價上漲趨勢中，KDJ指標的底部型態訊號比較準確；在股價下降趨勢中，KDJ指標的頂部型態訊號比較準確。如果股價在高位，應當結合其他技術因素綜合考慮，這樣才能減少失誤。

（4）KDJ指標出現型態訊號時，如果股價走勢曲線也先後出現同樣的技術型態，則訊號的可靠性就高。

（5）KDJ指標曲線頂部反轉型態對行情判斷的準確性，要高於底部反轉型態的準確性。

（6）結合其他技術指標進行分析

如用EXPMA、TRIX、SAR、BOLL等中、長線技術指標，進行相互驗證，可以減少失誤，提高準確率。

1-6 均量線指標（VOL）：股價要漲要跌得先看成交量

　　成交量是股價漲跌趨勢的先行指標，在技術分析中，成交量（或成交額）是相當重要的技術指標，它能夠反映市場的供需狀況，買賣氣勢之強弱，以及投資者對未來股價變動的看法是否一致。但在實際使用時，由於成交量的變化忽大忽小，投資者不容易把握其規律，而且其中摻和著主力的許多人為因素，因此市場中會出現很多虛假訊號，常見的陷阱有地量地價陷阱、天量天價陷阱、價漲量增陷阱等10多種。

■ 一、VOL地量地價

1. 地量地價誤區

　　股價持續下跌一段時間之後，市場人氣渙散，利空傳聞仍然不絕於耳，此時由於股價下跌的時間跨度和價格幅度都很大，該拋股票的投資者早已經賣出了，剩下的都是中長線持有的投資者或迫於無奈的套牢者，因此股票的拋售壓力越來越小，但同時買盤也寥寥可數，導致成交量逐步萎縮。當成交量縮到不能再縮的情況下，股價將在此形成谷底並開始向上，此時嚴重萎縮的成交量就稱為「地量」。地量通常是原始空頭市場結束的

標誌之一。

有股諺說：「地量之後是地價」、「低位放量會漲」，反映了每當成交量萎縮到地量時，通常都預示股價即將見底回升。當成交量萎縮到不能再萎縮時，顯示場內該拋售的已經拋售了，持股的投資者則十分惜售，不願意再拋售股票，賣壓越來越小。只要「地量」一出現，賣壓一顯小，多頭馬上轉入反攻。如果此時買盤稍微放大，則股價就會出現回升，「地價」便隨之而出。因此，在空頭市場末段以及多頭市場中，地量的出現往往都是市場即將見底的訊號，也是中長線投資者開始對股票進行建倉的好時機。

「地量」之所以會見「地價」，通常是做空的動能已釋放殆盡，股價跌無可跌，所以股價將要見底。但不能一概而論，在多頭市場中，由於大部分投資者對後市較具信心，願意持股待漲而不為微利所惑；或者流通籌碼為主力所控，鎖定而不賣出。在這兩種情況下，就不存在獲利盤枯竭、殺跌動力消耗已盡的問題。當某一環節出現鬆動或變化，股價就會再陷跌勢，所以「地量之後有地價」也是主力常用的操盤手法之一。

【案例】圖1-46：江南水務

該股見頂後開始下跌，2020年7月反彈結束後逐漸下跌，股價累計跌幅較大。在調整過程中，成交量經前期的萎縮後再次萎縮到地量，從9月開始成交量萎縮到很低，盤中日內換手率不到0.5%，多空交易十分清淡。按照「地量地價」的說法，這是個千載難逢的買進機會。但股價並沒有真正穩定回升，經過短期的橫盤運行後，股價展開新一輪下跌走勢。

【技術解盤】

從該股走勢圖中可以看出：

（1）盤中出現「地量」的時候，股價已經回落到起漲位置，也就是前次的盤整區附近，這個位置雖然有支撐作用，但也反映主力做多意願不強，股價要想重新拉起來顯然有難度，「會跌的股票不會漲」就是這個道理。

（2）由於股價持續下跌，短期回落幅度太大，上方構成新的壓力。

（3）在橫盤整理過程中（重心有所上移），成交量沒有放大，說明沒

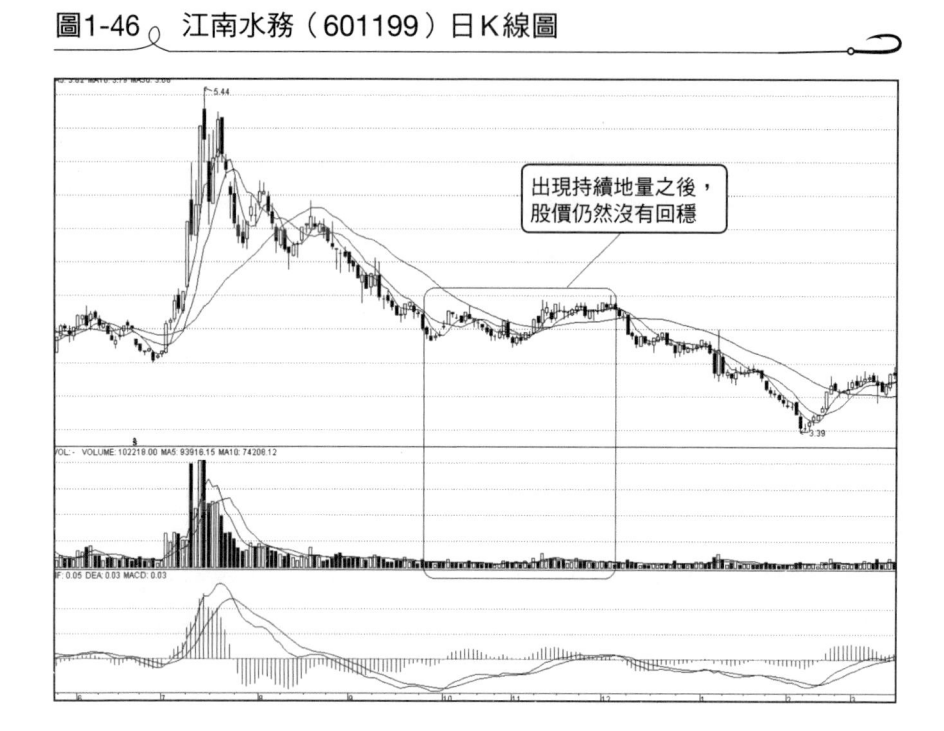

圖1-46 江南水務（601199）日Ｋ線圖

出現持續地量之後，股價仍然沒有回穩

有新資金入場，所以盤面還需要進一步調整。

2. VOL地量地價辨別技巧

地量一般在牛市行情的初期出現，意味著市場即將結束調整行情，轉入牛市。但是，對地量的分析不能僅僅看成交量的多少，必須結合市場趨勢」、「技術分析」、「市場熱點」這三個方面進行綜合分析。出現地量的幾個時段：

（1）地量在行情清淡的時候出現

當行情長期清淡的時候，持股的不想賣出，有現金的不願意買入，地量就出現了，此時應觀望。在跌勢中期出現，為弱勢訊號，應繼續做空。

（2）地量在股價即將見底的時候出現也很多見

一檔股票在經過炒作之後，總有價格向價值回歸的過程。在其漫漫下跌途中，雖然偶有地量出現，但很快就會被更多的賣壓淹沒。在股價即將見底的時候，該賣的都已經賣了，沒有賣的也不想再賣了，於是地量不斷出現，而且持續性較強。一般到連續出現地量的時候，距離真正的底部也不遠了。

（3）地量在主力震倉洗盤的末期也常有出現

主力如何判斷自己震倉是否有效，是否該告一段落呢？方法與手段很多，地量的出現便是技術上的一個重要訊號。此時，持股的不願意再低價拋售，或者說已經沒有股票可賣了，而有現金的由於對該股後市走向迷茫，也不敢輕易進場搶反彈，於是成交清淡，地量便油然而生，而且一般還具有一定的持續性，這一時期往往是中線進場的時機。

（4）地量在股票拉升前整理的時期也會間斷性地出現

主力在拉升股價前，要讓大部分籌碼保持良好的鎖定性。為了判斷一檔股票的鎖倉程度，從技術上來說，地量的間斷性出現是一個較好的訊號。地量出現到末期往往就是主力要開始拉升的時候。

（5）高位橫盤時也經常出現地量

主力把投價拉升到一個非常高的位置之後，經常會做橫盤整理，同時會經常出現地量，但此時的地量反映了場外投資者不敢介入。因此，主力為了吸引跟風盤，以達到出貨的目的，必然要進行放量拉升。但在這種情況下，買進的風險相對較大，因為如果遇到利空因素，主力可能會放棄原有的計畫，而以殺跌的形式出貨。

二、VOL天量天價

1. 天量天價誤區

股價持續上漲較長一段時間之後，盤中成交量非常活躍，市場人氣鼎盛。此時主力為了操盤的需要，開始展開整理走勢，整理過程中，股價

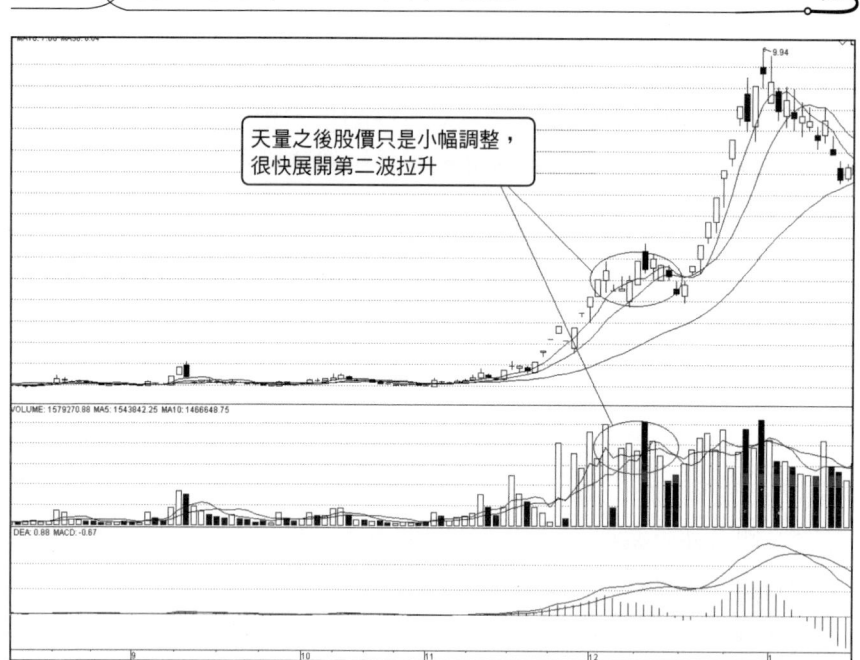

圖1-47 鄭州煤電（600121）日K線圖

天量之後股價只是小幅調整，很快展開第二波拉升

漲幅巨大，引發理性投資者大規模的獲利回吐和恐慌性賣盤，成交量急劇放大後，股價也隨之出現大幅波動。通常，在高位成交量持續放大，表示有場內資金出逃，後市走勢偏空，故有天量之後是天價、高位放量會跌之說，投資者賣出為宜。可是，主力正是利用投資者的這種思維模式，在上漲途中對敲放量，造成高位放量出貨的假象，當投資者紛紛出售籌碼後，股價卻出現向上走勢，展開新一輪上漲行情。

【案例】圖1-47：鄭州煤電

該股主力完成低位建倉後，在2020年11月16日向上突破，走出一波漲幅達到100%的拉升行情。之後，股價在相對高位出現震盪調整走勢，成交量持續大幅放大，主力巧妙地利用高點進行放量洗盤。這時由於股價漲幅已經達到一倍，不少投資者以為主力放量出貨，擔心後市「跳水」，於是紛紛拋售離場。誰知，股價小幅調整後，在12月17日止跌回穩，然後展開

新一輪拉升行情，股價漲幅又翻一倍。

【技術解盤】

從該股走勢圖中可以看出，主力透過對敲的手法，製造「天量開價」盤面現象，其實這個量正是籌碼充分換手的量，而且盤面處於強勢之中，市場情緒高漲，大量場外資金湧進，同時也有獲利盤湧出。從基本面上，公司正處於產業提升和轉型時期，吸引短線遊資的普遍看好，雖然股價漲幅已經達到一倍，但後市仍有朦朧預期，因此這樣的「天量」反而有利於後市走勢。

2. VOL天量天價辨別技巧

一般而言，創歷史紀錄的超大成交量產生之後，往往就是股價見頂回落並產生反轉的時機，要在之後相當長的時間內，對於被市場人氣所推動的超出理性的股價進行修正。因此在天量出現之後，應該是中長線退出的最佳時間。但是傳統的經驗常常被主力所利用，因此對「天量」應認真分析研究。

在牛市行情中，放量本來是件好事，但成交量必須是溫和放大，而不能過分放大。衡量成交量是否過分放大，沒有統一的依據。當翻開歷史走勢的時候，投資者當然很容易判斷出哪些成交量為天量，但在實盤中，要在成交量出現大幅放大時，及時判斷成交量是否屬於天量，就是一項考驗功力的事情了，因為有時候一個創歷史紀錄的成交量出現了，可能過不了幾天會更大。

那麼，如何判斷巨大的成交量是否屬於天量呢？這是技術分析者們非常關心的問題，而且試圖找出一個較易計算的公式或標準去判斷天量，但實際上市場變幻無常，想簡單地判斷出天量談何容易！對天量的判斷主要依靠分析者本身的市場經驗，從以往經驗可以總結出，天量出現時通常都具備以下幾個條件：

（1）天量出現之前，股價已經出現連續上漲，且上漲的幅度很大，目前價格已經很高。

（2）股價進入飆升末期，連續大幅上揚後，出現上漲乏力，且股價漲幅超過實際價值，有價值回歸要求。

（3）市場人氣鼎沸，交易異常活躍，到處傳聞利多消息，說明此時市場炒作過熱，往往失去理性。

（4）成交活躍度非常大，換手率連續數日保持在10%以上，反映短線有會蓄勢整理，市場需要重新聚集能量才能發動新的行情。

（5）天量形成之後，股價的回檔幅度較大，通常初期跌幅超過30%。

（6）關鍵位置形成的突破量，可能出現「天量」，但不是衝高形成的天量，後市仍有上漲潛力。

三、VOL價漲量增

1. 價漲量增誤區

「價漲量增，價跌量縮」是量價關係的規律，也是業界人士一致認可最理想的量價配合關係。股價上漲、成交量放大，為買盤積極的表現，反映市場投資者買賣情緒高漲。主力具有強大實力、消息靈通等優勢，能在盤面上與散戶鬥智鬥勇。盤面是雙方交戰的陣地，使的劍術，操的刀法，看得一清二楚。如果主力拿顯而易見的套路跟散戶交戰，顯然鬥不過散戶，那麼這個主力就沒法坐莊了。

因此，主力的奸詐、狡猾、險惡的特性就表現出來了。價漲量增，誰都看得明白，那豈不是誰都可以獲利了嗎？沒那麼簡單，裡頭的陷阱多得很。只有破解陷阱，方可獲利，這是技術難點，也是獲利關鍵。

【案例】圖1-48：綠庭投資

這是主力利用反彈出貨的經典之作，2021年2月1日開始，股價大幅跳水，然後展開一波反彈行情，盤面出現價漲量增走勢，從量價配合方面來看十分誘人。不少投資者看到這種走勢後，眼前頓感一亮，可是股價並沒有出現持續上漲行情。此時，由於主力還沒有全部完成出貨計畫，在反彈高點構築短期盤整整理，給人一種蓄勢待發的假象，此處又有一批散戶買

圖1-48 綠庭投資（600695）日K線圖

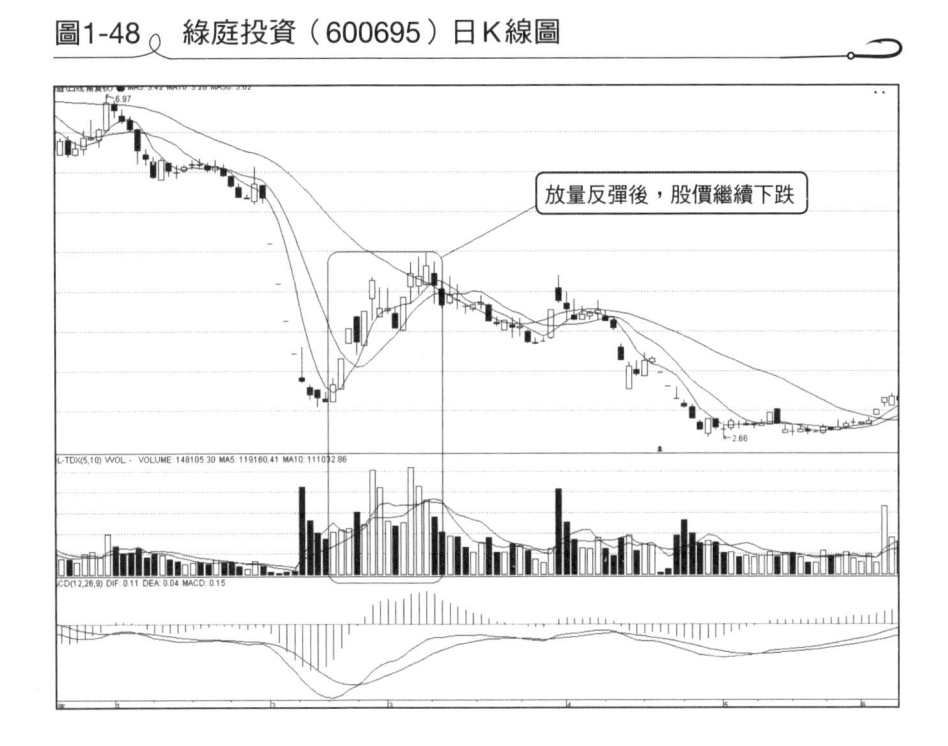

放量反彈後，股價繼續下跌

進，主力在多次震盪中脫手大量的籌碼，當跟風盤減少後，股價再下跌一截，再創新低。

【技術解盤】

對於該股，透過表面現象就可以發現完美中的瑕疵。問題在於：

（1）跳水股大多屬於「問題股」，股價下跌總有原因，不會無緣無故地跳水。

（2）股價跳水之前就處於弱勢調整中，說明主力漸漸撤離市場。

（3）反彈回升時，受到前期盤整區壓力。

（4）受到30日均線下壓。

可見，如果是真實的底部，主力不會如此掩人耳目地放量上漲，主力只有在沒有完成出貨任務且有下跌空間時，才會這麼做。股市在興奮中死亡，行情在絕望中產生。同樣，股價在追捧中下跌，在冷落中上漲。

2. VOL價漲量增辨別技巧

　　總體來說，股票成交量放大、股價上漲，行情將繼續上漲。這雖然屬於典型漲勢現象，但對後市是否一定為利多，不可一概而論。由於個股股價高低不一，成交量放大程度有別，股價上漲的幅度不一樣，加上大勢走勢的不同，主力操縱股價的目標不同，以及個股所處的位置和階段也不同，不能肯定後市的發展走勢。量價規律是變化多端的，根據這些變化，可以大致總結出一些量價配合的一般規律：

　　（1）成交量小幅增加，股價小幅上漲

　　一般情況下，出現這種情況預示後市往好的方向發展。若股價反覆下跌已有一段時間，出現價漲量增，反映多頭出擊，主力在低位積極吸納，後市可望止跌回升。若股價漲勢初段或中段（通常漲勢分三浪上升，第一浪及第二浪為所指的漲勢初段或中段）出現價漲量增，反映主力競相追貨吸納，構成足夠的上升動能，預示後市繼續上升機會很大。若股價上升已有一段時間，多次創下新高位時，某日股價再作急升，成交量膨脹很多（50%以上），可以視為主力拉高股價借勢大舉出貨的技倆，短期慎防見頂，應考慮獲利了結。

　　此現象稱為「噴出效應」，意指經過一段長期漲勢後突然爆發一輪急漲漲勢，成交量顯著增大，然後股價突然向下反轉。需要注意的是，這種規律最適用於沒有爆炒過的股票，如果股價處於高位，則是主力在醞釀出貨。如果是已經爆炒過的股票，在下跌途中只是價格反彈現象，如果成交量不能持續放大，反彈將告結束。在整理型態中出現，有成交量配合，整理型態可能向上突破，此時應做多。

　　（2）成交量小幅增加，股價大幅上漲

　　一般情況下，成交量小幅增加而股價大幅上漲，上漲趨勢可能改變或者股價需要調整。如果處於拉升過程中，成交量溫和增加，股價大幅上漲，則股價仍將繼續上漲。如果處在拉升階段後期，成交量溫和增加，股價大幅上漲，預示股價離頂部不遠。

（3）成交量大幅增加，股價小幅上漲

在大多數情況下，預示著股價就要下跌。在股價累計漲幅很大的情況下，這往往是見頂訊號。在少數情況下，股價從底部上漲一段以後，出現這種情況也意味著股價將要進入調整階段。在股價見頂不久後的下跌途中，出現成交量大幅增加，股價小幅上漲的情況，意味著股價後市將繼續下跌並且有較大的下跌空間。

（4）成交量大幅增加，股價大幅上漲

在一般情況下，上漲趨勢可能繼續，特別在強勢市場的初期更是如此。在強勢市場中，對連續幾天放量大漲的個股應該給予高度關注，這類股票有可能為新一輪的領漲板塊或者未來的強勢股。在弱勢市場中，成交量突然大幅增加，股價突然大幅上漲，除了個股走獨立行情，一般後市不可看好。不論是強勢市場還是弱勢市場，如果股價漲幅過大，股價位置過高，大都是主力正在出貨，股價最起碼也需要短暫的調整，對此應保持高度警覺。

只有未被炒作過或是沒有很大漲幅，在相當一段時間內，在大盤強勢時逆向下跌，在弱勢市場中卻逆勢走強的個股，才可以判斷為個股獨立行情。另外，單日突放巨量上漲，絕大部分是騙人的圈套。

四、VOL價跌量縮

1. 價跌量縮誤區

股價上漲，成交量必須相應增加，股價仍有可能繼續上漲，如果股價上漲，成交量跟不上，則股價上漲的趨勢可能會改變。反之，股價下跌，成交量也會相應減少（股價從頂部剛剛開始下跌時，成交量可能會增加，以及股價將要見底時，主力故意打壓造成恐慌性賣盤，成交量也有可能增加），如果已經下跌了較大幅度，成交量萎縮至「地量」，股價下跌的趨勢也可能會改變。

價跌量縮，理論上這種量價關係配合正常，預示空頭力量減弱，後市

完整解析趨勢線交易技術

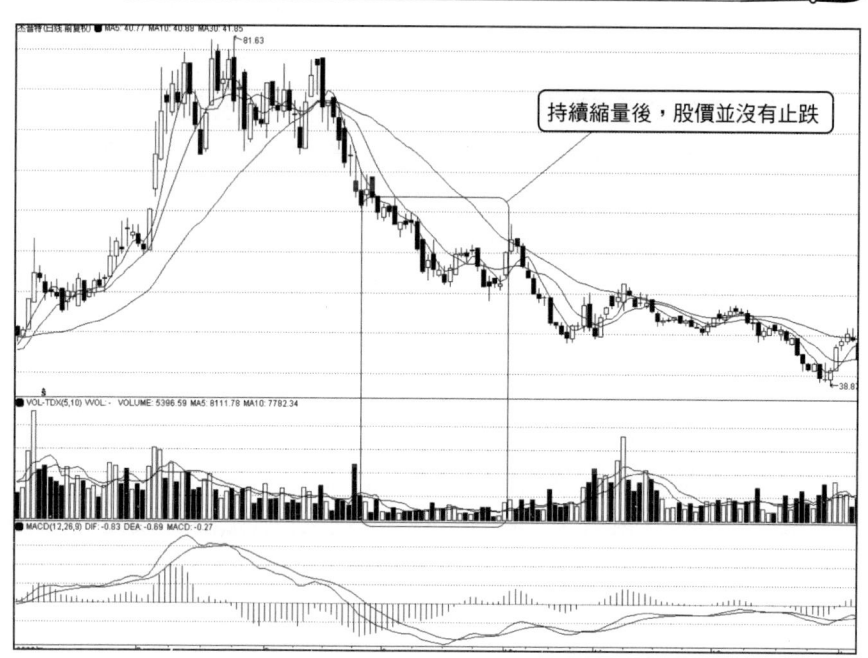

圖1-49 傑普特（688025）日K線圖

持續縮量後，股價並沒有止跌

股價有望見底回升。但是股價在高位，這種情形不能說明股價一定會止跌回升，應防止主力一路向下減倉，致使股價盤跌不止。同時，從另一個角度來講，股價下跌很多時候不需要成交量配合，可表現為自由落體。

【案例】圖1-49：傑普特

股價從高位一路向下盤跌，成交量持續萎縮，表示主力不斷出貨，同時也說明做空能量漸漸消退，可以逢低予以關注。而且，2020年10月之後，成交量出現溫和放大，說明有新增資金入場，這種現象更加誤導投資者買入。可是，之後一段時間，股價重心仍然繼續下移，不斷創出新低價。

【技術解盤】

從該股走勢圖中可以看出，主力在高位平台整理時大量減碼，股價向下脫離整理盤整後，該位置形成重要的壓力。從前期走勢分析，該股主力

實力不強，盤面一旦轉弱之後，很難重新拉起。技術面上，空頭趨勢已經形成，均線呈空頭排列，依靠弱小的成交量很難扭轉弱勢盤面。可見，股價從高位下跌，成交量持續減少，盤面跌勢形成，通常為賣出訊號。無量下跌，底部遙遙無期，正所謂多頭不死跌勢不止，一直跌到多頭徹底喪失信心斬倉認賠，爆出大的成交量，跌勢才會停止，所以在操作上，只要趨勢逆轉，應及時止損。但是，如果在中長期下降趨勢逆轉後的上升初、中期，主力震盪洗盤時出現「價跌量減」，一旦價跌量減結束，再次出現價升量增時，不失為好的買入機會。

2. VOL價跌量縮辨別技巧

第一、總體來說，股價下跌、成交量減少，股價處於下跌途中，或者正處於蓄勢整理階段，股價可能面臨著變盤。其基本操作原則：

（1）在漲勢初、中期出現量縮，屬於正常回檔，後市看漲。

（2）在漲勢末期出現，如果成交量僅少量減少，這是主力出場的跡象，假如價格能迅速往上漲、創新高，則後市仍可看好；但若近日內價格仍繼續盤弱，應謹慎為宜。

（3）在跌勢初期出現，如果成交量急劇萎縮，而在數日內的成交量也未見增加時，表示市場資金已經不足或主力已經撤退，後市看跌。

（4）在跌勢中期出現，為弱市訊號，應繼續做空。

（5）在跌勢後期出現，行情走勢可望於近期反彈，甚至見底回升。

（6）在整理型態中出現，行情向下突破的可能性不大，應繼續觀望。

第二、價跌量縮，具體還要根據成交量減少的程度、股價下跌幅度和具體位置來確定。

（1）成交量小幅減少，股價小幅下跌

這種情形一般發生在股價正在蓄勢的時候，意味著股價即將變盤或者結束調整。在股價見頂出貨時，主力故作「蓄勢整理」姿態，在別人看不明白的時候，以「整理」型態暗中出貨，後市將結束上漲並轉為下跌趨勢。在股價上漲途中，股價出現盤整蓄勢時，成交量可能會小幅減少，股

價也可能小幅下跌，但盤整結束後，後市將維持繼續上漲的趨勢。

（2）成交量小幅減少，股價大幅下跌

這種情況以出貨的情形最為常見，預示後市繼續下跌。這種情況在主力洗盤的時候也經常出現，後市應繼續上漲。

（3）成交量大幅減少，股價小幅下跌

這種情況常見於股價盤整的時候，股價的每個階段都可能發生這種情況。在上升趨勢中，股價仍然可能維持上漲趨勢；在下跌趨勢中，股價仍然可能維持下跌趨勢（成交量大幅減少、股價小幅下跌，對判斷趨勢的決定意義不大）。

（4）成交量大幅減少，股價大幅下跌

在主力吸貨結束，進入洗盤階段的後期，最容易出現這種情況。這時候在外的浮動籌碼已很稀少，主力也不願意丟失手中的籌碼，所以只有以成交量大幅減少，股價大幅下跌的手段，才能達到打壓股價的洗盤目的。這一情況也可能出現在主力股「跳水」途中，由於賣盤洶湧而接盤稀少，出現成交量大幅減少而股價大幅下跌的走勢。

五、VOL價漲量縮

1. 價漲量縮誤區

正常的量價關係是價漲量增、價跌量縮。因此，大多數投資者習慣於行情向上逐漸放量時跟進做多，行情向下逐漸縮量時退出觀望。「股價的上升要有大的成交量來推動」的觀點，已經成為廣大投資者的金科玉律。總體來說，股價上漲而成交量減少，理論上量價關係背離，預示多方力量減弱，股價有見頂回落調整的可能，甚至可能面臨著變盤。因此，主力就運用這種傳統投資理念，在盤面上製造價漲量縮的技術陷阱，以欺騙投資者。

在實際操作中不難發現，很多投資者尤其是做短線的投資者，經常會依據成交量的大小來判斷股價走勢，有時會把處於上升過程中的好股票

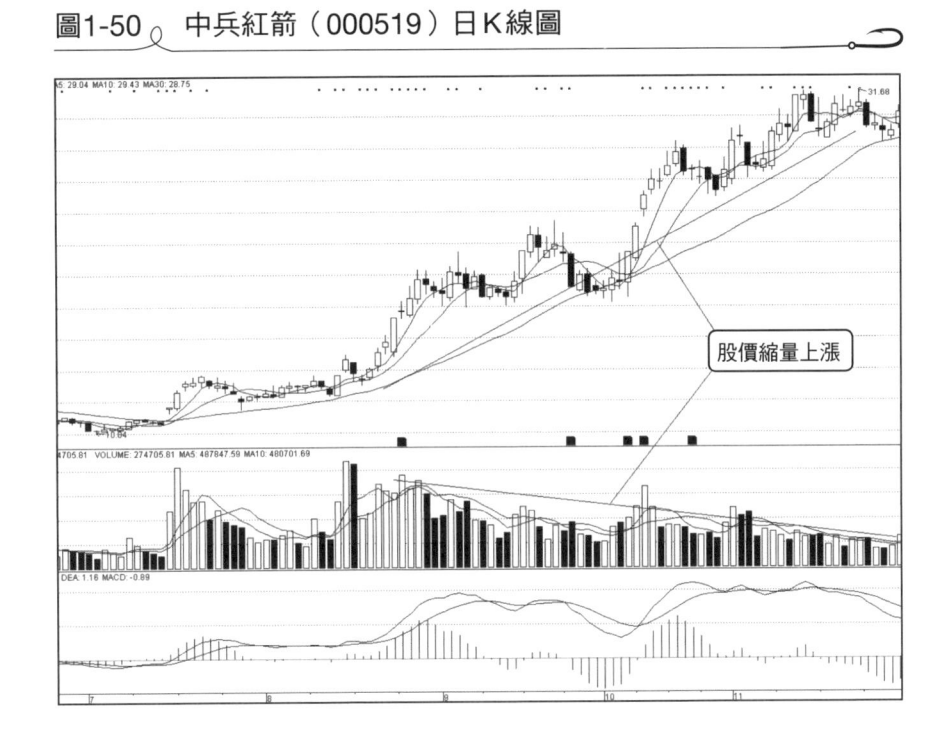

圖1-50 中兵紅箭（000519）日K線圖

股價縮量上漲

輕易地拱手相讓，把應得的利潤隨便讓給他人，其原因就是成交量太小使他們不敢再堅持做多。這些投資者不懂更想不通的是，在逐漸縮量的情況下，股價竟然還會繼續向上走高。

【案例】圖1-50：中兵紅箭

該股成功脫離底部後，股價逐波向上推高。2021年8月底，股價在相對高位放量調整，充分換手後出現價漲量縮的走勢。有的投資者看到這種盤面走勢後，以為「價漲量縮」是量價配合不理想的表現，因此選擇賣出，結果一大截利潤與其無緣。

【技術解盤】

從該股走勢圖中可以看出，主力在低位吸納了大量的低價籌碼，股價已步入上漲通道之中，先期的放量現象是主力洗盤行為所致，因為股價剛剛脫離底部區域不久，部分投資者對後市走勢存在分歧，因此籌碼換手率

比較高。而且，股價已進入強勢上漲區間，均線呈多頭排列，30日均線支撐股價持續走高。因此，股價一旦形成強勢後，只要維持一定的成交量就能使股價穩步走高，無須強調必須有大的成交量配合，此時若是放量上漲反倒會引起投資者的謹慎。

2. VOL價漲量縮辨別技巧

　　眾所周知，所謂成交量就是交易期間買賣雙方所成交的量，買進的量等於賣出的量，股票總數絕對不會因交易而增加或減少。它只是從一方投資者手中轉移到另一方投資者手中，也就是說，過去看好並持有該股的一方投資者，將股票轉讓給現在看好並想持有該股的一方投資者。可見，從成交量本身含義來說，它並沒有規定上漲時必須要有量。在一定條件下，縮量上漲和放量上漲是一樣的，都是一種合理現象，因而沒有什麼可奇怪的。

　　因此，從圖1-50中可發現，該股上升初期曾經出現過很大的成交量，這說明該股前期已進行非常充分的換手，空方賣出的籌碼被看好該股未來的多方接走，當多方主力把大量籌碼鎖定後，只要動用少量兵力，就可以輕鬆拉抬股價，這樣就出現了逐漸縮量而股價大幅飆升的走勢。由此可見，一旦多方主力高度控盤後，股價的繼續上升已不需要很大的成交量來推動，這是一種非常安全的強勢態勢。

　　其實，這時候成交量放大反而對多方不利，說明空方的賣盤在增強，多方主力對盤面失去了控制。所以，對於逐漸縮量而股價大幅上升的個股，投資者千萬不要因為它不符合傳統的價升必須量增的量價關係，就看空做空，這樣很有可能與大黑馬失之交臂。這類個股的正確操作方法是：股價上升時，成交量縮小，要抱住股票不放，只要上升趨勢不改變，就堅決不退場。

　　價漲量縮，具體要根據成交量減少的程度、股票上漲的幅度和股票的具體位置來確定。

（1）成交量小幅減少，股價小幅上漲

如果出現在波段上漲行情的末期，多數情況下預示股價需要調整。少數情況下，出現在股價正在上漲過程中，主力小幅緩慢推升股價，K線型態為一小串連接的小陽線，此類型態出現時，表示上漲沒有壓力，並不需要較大的調整，後市仍然有較大的上升空間。

此類情況也會出現在頂部階段，但前提是股價累計上漲幅度較大，在見頂時股價快速拉升並有較大的漲幅，同時伴有大幅增加的成交量（成交量大增、股價大漲是快速拉升造成的，主力這麼做是為了給別人造成股價漲勢兇猛，後市仍然大漲的假象，實際上是主力為以後的出貨做準備），在這以後出現成交量小幅減少，股價小幅上漲的情況，顯示股價上漲乏力，反映了主力不願意繼續做多的真實意圖。

（2）成交量小幅減少，股價大幅上漲

這種情況一般預示上漲趨勢可能反轉。在整理型態中出現，價格將上衝再回落整理。在上漲初期出現，上漲無量配合，可能要回檔，應觀望。價格持續上漲而成交量萎縮，應謹慎做多。在漲勢後期出現，量價背離，是反轉訊號，應逢高減碼。如果股價漲幅累計過大，或者短期急拉暴漲，股價肯定就要見頂。

如果屬於前一段時期放過巨量的，在拉升途中出現成交量小幅減少，股價大幅上漲這種情形，則股價繼續上漲。因為前期換手充分，主力已控制了絕大部分的籌碼，股價上漲時，當然不可能再有多大的成交量。

（3）成交量大幅減少，股價小幅上漲

一般在盤整快要結束的時候，最容易出現成交量大幅減少而股價小幅上漲的情況。後期走勢不能單獨依照這種量價配合情況來確定，但是可以依照盤整的性質來確定。在上升中途盤整，成交量大幅減少而股價小幅上漲時，意味著股價上漲幾乎沒有壓力，主力整理的目的已經達到，股價後市繼續上漲。在下跌中途盤整，出現這種情況時，由於主力在高位大量減碼，跟風盤稀少，反彈行情即告結束，股價之後繼續下跌。

（4）成交量大幅減少，股價大幅上漲

這種情況極為罕見，但是一旦出現，意味著上漲趨勢不久（也許未來

三天內）就有反轉的可能。

另外，有一種常見的現象是，股價上漲突破前一波的高峰創新高，此波段股價上漲的整個成交量水平，卻低於前一波段上漲的成交量水平。股價突破創新高，量卻沒有突破創出新高，說明此波段股價的漲勢令人懷疑，同時也是股價趨勢潛在反轉的警示訊號。

六、VOL價跌量增

1. 價跌量增誤區

這是傳統的量價關係背離現象。當行情經過一段持續上漲後，如果成交量不斷放大，而股價卻在不斷下跌，說明空頭力量強大或主力在減倉、出貨，後市股價將繼續下跌，應及時退出觀望。因此，主力常常根據大眾投資者的思維方式，採取反大眾思維方式的操作手法，在盤面上製造價跌量增的技術陷阱，以欺騙投資者。而且，價跌量增陷阱比價漲量縮陷阱的操作效果更佳，因為投資者怕跌不怕漲，所以它能夠引起的恐慌更強，主力很容易實現操盤目的。不少投資者看到股價放量下跌，就產生恐慌心理，不敢再堅持做多。可是搞不明白的是，放量下跌後股價竟然很快止跌且大幅上漲。

【案例】圖1-51：合盛硅業

該股主力在低位吸納了大量的低價籌碼後，股價開始逐波走高，累計漲幅巨大。在2021年5-9月的上漲過程中，先後5次出現放量下跌走勢，給人的感覺就是主力放量出貨，不少投資者看到這種走勢，判定主力減倉、出貨無疑，於是紛紛賣出籌碼，還暗暗慶倖自己的操作技術。可是，事實總是與判斷相反，原來這是主力放量洗盤手法，沒等多久股價不跌反漲了，而且一波比一波高。

【技術解盤】

乍看該股走勢確實讓人擔憂，但要分析這股力量來自哪方面，如果來自空頭力量，那麼他們肯定獲得豐厚的利潤，後市必然會出現持續的下跌

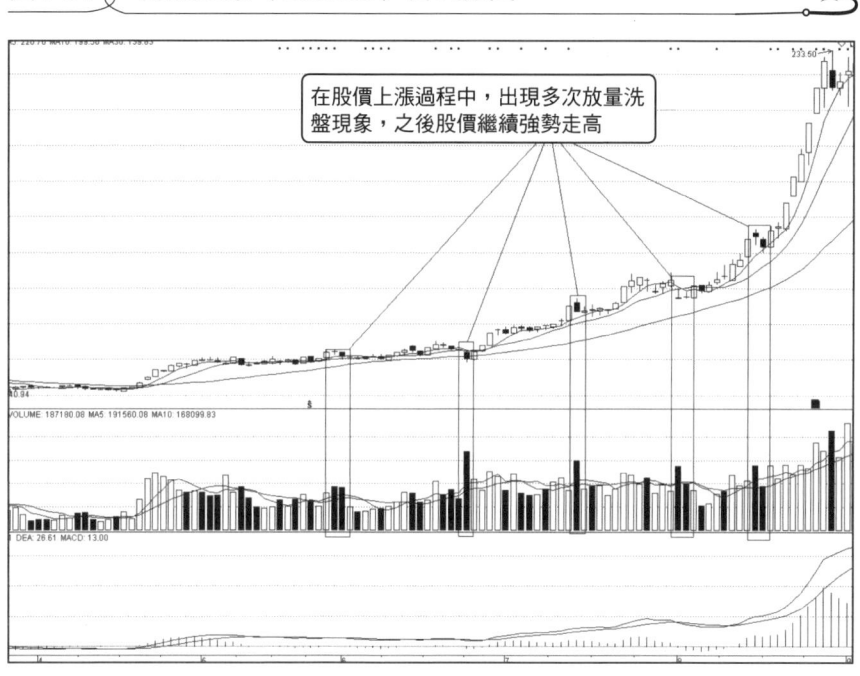

圖1-51 合盛硅業（603260）日K線圖

在股價上漲過程中，出現多次放量洗盤現象，之後股價繼續強勢走高

走勢。但是，從放量下跌的走勢看，股價僅僅小幅下跌，不符合頂部的基本構成條件，因此基本上可以排除下跌力量來自主力出貨。那麼，這又是誰在打壓？應當是中小投資者的「逃頂」資金。想一想，主力在高價位置走散戶的籌碼幹嘛呢？主力在後面肯定還要再做一把、再拉一波。而且，在調整中出現成交量放大態勢，也說明盤中接盤力量很強，有如此大的資金在接盤，表示很多人看好它的未來，形勢對多方有利，可見放量下跌不一定都是壞事。

2. VOL價跌量增辨別技巧

總體來說，成交量放大、股價下跌，市場呈現繼續下跌走勢。但是，這也需要根據成交量放大的程度、股票下跌的幅度、股票所處的具體位置

來確定。

（1）成交量小幅增加，股價小幅下跌

這種情況一般出現在頂部出貨階段，在股價剛剛進入回落階段時最容易出現，為助跌訊號。在股價下跌途中，成交量小幅增加，表示空頭能量仍然很強，價格仍需要下跌一段時間。在洗盤階段也會發生成交量小幅增加，股價小幅下跌的情況，只要股價回檔不破30日均線，後市仍有上漲潛力，則中長線可以繼續持股做多。這種情況在跌勢末期出現，為見底訊號，可以介入做多。

（2）成交量小幅增加，股價大幅下跌

這種情況一般都出現在減碼階段後期，或者處於頂部階段，股價進行盤整後的向下突破初期。出現這種情況，預示股價後期仍有較大的下跌空間。當然，在股票洗盤的初期，也可能會出現類似情況。最主要的區別是股價的位置，若股價上漲幅度不大，洗盤的可能性較大；若股價累計上漲幅度很大，很有可能就是出貨。

（3）成交量大幅增加，股價大幅下跌

這是量價配合規律中，最常見的一類情況，因股價的位置不同，可以分為5種情形：

① 一般都出現在股價拉升結束後的最初幾天，而且以短期瘋狂急拉暴漲型為主，由於股價上漲的幅度巨大，獲利豐厚的主力會不顧一切地大肆減碼，由此造成成交量劇增，股價大跌。此類股票往往從此一蹶不振，會連續數年步入漫漫熊途。

② 發生在股票加速下跌途中，主力不計成本跳水（因為獲利豐厚），中小散戶也不惜成本賣出，因此造成了放量大幅下跌的「壯觀」景象。

③ 發生在股價見底前夕，這類股票大多經歷了數年的慢慢下跌過程，加之主力也混雜在其中故意打壓股價，製造「恐慌」氣氛，所以到了股價下跌見底前夕的最後階段，成交量會大幅增加，股價大幅下跌，實際上這是最後的砸盤行為，股價即將見底。因此，如果股價經過長期大幅下跌以後，在股價底部區域出現成交量增加，即使股價仍在下跌，也要慎重對待極度恐慌的殺跌，必須注意低價區的增量。說明主力在大量承接散戶恐慌

殺跌賣出的籌碼，後市有望形成底部或產生反彈。

④ 發生在主力洗盤結束前。成交量突然大增，股價大幅下跌，其洗盤就快要結束了，即將迎來主升段行情。

⑤ 在整理型態中出現，一般多是行情突然受到某種較大利空消息或不利因素的影響，市場出現了多殺多的悲壯場面。

（4）成交量大幅增加，股價小幅下跌

這種情況一般出現在主力正在出貨的時候。有兩種出貨情形會發生此類情況：

第一種情形是主力以緩慢拉升的方式在頂部出貨。

第二種情形是爆拉以後主力在頂部無法出貨或者出不乾淨，會等到股價回落一小段，別人感覺股價很低的時候，在「整理」中尋找機會出貨。當然，股價處於底部區域的時候，主力也經常利用局部型態，以大幅增加成交量（對倒），小幅打壓股價，製造假的頭部型態的手段，來實現其洗盤兼吸貨的目的。

七、VOL對敲放量

1. 對敲放量誤區

市場普遍認為，股市裡什麼都可以騙人，唯獨成交量是真實可信的。正因為如此，主力便處心積慮地在成交量上製造假象，誘使跟風者追漲殺跌，上當受騙。比如說，有的股票底部突然放量，好像主力在建倉，跟進應該會賺錢，但進去後往往發現是一個陷阱，股價跌了；有的股票經過一段時間上漲後，在相對高位持續放量，好像主力在出貨，可是賣出之後又是一個騙局，股價漲了。

通常來說，成交量不會騙人，說的是當天成交的實際數量，比如今天成交了1000萬張，這個數字是真實的，但是買入還是賣出就不知道了，這時成交量的圖形就有騙人的一面。有時大家覺得，放量是主力進來了，有資金入場了，但它用對敲的方式把成交量放大，這就是一種騙人的方式。

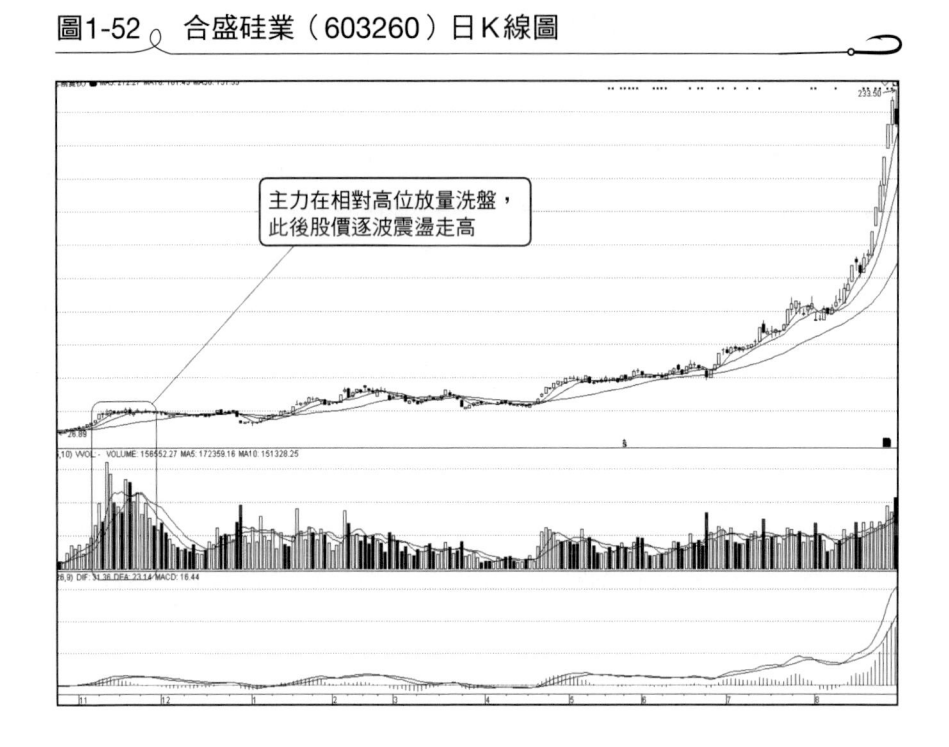

圖1-52　合盛硅業（603260）日Ｋ線圖

主力在相對高位放量洗盤，此後股價逐波震盪走高

主力通常在某一個時間段裡放大成交量，圖形上有一堆非常大的成交量柱子，一般人會覺得主力入場了，而且成交量放得這麼大應該是實力機構，看起來好像是一個底部。但實際上，這個底部是主力做出來的，主力在這裡繼續出貨，放大成交量是假吸貨、真出倉。同樣，主力可以通過對敲放量，在相對高位製造假出貨、真建倉。可見，主力透過對敲的操盤手法，大幅增加成交量，來影響股價波動和散戶判斷，達到自己坐莊的目的。

【案例】圖1-52：合盛硅業

　　該股在底部長時間運行，盤中散戶套的套、割的割、跑的跑了，主力在低位吸納了大量的低價籌碼。2020年11月，股價開始放量走高，然後在相對高位大幅對敲放量，造成拉高出貨的假象。這時，不少投資者以為股價反彈結束，主力高位放量出貨，擔心股價回落整理，因此紛紛將籌碼賣出。誰知，股價經過打壓洗盤後，再次強勢拉起並創新高，令投資者深

感意外。這時,投資者想重新介入又覺得價位高了一些,因此只得場外觀望,結果股價漲了又漲,大牛股就這樣誕生了。

【技術解盤】

從該股走勢圖中可以看出,這是主力運用「高位放量會跌」的傳統經驗,所採取的放量對敲的洗盤方式。其實,認真分析一下,可以發現不少疑點。首先,股價維持高位盤整,放走套牢散戶的目的是什麼?主力絕對不會拿起枷鎖套自己。其次,主力如果真出貨,不會放這麼大的成交量引起投資者的各種猜測,這樣於己不利。最後,股價不高,雖然有一波小幅拉升,但累計漲幅才30%,仍在主力持倉成本附近,後市仍有炒作空間。因此,可以斷定主力是通過對敲放量實現建倉和洗盤目的,此後股價盤升而上,累計漲幅巨大。

2. VOL對敲放量辨別技巧

對敲是指主力一邊在盤面上堆積大量籌碼,一邊扮演買家或賣家,自己吃進或吐出自己的籌碼(籌碼從一個帳戶轉移到另一個帳戶),使股價或成交量出現明顯變化。這樣做主要是為了製造無中生有的成交量,以及利用成交量製造有利於主力的股票價位。主力操盤常用對敲,過去一般是為了吸引散戶跟進,現在則變成一種常用的操盤手段,建倉時對敲、洗盤時對敲、拉高時對敲、出貨時對敲,做反彈行情仍然運用對敲。瞭解各階段的對敲特點,有助於破解主力運用對敲設置的陷阱。

(1)對敲建倉

在建倉時,主力為了能夠在低價位搜集到更多的籌碼,往往透過對敲的手法來壓制股價。在個股的K線圖上可以看到,股價處於較低的價位時,股價往往以小陰小陽的型態持續性上揚,這說明有較大的買家在積極吸納。之後,出現成交量較大的並且較長的陰線回檔,而陰線往往是由於主力大手筆對敲打壓股價形成的。從較長的時間上看,這段期間股價基本是處於低位橫盤,成交量卻在悄悄地放大。這時候,盤面表現的特點是:股價下跌時,單筆成交明顯大於上漲或橫盤時的單筆成交量。如果能夠在

這個時候識別出主力的對敲建倉，可以踏踏實實買一個地板價。

（2）對敲拉抬

以大幅度拉抬股價為目的的對敲，一般是主力在基本完成建倉過程後的常用手法。在主力基本完成建倉過程之後，股價往往會以很快的速度上揚，以巨量甚至是以跳空缺口突破層層壓力，往往以較大的手筆大量對敲，製造該股票被市場看好、大買家紛紛搶盤的假象，提升持股者的期望值，減小日後在高位盤整時的賣盤壓力，使籌碼鎖定更牢，股價能夠比較輕鬆地拉抬起來。在這個時期，一般散戶投資者往往有追不上股價的感覺，當看準了價格，下了買單後，股價卻漲起來了，似乎不高報許多價位就不能成交。這時候，盤面特點是小手筆的買單往往不易成交，而單筆成交量明顯放大且比較有節奏。

（3）對敲洗盤

當股價被拉抬到較高的位置之後，週邊跟風盤的獲利已經豐厚，主力隨時有可能在繼續拉抬過程中獲利了結。為了減少進一步拉抬股價時的壓力，主力採用大幅度對敲震倉的手法，使一些不夠堅定的投資者出局，從而使持倉者的成本提高。這期間的盤面特點是在盤中震盪時，高點和低點的成交量明顯較大，這是主力為了控制股價漲跌幅度，而用相當大的對敲手筆控制股價所造成的。如果投資者看到這樣的走勢，除了少數短線高手，一般投資者不宜介入這樣的股票。

（4）對敲出貨

經過高位的對敲震倉之後，這檔股票的利多消息會及時以多種多樣的方式傳播，股評分析等也都長線看好。股價再次以巨量上攻，其實這已經是主力開始出貨的時候，在盤面上顯示的資料，往往是在賣二或賣三上成交的較大手筆，並沒有看到大的實際賣單掛出，純屬子虛烏有之舉，而成交之後，原來買一或買二甚至買三上的買單已經不見了，或者減小了。這往往是主力利用多個帳戶，以比較微妙的時間差報單的方法，對一些經驗不足的投資者布下的陷阱，也就是我們常聽說的所謂「吃上家，餵下家」，吃的往往是主力事先掛好的賣單，而餵的往往是跟風的買家。

（5）對敲反彈

經過一段時間的出貨之後，股票的價格有了一定的下跌，許多跟風買進的中小散戶已經紛紛被套牢，賣盤開始減輕，成交量明顯萎縮。這時，主力往往會找機會以較大的手筆連續對敲拉抬股價，但是主力已經不會再像以前那樣賣力，較大的買賣盤總是突然出現又突然消失，因為主力對敲拉抬的目的只是適當地抬高股價，以便能夠把手中最後的籌碼賣個好價錢。

觀察對敲盤需要耐心的長時間連續觀察，結合大盤情況和個股的價位以及消息面等情況綜合分析，一旦學會觀察和把握對敲盤，就好像是掌握了主力的脈搏，只要有足夠的耐心，就等著主力給你送錢吧。

八、VOL逆勢放量

1. 逆勢放量誤區

逆勢就是逆大勢而行，大趨勢上漲它不漲，大趨勢下跌它不跌。通常，個股走勢在大多數時間裡是隨大勢而行的，只有在某一段時間裡，主力為了坐莊利益，走出與大盤相逆的獨立行情。在大盤上漲或下跌時，它聞而不動構築盤整行情；某一天或某一段時間，在大勢放量下跌，個股紛紛翻綠下行時，該股逆勢放量強勢上漲，可謂「萬綠叢中一點紅」，很吸引眾人眼球。

這時候，許多投資者認為，該股敢於逆勢上漲，一定有潛在的利多題材，或者有大量新資金入駐其中，於是大膽跟風買進。不料，該股往往只有短暫或一兩天的行情，隨後反而加速下跌，導致許多在逆勢放量上漲時跟進的人被套牢。

【案例】圖1-53：宇新股份

該股主力完成建倉計畫後，緩緩向上推高股價，2021年8月16日放量漲停，盤面出現加速上漲走勢。次日，開盤後不久一路下跌，收盤大跌2%，市場一片恐慌，大批個股跌停收盤，但該股小幅低開1.91%後卻逆勢逐波

完整解析趨勢線交易技術

圖1-53　宇新股份（002986）日K線圖

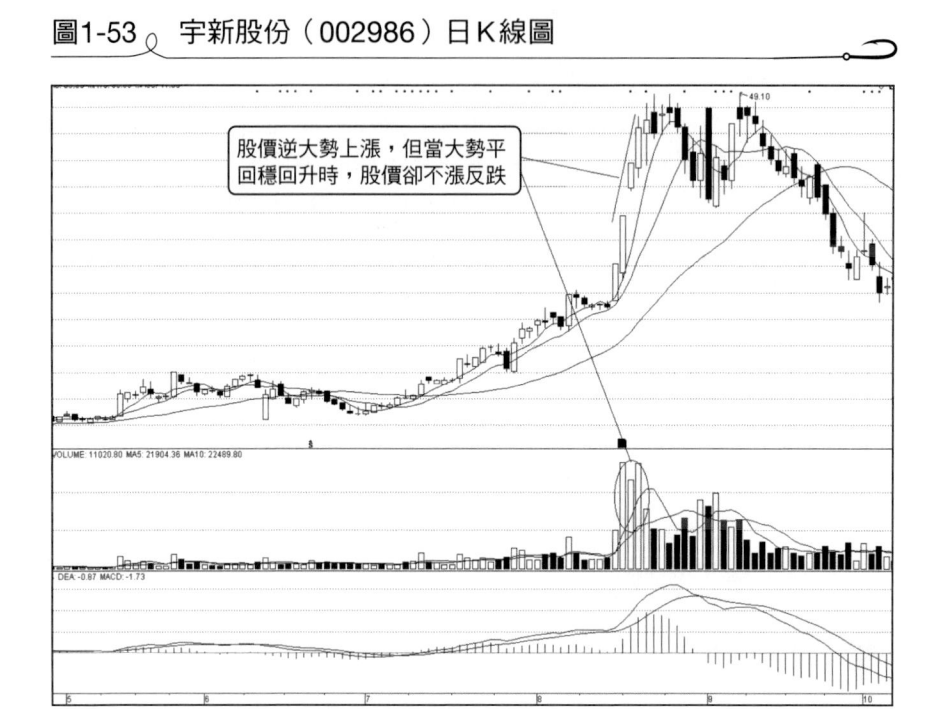

> 股價逆大勢上漲，但當大勢平回穩回升時，股價卻不漲反跌

上漲，繼續強勢漲停，成交量持續放大，走出獨立上漲行情，成為當時市場的閃亮熱點。8月18日指數出現反彈，該股繼續放量漲停，引起市場的高度關注。不少投資者看到該股的表現後，認為主力做多意志堅決，因而紛紛加入其中，不料此後在大勢上漲時，該股卻不漲了，高位盤整一段時間後，轉為下跌行情。

【技術解盤】

從該股走勢圖中可以看出，這種急速放量拉高現象屬於典型的脈衝走勢，通常是短線遊資炒作所為，其特點就是拉一把就走人，股價往往是大起大落。成交量來得非常突然，一陣放量後很快縮量，盤面又歸於沉寂。快速放量的目的就是吸引投資者的目光，造成股價放量上漲的虛假盤面跡象。對於這種逆勢放量的個股，投資者應謹慎對待。

2. VOL逆勢放量辨別技巧

主力在順勢操作不夠奏效時,透過反大眾心理操作,誤導散戶賣出籌碼或引誘散戶承接籌碼,不愧是建倉或出貨的一種特殊方式,能夠達到意想不到的坐莊效果。

如果主力在底部建倉,遇大勢上漲時,主力壓價橫盤徘徊或微幅上漲(或下跌),給人以「無主力」之感。散戶看到別的股票大幅上揚,自己買的股票卻紋絲不動,由於暴富心理強烈,感到心急如焚,從而動搖持股信心,紛紛賣出股票去追熱門股。遇大勢下跌時,主力卻竭力托價或微幅下跌(或上漲),散戶以為自己的持股也會出現補跌行情,於是先走為快,免得被套,拿著主力賜給的小惠奪門而出,離場觀望,主力歡天喜地去接籌。

或者在大趨勢下跌時,主力先將股價下放幾個點位後橫盤震盪,伏兵不動,迎接散戶的賣盤,尾盤又基本回復原位。如果股價列在跌幅榜的前頭,可能在出貨,屬領跌股。由於主力常常不按規律操作,怪招頻出,讓投資者捉摸不定,這種進貨方式建倉效果較佳。但主力這樣操作有一定風險性,一旦失當就會作繭自縛,最終無法兌現利潤。

在弱勢市場中,成交量突然大幅增加,股價突然大幅上漲的,一般後市不可看好。只有沒有很大漲幅或未被炒作過,在相當一段時間內,前期與大盤強勢走勢逆向下跌,在弱勢市場中卻逆勢走強的個股,才可以判斷為個股獨立行情。

基本操作原則如下:

(1)在低位,大勢上漲而個股不漲,大勢下跌而個股下跌,可以繼續做空。

(2)在低位,大勢上漲而個股不漲,大勢下跌而個股上漲,可以謹慎做空。

(3)在低位,大勢上漲而個股上漲,大勢下跌而個股上漲,可以繼續做多。

(4)在高位,大勢上漲而個股不漲,大勢下跌而個股下跌,可以繼續

做空。

（5）在高位，大勢上漲而個股不漲，大勢下跌而個股上漲，應謹慎做多。

（6）在高位，大勢上漲而個股上漲，大勢下跌而個股上漲，可以繼續做多。

總之，如果大盤已經啟動一輪行情，該股若是底部區域，應持股不動；若是高位區域，要謹防主力出貨，一旦其開始出貨，就會迎來「跳水」走勢。如果大盤已經見頂回落，無論該股處於低位還是高位，都應防止主力出貨。

NOTE   /   /   /

第2部

最完整趨勢線的技術分析

2-1 趨勢線的確定：
源於波浪理論最簡單股市指標

■ 一、趨勢線的製作

　　趨勢線是在進行趨勢分析時的重要工具之一，其分析依據來於波浪理論。盤面的上下波動不是呈現直線的運動方式，而是由一連串的波浪行情組成。在上升趨勢中，多頭市場投資氣氛高漲，投資者往往在行情並未跌到底部時就積極買進，形成底部不斷抬高的走勢，由於底部的抬高，這些波浪波動的底部形成一條往上傾的直線。

　　同樣在下跌趨勢中，空頭勢力主導市場逐波下跌，市場人氣逐漸消退，買盤發動的反彈行情非常有限，股價往往無法達到前次高點便遭到市場強大的賣壓，行情呈現一波比一波低。由於波段行情的頭部逐級降低，這些頭部形成一條下傾的直線。這些連接階段行情頭部及底部的直線，稱為趨勢線。

　　趨勢線是最原始且最簡潔有效的技術分析，它的理論基礎就是技術分析中的第二大假設，即「價格沿趨勢運行」。趨勢線只不過是利用線條來更明確地標示趨勢。趨勢線看似簡單，其中的道理卻很深奧，它涉及價格運行許多方面的內容，許多人對此理解並不深，認為隨便找兩個點就可以

畫趨勢線。但是，以任何價格上的兩點畫線就會畫出很多條線，那分析就無從下手了，因而只能選擇那些重要的點來畫線。

哪些點重要呢？事實證明，重要的點包括了歷史中的高點和低點、相距超過幾個月的高點和低點，以及重要技術型態位置上的高點和低點。

1. 畫趨勢線的要領

趨勢線有各式各樣的畫法，其應用效果也大不相同，因此畫趨勢線是一門學問，操作方法大致有兩種：

第一、在收盤價位走勢曲線上畫趨勢線

以收盤價位為縱坐標、以時間為橫坐標，按時間順序在座標中繪製的收盤價位曲線，即為收盤價走勢曲線圖。畫上升趨勢線必須確定所畫時期的兩個低點：一是最低點，二是次低點。用直線連接兩點即為上升大趨勢線。畫下降趨勢線必須確定所畫時期的兩個高點：一是最高點，二是次高點。用直線連接兩點即為下降大趨勢線。

第二、在K線圖上畫趨勢線

也有兩種方法：一是在K線圖上畫上升趨勢線時，一般以兩個最低價位為依據；畫下降趨勢線時，一般以兩個最高價位為依據。二是取陽線開盤價畫上升趨勢線，取陰線開盤價畫下降趨勢線。人們一般認為取開盤價畫趨勢線的有效性大於取最高價、最低價畫趨勢線，因此有人用開盤價畫大趨勢線的中級趨勢線，取最高價、最低價畫短期趨勢線。

雖然趨勢線有各種各樣的畫法，但要正確地畫出趨勢線，必須掌握以下要領：

（1）明確瞭解當前的市場趨勢，只要每一個後續價位彈升都比前一個彈升達到更高的水平，而每一個次等回檔的低點均比上一個回檔的低點高，那麼可以確定其趨勢是上升的，就是牛市跡象，將這兩個明顯的最低點和次低點連接在一起，就形成一條上升趨勢線。

相反，反彈無法突破先前彈升達到的價位，從而將價格壓到逐漸低的水平，那麼可以確定其趨勢是下降的，就是熊市跡象，將這兩個明顯的最

高點和次高點連接在一起，就形成一條下降趨勢線。如果股價每一次的反彈高點都相當，而每一次的回檔低點價位也相近，那麼可以確立其趨勢是橫向水平震盪走勢。

（2）向上或向下的直線如果不能包含波段中的所有價位，那麼有必要再去尋找其高點或低點來嘗試，直到包含所有價位為止。

（3）傳統理論認為，要用第三個高點或低點驗證趨勢線的有效性，如果隨後出現的高點或低點得到這條趨勢線的壓力或支撐，則說明這條趨勢線的有效性得到驗證。其實這種說法不十分恰當，在現實中應當通過兩個點連接的趨勢線，去檢驗後面的高點或低點的壓力和支撐是否可靠，以及其力度的大小，並以此作為買賣操作依據。

（4）在確定趨勢線時，如果最初取採樣點的時間跨度太短，則它所反映的趨勢可能只是短暫的趨勢，對長遠趨勢的意義不大，股價的支撐和壓力作用的有效性也會大大降低。因此在畫趨勢線時，應該選擇距離較遠的兩個點，這樣才更具有參考價值。

2. 趨勢線的篩選

雖然很容易在K線圖上畫出趨勢線，但這並不意味著已經掌握畫趨勢線的方法。在畫出一條直線後，還有很多問題需要繼續去解答。最迫切需要解決的問題是：

畫出的這條直線是否具有使用的價值？

以這條線作為今後預測市場的參考，是否具有高準確性？

上述問題實際上是對用各種方法畫出的趨勢線進行篩選，最終保留一條確實有效的趨勢線。也就是對趨勢線進行篩選，去掉無用的，保留有用的。

要得到一條真正發揮作用的趨勢線，在經過多方面的驗證後才能最終確認，不合條件的應予以刪除。首先，必須確實有趨勢存在。也就是說，在上升趨勢中，必須確認出兩個依次上升的低點；在下降趨勢中，必須確認兩個依次下降的高點，才能確認趨勢的存在，連接兩個點的直線才有可

能成為趨勢線。其次，畫出的線在第三個點上發揮了支撐和壓力作用，則這條趨勢線是有效的。

一般而言，畫出的直線被觸及的次數越多，其作為趨勢線的有效性就越能得到確認，用它進行預測越準確有效。趨勢線上兩點間的時間越長，效力和可靠性越高；速度、角度、斜率、乖離等內容適中的趨勢線，可靠性也就越高。

二、趨勢線基本圖形

1. 快速上升趨勢線

【案例】快速上升趨勢線的型態特徵（圖2-1）

（1）既可以出現在以慢速上升趨勢線為主的快速、慢速趨勢線組合中，又可以出現在以慢速下降趨勢線為主的快速、慢速趨勢線組合中。

（2）多數出現在漲勢的中後期，有時出現在超跌反彈行情中。

（3）揭示股價運行的短期趨勢，維持時間比慢速趨勢線短。

（4）在以慢速上升趨勢線為主的快速、慢速趨勢線組合中，投資者在股價處於快速上升趨勢線的上方時，可看多做多。

（5）在以慢速下降趨勢線為主的快速、慢速趨勢線組合中，投資者在股價處於快速上升趨勢線的上方時，可在設好止損的前提下，用少量資金適時做多。

2. 快速下降趨勢線

【案例】快速下降趨勢線的型態特徵（圖2-2）

（1）既可出現在以慢速上升趨勢線為主的快速、慢速趨勢線組合中，又可出現在以慢速下降趨勢線為主的快、慢趨勢線組合中。

（2）多數出現在跌勢的中後期，有時出現在大幅回檔行情中。

（3）揭示股價運行的短期趨勢，維持時間比慢速趨勢線短。

圖2-1 快速上升趨勢線圖　　圖2-2 快速下降趨勢線

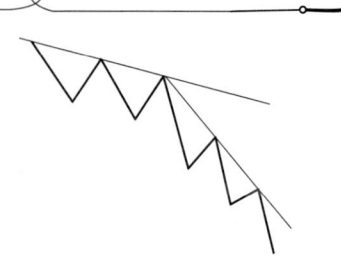

（4）在以慢速上升趨勢線為主的快、慢趨勢線組合中，投資者可在總體看多的前提下，在股價處於快速下降趨勢線的下方時，暫時做空。

（5）在以慢速下降趨勢線為主的快、慢趨勢線組合中，投資者在股價處於快速下降趨勢線的下方時，應堅持看空做空。

3. 普通上升趨勢線

【案例】普通上升趨勢線的型態特徵（圖2-3）

（1）多數出現在漲勢初期，有時出現在漲勢的末期。

（2）上升速度較慢，支援股價上升。

（3）股價在上升趨勢線的上方運行，投資者應以做多為主。

（4）上升趨勢線被觸及的次數越多，其可靠性越高。

（5）上升趨勢線越往上傾斜，其支撐作用越弱，也就越容易被突破。

4. 普通下降趨勢線

【案例】普通下降趨勢線的型態特徵（圖2-4）

（1）多數出現在跌勢的中後期，有時出現在跌勢的初期。

（2）下降速度較慢，壓制股價下跌。

（3）股價在下降趨勢線的下方運行時，投資者應做空。

（4）下降趨勢線被觸及的次數越多，其可靠性越高。

（5）下降趨勢線向下傾斜，其壓制作用越弱，也就越容易被突破。

圖2-3 普通上升趨勢線　　圖2-4 普通下降趨勢線

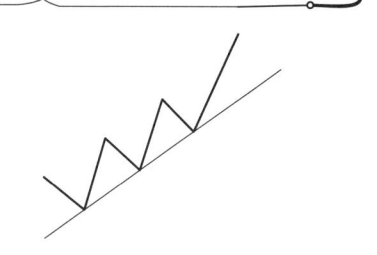

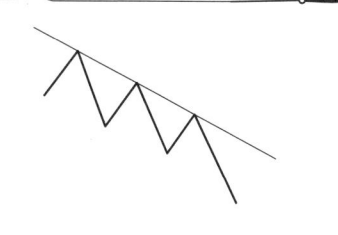

5. 上升趨勢線被有效突破

【案例】上升趨勢線被有效突破的型態特徵（圖2-5）

（1）大多出現在漲勢的中後期。

（2）股價的收盤價與上升趨勢線破位處的下跌差幅，至少有3%。

（3）股價在上升趨勢線下方收盤的時間在3天以上。

（4）趨勢線失去了作用，由支撐變為壓力壓制股價的再度上升。

（5）上升趨勢線被有效突破後，形勢對多方非常不利，持股者應及時止損出場，持幣者應堅持看空觀望。

6. 下降趨勢線被有效突破

【案例】下降趨勢線被有效突破的型態特徵（圖2-6）

（1）大多出現在跌勢末期。

（2）股價的收盤價與下降趨勢線破位處的上漲差幅，至少有3%。

（3）股價在下降趨勢線上方收盤的時間在3天以上。

（4）趨勢線失去了壓力作用，由壓力轉為支撐阻止股價的再度下跌。

（5）下降趨勢線被突破後，形勢開始對多方有利，所以投資者應做好做多的準備。持股者可繼續持股觀望，持幣者在上升趨勢線形成前，應謹慎看多，不宜盲目買進。

圖2-5 上升趨勢線向下突破　　圖2-6 下降趨勢線向上突破

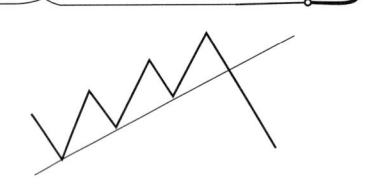

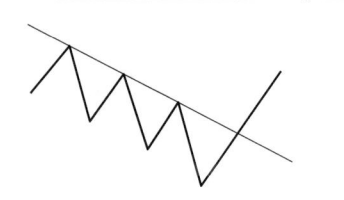

圖2-7 新的上升趨勢線 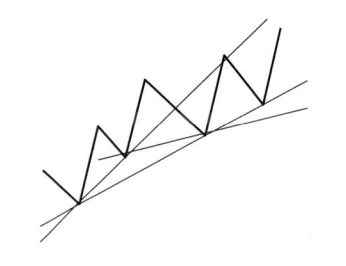　　圖2-8 新的下降趨勢線

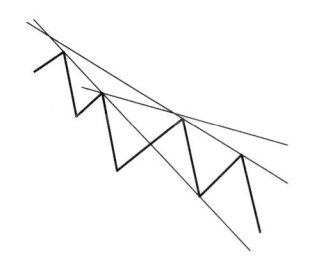

7. 新的上升趨勢線

【案例】新的上升趨勢線的型態特徵（圖2-7）

（1）出現在漲勢中，表示多方經過休整後發動了新一輪攻勢。

（2）上升趨勢線向下破位後，不是反轉向下，而是繼續上升，收盤價逐步創出新高。反映市場處於強勢的多頭氛圍之中。

（3）持股者可繼續做多，持幣者可適量跟進做多。

（4）新的上升趨勢線形成後，投資者應依據新的趨勢線進行操作。

8. 新的下降趨勢線

【案例】新的下降趨勢線的型態特徵（圖2-8）

（1）出現在跌勢中，表示新一輪的反擊開始。

（2）下降趨勢線被有效突破後，不是反轉向上，而是繼續下降且收盤

圖2-9 慢速上升趨勢線　　　圖2-10 慢速下降趨勢線

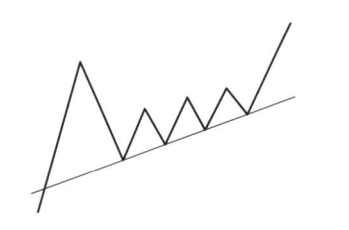

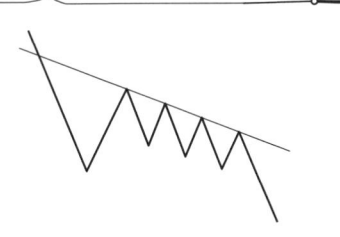

價創出新低。反映市場正處於濃厚的空頭氛圍中。

（3）持股者應極早出場，以免更大的損失，持幣者應堅持看空。

（4）新的下降趨勢線形成後，投資者應依據新的趨勢線進行操作。

9. 慢速上升趨勢線

【案例】慢速上升趨勢線的型態特徵（圖2-9）

（1）出現在以慢速上升趨勢線為主的快速、慢速趨勢線組合中。

（2）維持時間比快速趨勢線長。

（3）揭示股價運行的中長期趨勢是向上的，具有中長期支持股價上升的作用。

（4）在股價處於慢速上升趨勢線的上方時，投資者應看多。

10. 慢速下降趨勢線

【案例】慢速下降趨勢線的型態特徵（圖2-10）

（1）出現在以慢速下降趨勢線為主的快速、慢速趨勢線組合中。

（2）維持時間比快速趨勢線長。

（3）揭示股價運行的中長期趨勢是向下的，具有中長期支持股價下降的作用。

（4）在股價處於慢速下降趨勢線的下方時，投資者應堅持看空做空。

三、常見趨勢線技術陷阱

1. 快速上升陷阱

　　股價出現快速上漲的情況有兩種：

　　一種是原先處於慢速上升走勢之中，經過一段時間的盤升後，出現加速上漲走勢，在這種快速、慢速趨勢線組合中，投資者在股價處於快速趨勢線的上方時，可看多做多。

　　另一種是原先處於慢速下跌走勢之中，經過一段時間的盤跌後，出現加速上漲走勢，在這種快速、慢速趨勢線組合中，投資者在股價處於快速趨勢線的上方時，可在設好止損的前提下，用少量資金適時做多。但是，這兩種走勢均預示著上漲行情接近尾聲，在漲勢的末期經常出現多頭陷阱，因此投資者應速戰速決，否則很容易被套牢。

2. 快速下跌陷阱

　　股價出現快速下降的情況有兩種：

　　一種是原先處於慢速下降走勢之中，經過一段時間的盤跌後，出現加速下跌走勢，在這種快速、慢速趨勢線組合中，投資者在股價處於快速下降趨勢線的下方時，可看空做空。

　　另一種是原先處於慢速上漲走勢之中，經過一段時間的盤升後，出現加速下跌走勢，在這種快速、慢速趨勢線組合中，投資者在股價處於快速下降趨勢線的下方時，可在總體看多的前提下，暫時做空。但是，這兩種走勢均預示著行情短期跌勢進入尾聲，在跌勢的末期經常出現空頭陷阱，因此投資者謹防過分殺跌，否則很容易踏空。

四、趨勢線操作5大方法

由兩個明顯低點連接的上升趨勢線，以及由兩個明顯高點連接的下降趨勢線，是最初的趨勢線。趨勢線是否有效需要做進一步的分析，通常判斷趨勢是否有效，可參考以下原則：

（1）趨勢線觸點次數越多越有效

趨勢線在形成之初是由兩個高點或低點連接而成，如果往後在趨勢線上所觸及的高點或低點次數越多，則表示這條趨勢線在經過多次衝擊和考驗後，並沒有被突破，因此將更具有技術意義，所產生的支撐和壓力作用將會更加準確而有效。也就是說，當股價回落或反彈到趨勢線附近時，並未有效突破而是再度上升或下降，其次數越多，這條趨勢線的作用將更強。投資者可以在這條趨勢線附近進行買賣操作。

（2）趨勢線跨越時間越長越有效

趨勢線的跨度越長，且未被上升或下降所突破時，其技術性意義就會越大，所產生的支撐和壓力的作用將會準確而有效；同樣，趨勢線的兩個取點之間的距離太近時，其所發揮的支撐和壓力的有效性將大為降低。因此，趨勢線的正確畫法是選擇距離較遠的兩個點，這樣畫出來的趨勢線比較具有參考價值。

那麼，如何界定時間的「長」和「短」呢？可以根據道氏理論所提出的分界準則進行判斷，半年到一年以上形成的為主要長期趨勢線，三個星期到數個月形成的為中期波段趨勢線，少於3個星期的為短期次級趨勢線。

由於長時間形成的主要長期趨勢線積累了大量的支撐和壓力元素，因此當股價衝破這些位置時，其爆發力也相當強大，原因涉及投資者心理及實際技術問題，如果跌破長期形成的上升趨勢線，則令投資者心裡不安，從而引發賣盤，令跌勢加劇。同樣，向上突破下降趨勢線時，其原理也一樣，只是方向不同而已。

（3）太陡峭或太平坦的趨勢線可靠性不高

在實盤操作中，如果趨勢線比較陡峭，其可靠性將大打折扣。這是因

為一條較陡峭的趨勢線很容易被一個短期橫盤整理型態所突破，但後市卻未必出現預期的走勢。比如，股價向上突破下降趨勢線後就會快速上升，股價向下突破上升趨勢線後就會快速下跌。通常當股價產生陡峭的趨勢線以後，會出現橫向的走勢，甚至可能出現下跌行情，使入場者被套牢。相反，太平坦的趨勢線雖然具有較強的支撐或壓力作用，但也不是理想的趨勢線，其突破訊號與最佳買賣時機存在著較大的差距，通常只是投資者最後的買賣機會。因此，太陡峭或太平坦的趨勢線，在更多的時候適用於對型態的確認及短線走勢的指導，而對於長線的趨勢來講，缺乏實質的技術參考意義。

那麼，如何界定「陡峭」和「平坦」呢？

沒有固定的標準，股價所處的不同發展週期及不同種類的股票均有所差異，投資者很多時候需要憑經驗做調整。對初學者而言，只能以市場一般可接納的標準作為學習的起點。通常，趨勢線與水平線的夾角為45度是最理想有效的趨勢線。如果趨勢線與水平線夾角大於65度，則屬於陡峭的趨勢線；如果趨勢線與水平線夾角小於20度，則屬於平坦的趨勢線，這兩種趨勢線的參考性均較低。

通常，一般個股趨勢線的斜率，隨著其市場習性（投機股較陡，而投資股較平）和原始週期的不同而有明顯的差異，漲升或下降行情的後期大多較陡（少數個股在行情的後期出現平坦的走勢）。據實盤經驗，一般熱門股的趨勢線斜率在30～45度，才具有較理想的參考價值。

（4）趨勢線最終會被突破

任何趨勢都不可能永不改變，股價總有反轉的一天，因而一條趨勢線遲早要被突破。但是，突破原始趨勢線不是一件輕而易舉的事，往往要有一個過程，突破次級趨勢線相對容易一些，所以投資者用不著過分擔心反轉。長期趨勢線的突破總有一些預警訊號，比如，價格調整或觸及趨勢線受到支撐或壓力後，離開趨勢線的幅度越來越小；價格在趨勢線附近不斷徘徊；成交不活躍，成交量縮小。如此情況下，趨勢線終有一天要被突破。突破驗證的標準是投資者熟悉的三個條件：三天收在趨勢線之下或之上；股價超越的幅度在3%以上；向上突破時要放量。一旦突破成立，必須

反向操作，但有時可能出現回檔。

（5）關於回檔確認的認識

在實盤操作中，股價突破趨勢線時，形成一個有效的突破訊號，但突破後不久股價又向原趨勢線作短暫的返回運行，這就形成了回檔。回檔有兩種情況：

① 壓力變為支撐

一條壓力線被成功突破後，壓力作用變為支撐作用，當股價回檔到此位置時通常會得到一定的技術支撐，重拾漲勢。回檔是主力震倉洗盤的一種技倆，用意是讓股價小幅度調整，嚇怕後來跟進者。在回檔時，只要股價不跌破前期的突破點，那麼其漲勢猶在，通常回檔成功後，才呈現大升段行情。

② 支撐變為壓力

一條支撐線被成功突破後，支撐作用變為壓力作用，當股價反彈到此位置時通常會受到一定的技術壓力，再次下跌。反彈是主力拉高出貨的一種技倆，目的是讓投資者在高位接走籌碼。在回檔時，如果股價沒有重新回到前期的突破點之上，那麼其跌勢猶在，通常回檔成功後，才呈現大幅下跌行情。

造成回檔的原因有三個，到底是哪一種，要仔細辨認並做出相應處理。

a. 正常的技術性回檔。

b. 主力有意識地設置陷阱。

c. 重大意外消息的作用。

2-2
趨勢線的修正：
隨時追蹤突破的撐壓點位

▍一、正確修正趨勢線

　　由於趨勢線代表一個階段性的趨勢方向，股價有可能會突然突破原先的趨勢線，進入下一條斜率更陡或更平的趨勢線範圍之內，這時股價形成加速或放緩走勢。因此，在判斷未來趨勢時，要隨時對趨勢線進行調整。

　　在原始趨勢線形成之後，股價在運行過程中，有時候會出現突然的上漲或下跌，突破原先趨勢線的支撐和壓力，但這只是暫時的表像，股價並未出現明顯的轉勢，但股價的暫時突破使原先的趨勢線準確性有所降低。因此遇到這種「假突破」走勢時，必須對原始趨勢線進行修正，其基本原則如下：

　　（1）股價在原先的趨勢線範圍內運行，如果在再次到達該趨勢線時，出現暫時的突破現象，應該從趨勢線第一個採樣點，重新引出一條與最近的高點或低點連接的趨勢線。如圖2-11所示。如果原來的趨勢線只依據二個高點或低點所繪製而成（圖中A線），當股價第三次觸達這條趨勢線，卻產生假突破時，這條趨勢線應該以第1點與第3點再畫一條新的趨勢線（圖中B線）。

圖2-11 修正趨勢線

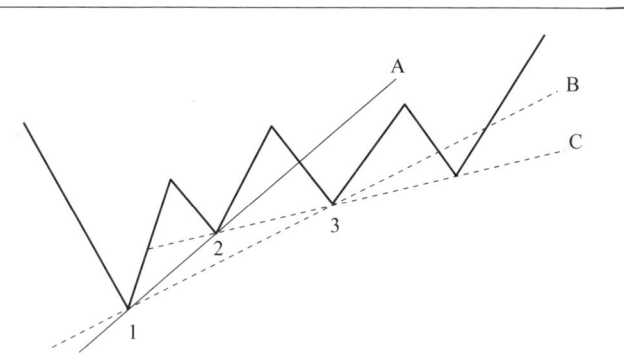

（2）由上述第1項所決定，如果此時連接離突破點最近的兩個點做新的趨勢線，則其支撐或壓力作用，將比按第一種方法修正的趨勢線作用更加明顯而有效。連接第2點與第3點另外畫出一條新的趨勢線，這樣產生第三條趨勢線（圖中C線）。A線為原先根據時間跨度較短的兩個點畫的趨勢線，B線為根據第1項原則修正後的趨勢線，而C線是連接離突破後的低點最近的兩個點（第2點和第3點）修正後的趨勢線，可以看出這條趨勢線對股價走勢的技術意義最大。這種修正方法在趨勢跨度時間不是很長的情況下才採用。

（3）趨勢線在選擇採樣點時，一般都以波段的最高點或最低點作為採取的標準，但有時股價會在波段的頂部或底部，出現長上下影的重要反轉K線型態，這些現象都是一些突發性因素或某一方的異常動作所造成的，如果此時以最高點或最低點畫線，其準確性會有所偏差。因此，在畫趨勢線時，忽略上下影線的影響，而以K線實體作為採取的標準，則其趨勢線更具說服力，準確度也越高。

（4）原來的趨勢線繪製之後，已經數次試驗未被突破時，這條趨勢線的有效性當被確定無疑，其後該線有時縱然被一個非決定性的漲跌所穿過，也不必理會。也就是說，不需要重新畫一條趨勢線，原先的這條趨勢線仍然具有參考作用。

（5）在具有投機性質的股票中，用收盤價為採樣點標準而畫出的趨勢線，往往比用其最高價或最低價所畫出的趨勢線還要實用。因此，在投機性的股票中，投資者可以畫出兩條趨勢線，一條為最高價或最低價的趨勢線，另一條為收盤價趨勢線，將這兩條趨勢線予以比較使用。有時股價在交易中雖然突破趨勢線，但收盤價卻沒有突破趨勢線，則該突破為假突破，而不予理睬。

（6）有時原始趨勢線由於角度過於陡峭而失去參考價值，尤其是對後市股價的反彈或回落的點位無法把握，此時可以根據黃金分割配合使用。

若原始的上升趨勢線因為兩個採樣點的距離較近及其角度太陡，而不具有直接的參考意義，投資者不妨將艾略特波浪理論及費波納茲比率理論加以配合使用，在多頭市場的最高點形成後，可計算出該波段的起漲點與最高點之間的漲幅，再從行情的最高點，向下垂直量出這段漲幅0.382倍的下跌點和0.618倍的下跌點，然後分別畫出原始上升最低點與0.382倍下跌點之間的邊線，以及原始上升最低點與0.618倍下跌點之間的連線，作為原始上升趨勢線的速度支撐線。這兩條支撐線加上原始上升趨勢線的型態像扇子一般，故稱為「扇形三線」。上升的「扇形三線」均具有支撐作用，當行情回檔到這三條線附近時，可能會出現較有力度的反彈行情。如圖2-12所示。

（7）相對地，若原始的下降趨勢線因為兩個採樣點的距離較近及其角度太陡，而不具有直接的參考意義，投資者不妨將艾略特波浪理論及費波納茲比率理論加以配合使用，在空頭市場的最低點形成後，可計算出最低點到該波段的起跌點之間的漲幅，再從行情的最低點，向上垂直量出這段漲幅的0.382倍的上漲點和0.618倍的上漲點，然後分別畫出原始下降最高點與0.382倍上漲點之間的邊線，以及原始下降最高點與0.618倍上漲點之間的連線，作為原始下降趨勢線的速度壓力線。這兩條壓力線加上原始下降趨勢線的型態像扇子一般，故稱為「扇形三線」。下降的「扇形三線」均具有壓力作用，當行情反彈到這三條線附近時，可能會出現較有深度的下跌行情。如圖2-12所示。

（8）當行情由上升轉為下跌，陸續跌破「扇形三線」的三條多頭防線

圖2-12 修正趨勢線──扇形三線

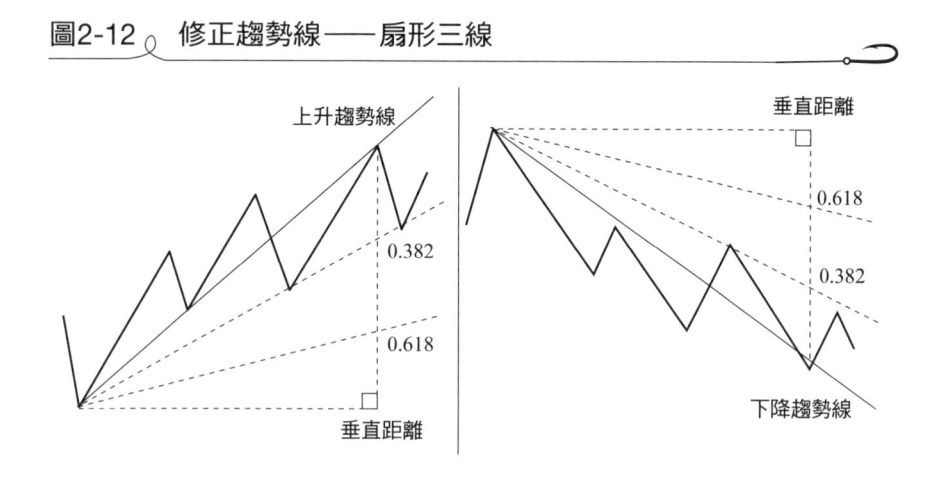

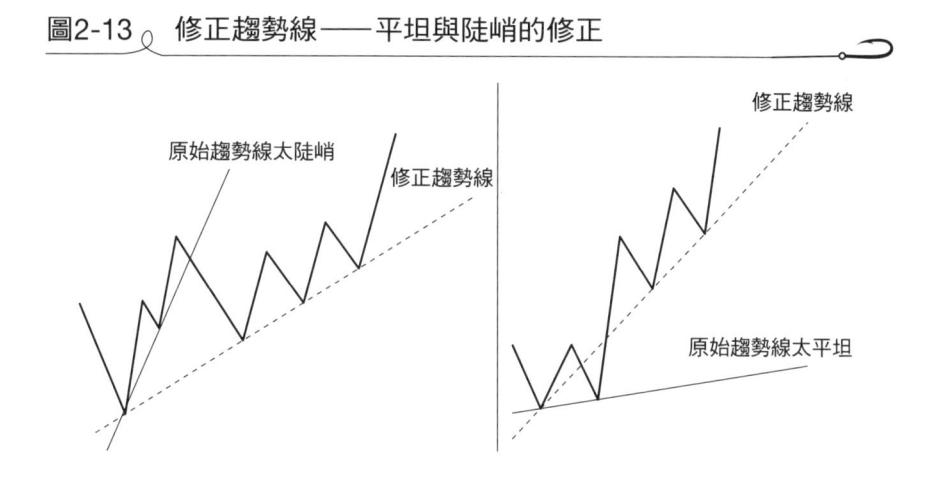

圖2-13 修正趨勢線──平坦與陡峭的修正

時，代表趨勢已經反轉，應該退出觀望。相反，當行情由下跌轉為上升，陸續突破「扇形三線」的三條空頭防線時，代表趨勢已經反轉，應該進場買入。

（9）第6項與第7項原則的0.382倍和0.618倍，有的投資者以1/3或2/3的數字代替，兩種計算方法均具有理論基礎，以致趨勢線畫出後略有差異，效果見仁見智。

（10）既可以對過於陡峭的原始趨勢線進行修正，也可以對過於平坦的原始趨勢線進行修正。如圖2-13所示（下跌趨勢的圖形相反）。

二、趨勢線修正難點

（1）在股價劇烈波動時，受慣性的影響，經常出現擊穿趨勢線的現象，這種走勢干擾了趨勢線，也給趨勢線修正帶來了麻煩。

（2）主力為了欺騙散戶投資者，在底部或頂部故意創出兩個角度十分陡峭或平坦的點位，以致投資者在選擇採樣點時產生障礙。比如，第2浪的大幅調整，就有可能對趨勢線造成破壞，從而影響判斷。或者，股價見頂後回落，在B浪出現大幅反彈，都會給畫線帶來困難，畫出的趨勢線也就沒有技術分析意義。

（3）市場的變化是錯綜複雜的，受各種因素的影響，有時股價的高點或低點很難精準地落到趨勢線上。特別是受到主力行為影響後，這種現象更為常見。比如，主力要吸貨或洗盤時，可能故意會跌破趨勢線的支撐，引發賣盤出現；在出貨階段，就會故意突破趨勢線的壓制，造成上漲勢頭，引發買盤介入。

三、趨勢線修正操作7大方法

（1）收盤價放在首位

趨勢理論並不注意一個交易日當中的最高價、最低價，只注意收盤價。因為收盤價是一天行情發展的結果，代表多空雙方力量的均衡點，也是對當天股價的最後評價，大部分人根據這個價位做買賣的委託。但在實盤操作中，股價在趨勢線上下幅度在3%以內（震盪幅度大的個股為5%）是可以接受的，趨勢線仍然對股價產生影響。

（2）根據實盤經驗，可以採用幅度原則和時間原則分析，只有大於

3%的幅度和持續3天以上的突破，才可以作為修正畫線依據，股價細小的波動可以忽視不計。

（3）採用價差原則

根據股市的特點，在上升趨勢線中，後面一個低點至少要高於前面一個低點3%以上。在下跌趨勢線中，後面一個高點至少低於前面一個高點3%以上，幅度太大或太小均會影響趨勢線效力。

（4）可以等待下一個高點或低點的出現，並據此畫線，或者等待驗證訊號的形成。而且不能簡單地依靠趨勢來進行判斷，可以暫時放棄過於陡峭或平坦的趨勢線，改採波浪理論進行分析。

（5）結合股價所處的位置高低進行分析

任何技術分析方法都離不開股價位置。股價在高位，一切多頭訊號都有危機感，相反，股價在低位，一切空頭訊號都難以得到有效發揮。那麼，如何判斷股價處在高位還是處在低位？股價累計漲幅較大，尤其是漲幅達到一倍或幾倍以上的股票，調整不夠充分而回檔幅度又不大，這時出現的多頭訊號大多是主力設置的多頭陷阱。原則上一年之內漲了一倍的，一年之內不碰；一年之內翻了兩倍的，兩年之內不碰。一波行情中翻了n倍的，n年之內不碰。同樣，市場經過長期的熊市調整後，股價跌幅超過50%，並經過充分調整，此時如果出現回落走勢，多數是主力利用投資者心理因素，展開洗盤換手或設置空頭陷阱。

（6）分析主力行為

對主力成本、主力意圖、坐莊階段等因素進行分析，對目前主力想幹什麼及下一步將要幹什麼，當前價位主力有無獲利，是吸貨還是出貨等做到心中有底。

（7）利用中心趨勢線進行分析，見後續分析。

2-3 中心趨勢線（X線）：根據扇型三線進行突破的3次檢驗

一、X線技術要點

（1）中心趨勢線也叫X線。在股價趨勢線中，除上升、下跌、水平等趨勢線外，還有一種趨勢線，即股價經常順著中心趨勢線，呈現上下對稱或不對稱的波動，這種股價圍繞趨勢線進行上下波動的走勢，就是X線。X線是股價高點與低點，或低點與高點的連線，有時為下降趨勢線，有時為上升趨勢線，有時為水平趨勢線，需視當時股價是在這條線的上方或下方而定。如圖2-14所示。

（2）上升趨勢X線。股價可以是從低檔上揚，先將上升X線當作壓力線，在一次或多次上衝後，終於突破上升X線而上揚。在股價上揚後，仍有一次或多次拉回的走勢，X線此時由壓力線轉為支撐線。

（3）股價也可能是從高檔下跌，在下跌過程中，一次或多次因遇上升X線的支撐而反彈，但最終跌破X線，在跌破中心線後，股價向X線拉回，但反彈至X線附近後，面臨壓力而再次下跌。

（4）水平趨勢X線。股價呈現箱形上下整理，其X線往往是水平線，股價在X線之下波動，然後突過X線之上，或者在X線之上波動，然後跌破

圖2-14 扇形三線的檢驗

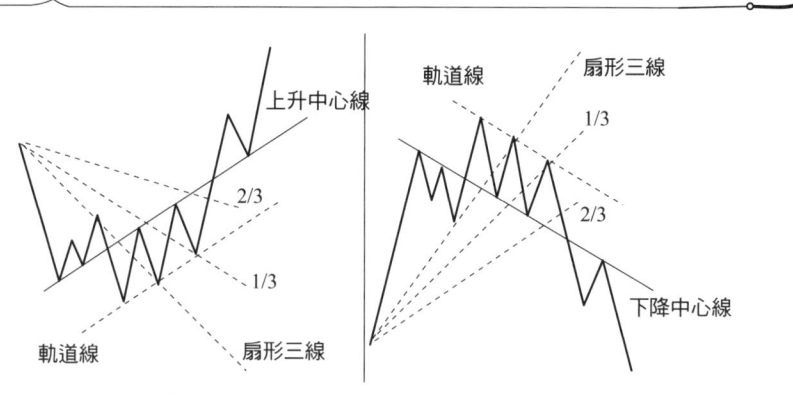

X線而下。

（5）無論X線趨勢線是上升、下跌或水平，股價總是圍繞X線在波動，當股價由低點向上，常在接觸到X線時，面臨壓力而下降。一旦股價由下向上突破X線，X線則由壓力線轉為支撐線。相反，當股價由高點向下時，在股價接觸X線時，會面臨支撐，股價通常在此形成反彈。一旦股價由上向下跌破X線，X線則由支撐線轉為壓力線。

（6）中心線的作用。長期高點和低點連接形成的趨勢線，影響力最大，其次是中期高點和低點連接形成的趨勢線，短期高點和低點連接形成的趨勢線力量較小。因此，股價碰到短期趨勢線，僅短期回檔，若碰到中期趨勢線，則回檔在10%左右，若碰到長期趨勢線，通常會有一次中期回檔整理。

（7）中心線也會出現扇形效果。有時趨勢線可能有多條，因此有時會在某個價位形成多條中心線交叉，這個點便會因力量交叉凝聚，而成為一個較大的支撐點或壓力點，甚至使行情產生反轉。

二、X線技術陷阱

1. X線的支撐陷阱

　　股價經過一輪上漲行情後見頂回落，連接頂部兩個高點，便形成一條下降趨勢線，對股價的上漲具有一定的壓力作用。不久，股價放量向上突破下降趨勢線，並創股價新高，預示股價調整結束，即將出現新一輪上漲行情，此時構成買入訊號。或者，股價向上突破下降趨勢線後，壓力轉換為支撐，並經回檔確認支撐線突破有效時，也是一個買入點。但是，買入後股價仍然逐波下行，趨勢線始終向下延伸，股價越跌越深，散戶越套越深。

2. X線的壓力陷阱

　　股價經過一輪跌勢以後，出現回穩並展開反彈走勢，將兩個低點連接起來就形成一條上升趨勢線，對股價的下跌具有一定的支撐作用。不久，股價向下擊穿了這條上升趨勢線，並創出股價新低，預示股價反彈結束，即將出現新一輪下跌行情，構成賣出訊號。或者，股價擊穿上升趨勢線，支撐轉換為壓力，並經確認壓力線突破有效時，也是一個賣出點。但在實盤中，賣出股票後可能會出現踏空的尷尬局面。

三、X線技術操作6大方法

　　（1）趨勢線一旦形成，就具有助漲助跌作用

　　雖然出現短暫的突破走勢，但並不意味著趨勢反轉訊號已經明朗化，也就是說，在反轉趨勢形成之前，原來的趨勢仍然發揮作用。等到確定以後再行動才較為有利，以避免在機會成熟以前作出買賣決策。自然，股價運動趨勢是在經常變化的，多頭市場並不能永遠持續下去，空頭市場總有

到達底部的一天。當一個新的主要趨勢第一次被確定後，如不管短期間的波動，趨勢絕大部分會持續，但越往後這種趨勢延續下去的可能性越小。這條規則告訴人們：一個舊趨勢的反轉，可能發生在新趨勢被確認後的任何時間。

（2）時間、幅度及成交量仍然非常重要

突破時間要持續3天以上，幅度要超過3%，向上突破時成交量必須放大，向下突破時的那一刻成交量也要有放大跡象。

（3）製作扇形三線

當股價出現突破跡象時，根據扇形三次突破原則對趨勢線進行三次檢驗，最終驗證市場既有趨勢的反轉。如果股價突破一條趨勢線能夠提供可靠的買賣訊號，那麼股價突破三條趨勢線所組成的扇形三線，其準確性更高，買賣更有把握。股價在高位跌破了上升趨勢線後，再次跌破了1/3線，並形成了壓力，隨後2/3線又被跌破，則說明既有的上升趨勢發生轉變的訊號已經相當明顯了。相反，股價在低位向上突破下降趨勢線後，再次突破了1/3線並形成支撐，不久2/3線也被突破，則表示下跌勢頭已被扭轉，上漲趨勢確立。

（4）引進軌道線

當股價突破一條趨勢線時，則以第一個高點或低點為基點，製作一條趨勢線的平行線，形成一個上升或下降軌道。在股價突破這條軌道之前，原來的趨勢仍然發揮重要的作用。即使股價跌破了上升趨勢線，但如果由此形成的上升軌道始終完好，那麼後面的回檔一般會在下軌線獲得支撐，同樣，即使股價突破了下降趨勢線，但如果由此形成的下降軌道沒有破壞，其後的反彈一般會受制於上軌線的壓制而回落。

（5）從表面上看，股價突破後回檔到趨勢線附近時，獲得壓力或支撐，但高點一個比一個高，或低點一個比一個低，因此突破走勢就值得懷疑。同時，參考前期最低點和最高點的支撐和壓力程度。

（6）關於回檔確認問題

股價回檔確認後，必須反轉突破原來的高點或低點。也就是說，股價向上突破下降趨勢線後，如果出現回檔確認走勢，在回檔確認結束後產生

回升時，必須高於突破的那個高點，這樣才能確認突破有效。相反，股價向下突破上升趨勢線後，如果出現回檔確認走勢，在回檔確認結束後回落時，必須低於突破的那個低點，這樣才能確認突破有效。

NOTE   /   /   /

2-4
趨勢線的買入訊號：
呈現多頭走勢一波比一波高

▌一、常規買入訊號慣例

（1）在上升趨勢中，當股價向上突破上傾的趨勢線時，說明市場多頭勢力極強，大多為買進訊號。此時多頭訊號大漲小回，呈現一波比一波高的標準走勢。如圖2-15所示。

（2）在上升趨勢中，股價下跌回檔觸及上升趨勢線而獲得支撐時，便是絕佳的買入點，投資者可酌量買進股票。如圖2-16所示。在下跌趨勢中，股價下跌觸及下跌趨勢線的平行線時，也是短線買入點。

（3）當股價向上突破水平壓力線時，如果突破的當天伴隨成交量放大或第二天出現補量的現象，則買入訊號較為強烈。如果未能配合增加的成交量向上突破，說明市場換手不夠積極，有可能突破後不久又再度跌回這條趨勢線以內，則突破不成立。如圖2-17所示。

（4）在下跌趨勢中，如果股價向上突破下降趨勢線，必須要有成交量顯著放大的配合，否則極有可能是假突破，引誘投資者上當受騙。因此，而出現這種現象時，投資者應採取觀望態度，並配合K線型態或其他分析指標。此時，如果無明顯的反轉型態出現，則極有可能只是在下跌過程中的

反彈行情，追高的風險較大，只能短線買進。但如果是在上升過程中，帶量突破一些持續整理型態的上軌（如三角形、旗形），則表示多方勢力仍占主動，整理型態完成，股價將出現突破上升。如圖2-18所示。

（5）在一個標準的上升通道裡，當股價運行到上軌線附近時，應密切留意，因為這種型態向上突破的機會較大，此為預備的買入訊號。最好是等到股價突破時才買進，因為過早地在突破前買進，容易受到騙線的困擾。如圖2-19所示。

（6）在上升通道中，如果通道上軌傾斜的角度大一些，說明多頭氣勢較強，股價抵達上軌線附近時，有較強的上攻欲望，可視為買入訊號。為避免騙線困擾，在未正式向上突破之前，僅能視為準備買入的注意訊號。如圖2-20所示。

（7）在上升通道中，股價抵達向上收斂的上軌線附近時，只作準備買入訊號。此為上傾楔形型態，當股價強行突破上檔壓力時，說明型態是在上升過程中逐步形成整理型態，多頭勢力佔據優勢，突破時予以買入。如果未能向上成功突破，以改變型態趨勢，上升行情可能即告結束，甚至可能轉為空頭市場，因此若出現這種型態，而股價未向上突破，宜特別注意先賣出觀望為宜。如圖2-21所示。

（8）在上升過程中出現矩形整理型態，股價在第5個轉捩點並觸及上軌壓力時，此為矩形型態尚待突破的準備訊號，亦即一般所稱的「W」底可能形成。如果突破有成交量的放大配合，則是積極的買入訊號。如圖2-22所示。

（9）在上升過程中出現上升三角形的整理型態，如果股價與三角形上邊水平線接近，尤其是在第5個轉捩點，因上升三角形構成後，股價大多能夠向上突破漲升，因此可直接視為買入訊號，但也需要成交量的放大配合。但若第二天股價未能向上突破，則應先行賣出以減少損失。如圖2-23所示。

（10）在上升過程中出現對稱三角形的整理型態，股價到達對稱三角形上邊線時，為準備買入訊號。如果股價向上突破上軌壓力線，成交量又積極放大配合，則可確定為有效突破，為買入訊號。如圖2-24所示。

完整解析趨勢線交易技術

圖2-15 買入訊號慣例（1）

圖2-16 買入訊號慣例（2）

支撐點

圖2-17 買入訊號慣例（3）

圖2-18 買入訊號慣例（4）

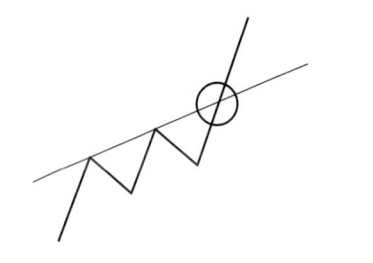

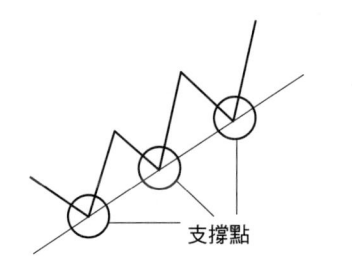

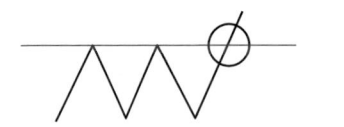

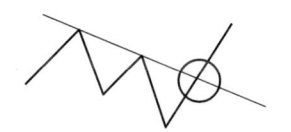

圖2-19 買入訊號慣例（5）

圖2-20 買入訊號慣例（6）

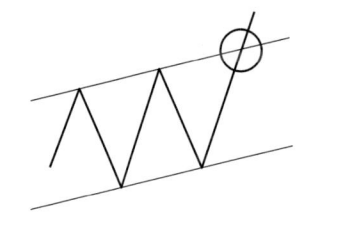

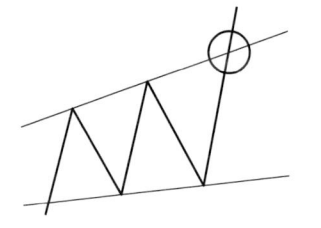

在上述第7～10項原則的整理型態中，如果股價始終未能形成有效突破，則趨勢反轉的可能性大，上述點位可作為適當減碼的訊號。

圖2-21 買入訊號慣例（7）

圖2-22 買入訊號慣例（8）

圖2-23 買入訊號慣例（9）

圖2-24 買入訊號慣例（10）

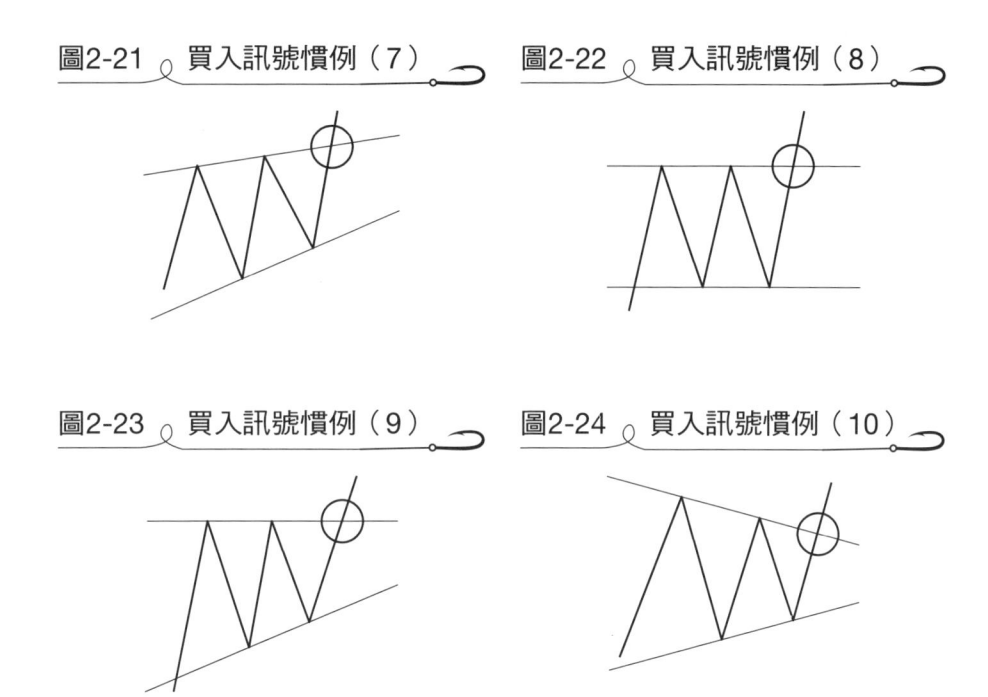

二、虛假買入訊號

1. 高位向上虛假突破

股價在明顯的上升趨勢中運行，呈現一波比一波高的強勁走勢。不久，股價放量向上突破上升趨勢線，出現加速上漲趨勢，通常是一個買入訊號，甚至可以追漲買入。或者，股價在明顯的下降趨勢中運行，如果反彈到下降趨勢附近，沒有受到趨勢線的壓制而向上突破下降趨勢線，也是一個買入訊號。可是買入之後才發現，這是主力為拉高出貨在高位設置的一個多頭陷阱。隨後股價向下回跌，將買入者套牢在高位。

【案例】圖2-25：道森股份

該股成功構築底部後，從2021年7月開始進入上升趨勢，股價逐波上漲，一波比一波高，形成一條清晰的上升趨勢線。11月15日開始，股價持

圖2-25 道森股份（603800）日K線圖

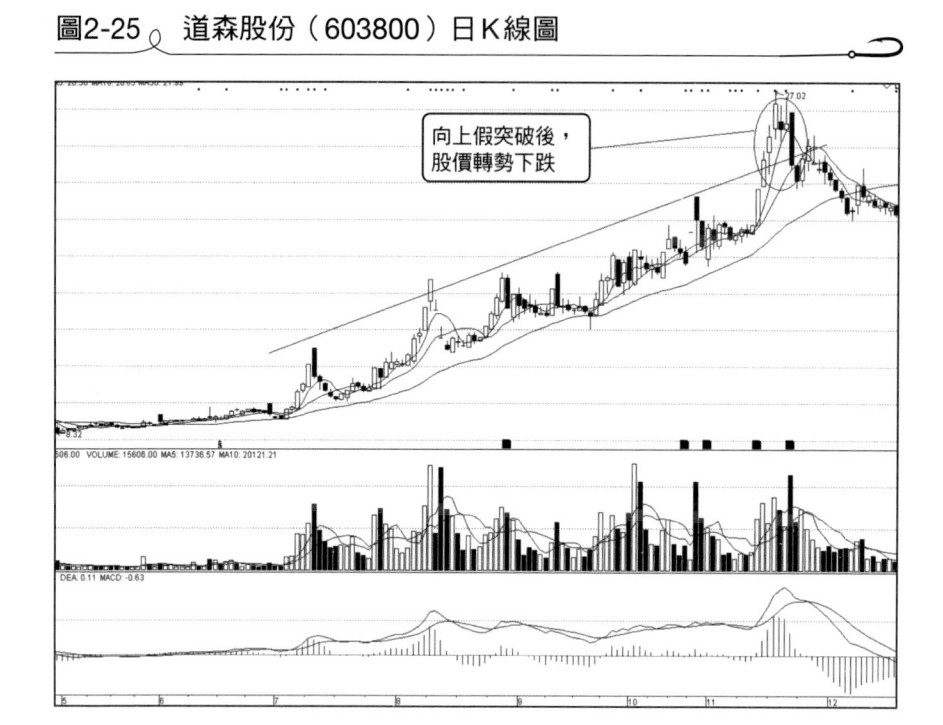

> 向上假突破後，股價轉勢下跌

續幾天上攻，向上突破上升趨勢線，說明市場多頭氣勢極強，預示後市會有加速上漲行情，因此是一個買入訊號。可是買入後不久，股價不漲反跌，造成短線套牢。

【技術解盤】

該股為什麼不會持續上漲呢？

一、是由於短期漲速過快，造成均線乖離率加大，股價難以持續性上漲，後市必須經過調整後，才能繼續上行。

二、是成交量沒有維持較高水平，特別是在股價向上突破時，成交量沒有明顯放大，因此難以支撐股價繼續走高。

三、是突破後回檔確認失敗，股價沒有重新拉起，轉而向下跌落。

2. 無量向上虛假突破

股價在原先的趨勢運行一段時間後，出現向上突破走勢，形成一個明顯的多頭買入訊號。如向上突破下降趨勢線，形成市場見底訊號；或向上突破整理趨勢線，形成脫離市場底部走勢；或向上突破上升趨勢線，形成加速上漲走勢。這些突破訊號無疑是投資者在迫切追逐的訊號，在買賣策略上頗具誘惑力。正因為訊號如此吸引人，主力常常製造各種各樣的技術陷阱，來欺騙散戶投資者。

【案例】圖2-26：曲美家居

股價出現一波反彈行情後，在相對高位出現震盪走勢，形成一個箱體整理型態。2021年8月3日，股價拉起，向上突破箱體上邊水平趨勢線，說明上方空間被打開，此為買入訊號。可是，股價沒有持續強勢上漲，盤整幾日後漸漸向下回落，出現新的跌勢。

【技術解盤】

這到底是怎麼回事呢？從圖中可以看出，股價在向上突破水平壓力線時，並沒有伴隨著成交量積極放大，之後幾天也沒有出現補量現象，說明買盤不積極，投資行為十分謹慎，因此股價重新返回到水平趨勢線之下並非意外。而且，股價在突破水平趨勢線後，回檔確認失敗，也就是說，這條水平趨勢線沒有成功地轉化為支撐線，因此是一次假突破。投資者遇到這種走勢時，持股者在水平線附近得不到支撐時，應逢高賣出；持幣者對未能有效突破的個股，不要盲目追漲買入。

3. 用回檔確認失敗型態

股價在一個趨勢或型態中運行一段時間後，會突破這個趨勢或型態，而突破後常常出現回檔確認現象。回檔是對突破是否有效的一種確認方式，看起來十分簡單，但盤面表現形式有很多花樣，所反映出來的資訊及其產生的結果也是不一樣的。

在實盤操作中，回檔確認也有真假之分，比如，股價回檔到頸線附近

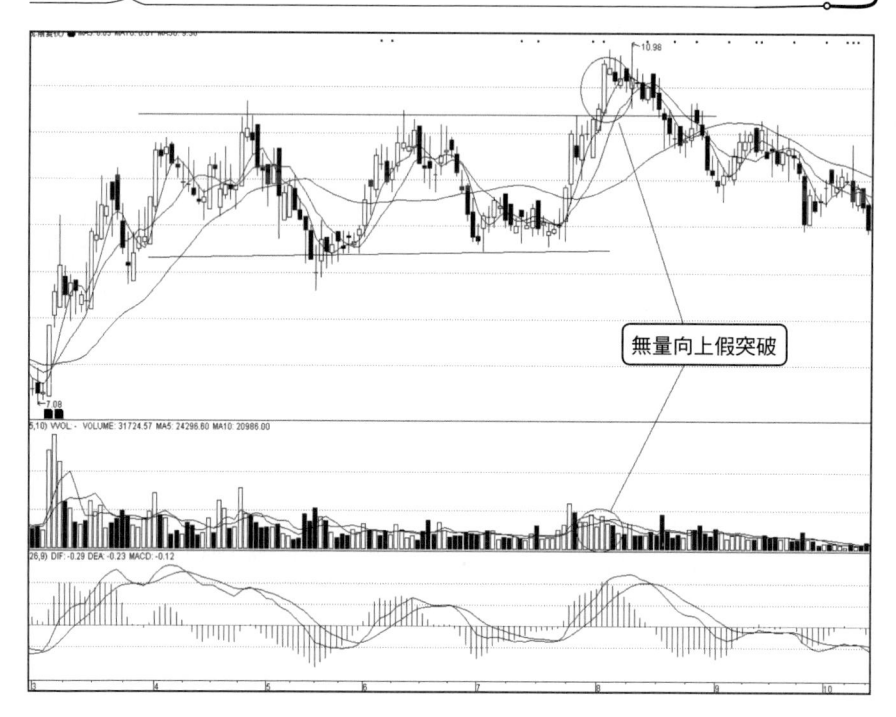

圖2-26 曲美家居（603818）日K線圖

無量向上假突破

稍做停留，在盤面上產生回檔的錯覺，然後股價返回到原來的趨勢或型態之中，這樣散戶容易受騙，這是假突破假回檔。或者回檔幅度較大，股價故意返回到原來的趨勢或型態之內，給散戶造成型態失敗的假象，然後重新向突破方向發展，這是真突破假回檔。主力可能在真正突破後，通過假回檔欺騙投資者。因此，最重要的是，要掌握回檔確認應具備的關鍵性要素，以及對回檔真實性的認識和判斷方法。

向上突破後出現回檔時，必須掌握的幾個關鍵性要素：

（1）兩個低點

回檔的低點不能低於前期最後一個低點，如果低於前期的低點，則不屬於回檔，而是原來下降趨勢的延續。也就是說，當股價向上突破下降趨勢線後，回檔的最低點不能低於突破前形成的最後一個低點，如果股價有效站穩於此低點之下，說明下降趨勢線仍然發揮作用。而且在一般的次要

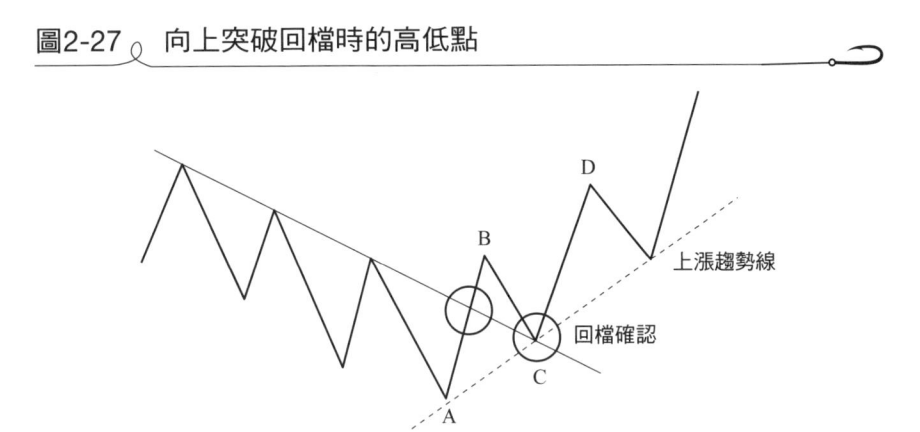

圖2-27 向上突破回檔時的高低點

趨勢線中，後面的低點高於前面最後一個低點的幅度要超過3%。

圖2-27回檔示意圖中，A點為下降趨勢的最後一個低點，C點為回檔時的低點，C點絕對不能低於A點，如果C點低於A點，則不屬於回檔，而是原來下降趨勢的延續，而且C點高於A點的幅度要超過3%。

（2）兩個高點

回檔之後的上漲必須高於突破時形成的高點，如果低於突破時產生的高點，則突破力度不強，十有八九變成失敗走勢。也就是說，股價向上突破下降趨勢線後，回檔結束重新上漲時，第一個高點必須高於突破時形成的高點，如果第一個高點低於突破時產生的高點，則上攻力量較弱，突破容易出現失敗，後市有可能形成橫向盤整走勢，或重回跌勢。

圖2-27回檔示意圖中，B點為突破高點，D點為回檔後的第一個上漲高點，D點絕對不能低於B點，如果D點低於B點，則突破力度不強，為疑似突破訊號，而且D點高於B點的幅度要超過3%。

（3）成交量

回檔時的成交量也非常關鍵，特別是股價向上突破下降趨勢線，在回檔結束後重新上漲時，成交量要大於突破時的量能，至少要保持較高的活躍盤面，如果成交量與突破時相差很大，就很有可能導致突破失敗。

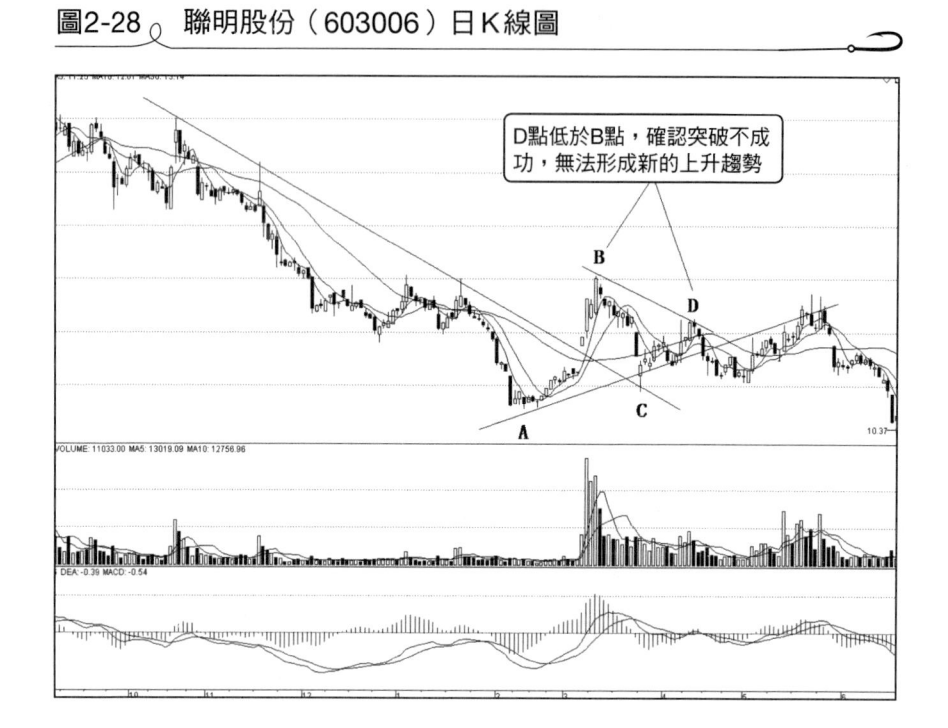

圖2-28 聯明股份（603006）日K線圖

> D點低於B點，確認突破不成功，無法形成新的上升趨勢

【案例】圖2-28：聯明股份

該股反彈結束後再次下跌，形成一條新的下降趨勢線，壓制著股價的上漲。一波加速下跌後出現A點，然後開始穩定回升；2018年3月7日，股價跳空漲停，之後衝高回落形成B點；接著向下回檔產生C點；股價遇前低支撐後再次回升形成D點。此後，股價沒有延續上漲，漸漸震盪走低。

【技術解盤】

該股的走勢存在那些技術因素呢？有以下幾點疑問：

（1）是股價遇到趨勢線支撐而上漲時，第一個高點沒有超過突破時形成的高點，也就是D點低於B點（沒有出現更高的高點），反映上攻力量不足，上漲勢頭並不強勁，股價有繼續走弱的可能。

（2）是股價回檔結束後再次上漲時，成交量沒有再次放大，D點的量小於B點的量，表示跟風不夠積極，主力做多意願不強。

（3）是下降趨勢線本身就具有助跌作用，在新的上漲趨勢線形成之前，始終對股價具有制約作用。投資者遇到這種盤面時，應認真分析圖形，掌握認識和判斷方法：

① 比較兩個低點和兩個高點。
② 關注成交量的大小。
③ 分析趨勢線的角度（30～45度為宜）。
④ 注意趨勢線的功能。

這樣基本把握了回檔確認是否成功，以及後市的漲跌力度。

三、趨勢線買入訊號技術操作11大方法

透過上述實例分析，正確判斷趨勢線的買入訊號，還可以從以下幾個方面進行深入分析，這樣可以幫助投資者看清趨勢線周圍的虛假訊號。

（1）結合移動平均線分析以下幾種盤面現象

第一、在高位，均線下行，股價位於均線下方且緊貼均線緩慢下移，此時出現向上突破多為主力出貨所為，為假突破的可能性居多。

第二、在高位，均線上行，股價位於均線上方且緊貼均線穩步上行，此時出現向上突破預示市場即將出現加速上漲勢頭，為真突破的可能性較大，但持續時間往往不長，可能是最後衝刺行情。

第三、在高位，均線上行，股價位於均線上方且遠離均線，超過10日均線15%，且股價累計漲幅較大，顯示市場短期處於超買的不理智狀態，股價有回歸均線附近的要求，因此這時候出現繼續向上突破時為假突破的可能性較大。

第四、均線水平移動，股價圍繞均線上下波動，此時如果出現向上突破往往會有一定的漲幅，為真突破的可能較大。但如果漲幅巨大，則要小心主力拉高出貨，謹防多頭陷阱。

第五、在股價向上突破時，30日均線具有較強的支撐和壓力作用，可以觀察30日均線的運行方向及支撐和壓力程度，對分析判斷後市趨勢會有

一定的幫助。

（2）看成交量的變化

股價真正向上突破時，必須得到成交量的積極配合，這樣市場才能進一步向突破方向發展，訊號可靠性高。如果量價失衡（成交量巨大股價突破後回落、股價突破後放量不漲或突破時成交量過小）則可信度差，謹防主力以假突破的方式出貨。

（3）分析股價所處的具體位置，判斷股價是否正好接近階段高點，當股價在上漲行情的後期出現向上突破，特別是第5浪後期出現的上漲突破，往往是最後的衝刺，暗示漲勢接近尾聲，此時要控制倉位。

（4）觀察趨勢線的執行時間，雖然在理論上趨勢持續時間越長，可靠性越高，但在實戰中卻有所差異，趨勢線不可能永久存在，也不可能長期發揮作用，遲早會改變走勢。因此，越在趨勢線的後頭，可靠性越低，投資者應瞭解這一點。

（5）觀察趨勢線被觸及的次數，理論上強調觸及點越多，趨勢線也越可靠，對此筆者的認識有所不同，如前所述，趨勢線不可能永久存在，也不可能長期發揮作用，遲早會改變走勢。有句古話叫「事不過三」，也就是說同樣的事情連續出現三次以後，就有可能出現不一樣的結果。股市也有相似之處，在一條趨勢線上連續出現三個觸及點，在第四次以後出現的觸及點的可靠性將會降低，越往後則可靠性越低。尤其是在次級趨勢線中，這種情況更為明顯。

（6）分析技術型態突破的位置

三角形整理型態、楔形或旗形整理型態的最佳突破是在1/2～3/4，太早或太遲突破都會影響突破力度，尤其是在整理型態的尖端附近產生的突破，其突破力度將大大降低。

（7）分析突破時的一些盤面細節，有利於提高判斷準確性

比如，當天的突破時間早晚，通常當天的突破時間越早越可靠，特別是在臨近尾盤時突破更值得懷疑。觀察當天的突破氣勢，突破時一氣呵成，剛強有力，氣勢磅礡，可靠性就高；突破後能夠堅守在高位，可靠性就高。如果僅僅是股價在當天盤中的瞬間碰觸，那麼突破肯定不能成立。

這些盤面細節十分重要,應當細心地觀察分析。

(8)一個盤局持續兩個或三個星期,有時達數月之久

其價位僅在約20%的距離中波動。這種形狀顯示買入和賣出兩者的力量是平衡的。當然,最後的情形之一是,在這個價位水平的供給完畢了,而那些想買進的人必須提高價位來誘使賣者出售。另一種情況是,本來想要以盤局價位水平出售的人發覺買進的氣氛削弱了,結果他們必須削價來處理他們的股票。因此,股價向上突破盤局的上限是多頭的徵兆。相反,股價向下跌破盤局的下限是空頭市場的徵兆。一般來說,盤局的時間越久,價位越窄,最後的突破越容易。

盤局常發展成重要的頂部和底部型態,分別代表著出貨和進貨的階段。但是,它們更常出現在主要趨勢中休息和整理的階段。在這種情形下,它們取代了正式趨勢的次級波動,很可能一種指標正在形成盤局,而另一種指標卻形成典型的次級趨勢。在向上或向下突破盤局後,有時在同方向繼續停留一段較長的時間,這是不足為奇的。

(9)在上升行情初期,趨勢線的斜率往往較大

回落跌破原趨勢線時,通常會再沿著較緩和的趨勢線上升,原趨勢線將形成壓力。當股價跌破第二條修正趨勢線時,行情將反轉。通常應具備三個主要特徵:

① 價總是沿著新的趨勢線運行。

② 原有的趨勢線形成壓力。

③ 第二條修正趨勢線被有效擊穿時行情反轉。

(10)關於回檔確認問題

股價回檔確認後,必須反轉突破原來的高點或低點。也就是說,股價向上突破下降趨勢線後,如果出現回檔確認走勢,在回檔確認結束後回升時,必須高於突破的那個高點,這樣才能回檔確認突破有效,同時回檔的最低點不能低於突破前形成的最後一個低點。相反,股價向下突破上升趨勢線後,如果出現回檔確認走勢,在回檔確認結束後回落時,必須低於突破的那個低點,這樣才能回檔確認突破有效,回檔的最高點不能高於突破前產生的最後一個高點。

（11）結合K線、技術指標及波浪型態進行綜合分析和相互驗證

在股價突破時，如果得到其他技術的支援，可以提高買入訊號的準確性。

NOTE   /   /   /

2-5
趨勢線的賣出訊號：
股價向下跌穿趨勢線，就是弱勢

■ 一、常規賣出訊號慣例

（1）在下降趨勢中，如果股價向下跌穿趨勢線的支撐，說明市場空頭佔據絕對優勢，此時無論成交量是否放大，都可視為有效突破，應立即賣出。如圖2-29所示。

（2）在下降趨勢中，股價反彈回升觸及下降趨勢線而遇到壓力時，便是絕佳的賣點，投資者應及時賣出股票。如圖2-30所示。在上升趨勢中，股價上漲觸及上升趨勢線的平行線時，也是短線賣點。

（3）股價向下跌穿水平支撐線時，也是明顯的賣出訊號。因為通常水平支撐線的支撐作用較強，既然已經被有效跌破，說明多頭已經棄守，此時應立即賣出。如圖2-31所示。

（4）股價在上升過程中向下突破上升趨勢線的支撐，可作為短線的賣出訊號，但此時市場仍處於強勢回檔，或是主力故意製造的空頭陷阱，要密切留意股價的走勢，並注意回補的時機。如圖2-32所示。

（5）在下降通道中，當股價運行到下軌支撐線時，應予以留意。因為這種型態向下突破的可能性比較大，此時發出準備要賣出的訊號，當股價

正式跌破時應立即賣出。如圖2-33所示。

（6）在下降通道中，如果通道下軌呈擴大狀態，說明空方力量較強，股價有加速下跌的可能。當股價正式跌破下軌線支撐時，無論成交量是否放大，都是明顯的賣出訊號。如圖2-34所示。

（7）股價在下跌過程中出現典型下降楔形的整理型態，當股價向下突破下檔支撐線，說明該型態只是在下降過程中的整理型態，空頭勢力仍佔據主導地位，突破時應立即賣出。如圖2-35所示。

（8）股價在下跌過程中，出現矩形整理型態，當出現第5個轉捩點並觸及下軌支撐線時，是型態潛在的突破訊號，此時賣出訊號的可信度較高，一旦正式向下突破應立即賣出。如圖2-36所示。

（9）股價在下跌過程中，出現下降三角形的整理型態，如果股價觸及水平支撐線，尤其是在第5個轉捩點時，型態向下突破的可能性極大，應注意尋找賣出時機，一旦向下突破應立即賣出。如圖2-37所示。

（10）在股價的下跌過程中，出現對稱三角形的整理型態，如果股價在第5個轉捩點，向下突破三角形下軌支撐線的支撐，是明顯的賣出訊號。因為對稱三角形具有延續趨勢的特徵，訊號的可信度較高。如圖2-38所示。

在上述第7～10項中，如果股價始終沒有成功跌穿支撐線，則可能演變成反轉或底部型態，趨勢極有可能會發生逆轉，因而可在底部作試探性買進。

注意：上限軌道線與下限軌道線的買賣訊號原則大致相反，但買入訊號出現時，成交量均需配合增加，唯獨賣出訊號出現時，沒有成交量是否增加的限制。另外，股價在跌破下限軌道時，如果成交量特別大，短期內大多會再反彈到這條軌道線附近，此現象可視為再度賣出訊號，加大做空力道。

圖2-29 常規賣出訊號慣例(1)

圖2-30 常規賣出訊號慣例(2) 壓力點

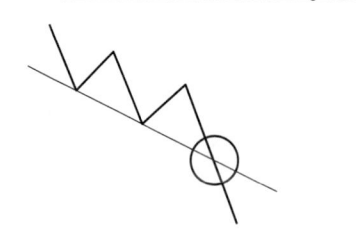

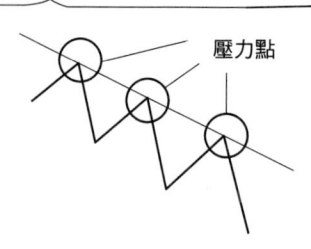

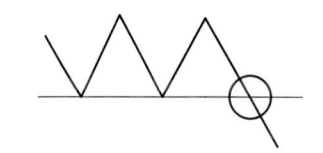

圖2-31 常規賣出訊號慣例(3)

圖2-32 常規賣出訊號慣例(4)

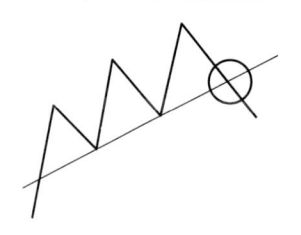

圖2-33 常規賣出訊號慣例(5)

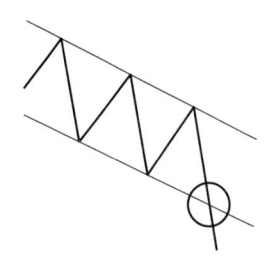

圖2-34 常規賣出訊號慣例(6)

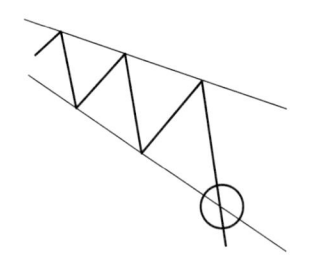

二、虛假賣出訊號

1. 低位向下虛假突破

在明顯的下跌趨勢中，股價走勢一波比一波低，盤面弱勢，交易冷淡。投資者對市場未來缺乏信心，導致賣盤加重，股價向下跌破趨勢線，

第 2 部　最完整趨勢線的技術分析

圖2-35　常規賣出訊號慣例(7)

圖2-36　常規賣出訊號慣例(8)

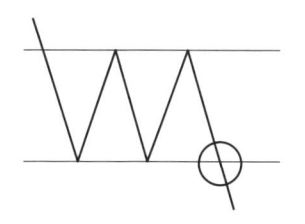

圖2-37　常規賣出訊號慣例(9)

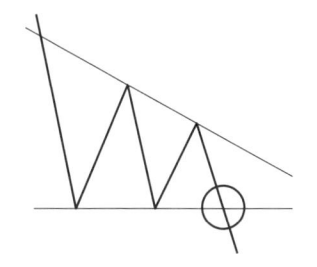

圖2-38　常規賣出訊號慣例(10)

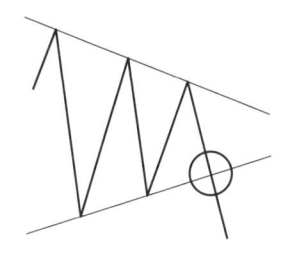

出現進一步下跌趨勢，通常是一個賣出訊號。或者，股價在明顯的上升趨勢線中運行，如果回落到上升趨勢線，得不到趨勢線的有力支撐，而向下擊穿上升趨勢線，也是一個賣出訊號。可是賣出之後，股價沒有下跌多少就止跌回穩，轉而出現上漲行情，形成空頭陷阱。

【案例】圖2-39：鵬博士

股價見頂後逐波下跌，形成一條明顯的下降趨勢線，股價總體跌幅較大。表示市場疲軟，投資者紛紛逢高賣出。2021年7月30日，一根大陰線向下擊穿了下降趨勢線的支撐，從而進一步加劇了做空氣氛，原先盼望股價上漲的投資者，這時也有了恐慌和擔憂，於是紛紛選擇出場觀望。可是，次日股價就止跌回升了，經過短暫的整理後，8月19日開始出現一輪強勢上漲。

【技術解盤】

該股為什麼不會持續下跌呢？一是股價累計跌幅較大，下跌空間不

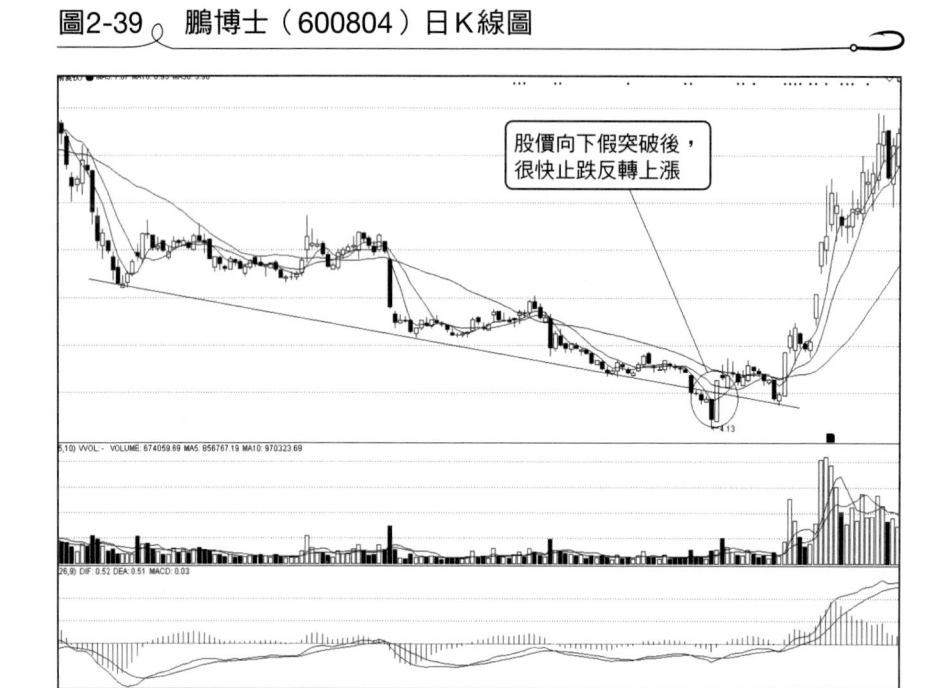

圖2-39 鵬博士（600804）日K線圖

股價向下假突破後，很快止跌反轉上漲

大，投資價值凸顯，隨時有止跌回升的可能。在低位向下突破是一個空頭陷阱，大多是主力建倉或試盤時採取的一種操作手法。二是股價擊穿趨勢線支撐後，並沒有出現恐慌的放量現象，表示主力沒有出逃，籌碼比較穩固，只是一些恐慌的散戶賣出，因此不會有較大幅度的跌勢出現。三是股價突破後很快返回到趨勢線上方，雖然趨勢線還呈下降狀態，但跌勢不會維持太久，可能就是最後一跌。

投資者遇到這種盤面時，該怎麼辦？

① 觀察均線排列情況和其他技術指標有無低位鈍化。
② 分析突破時的成交量大小，尋找籌碼移動的蛛絲馬跡。
③ 觀察盤面細節變化。
④ 分析主力意圖和手法。

投資者可以在股價重返趨勢線之上或突破30日均線時買入。

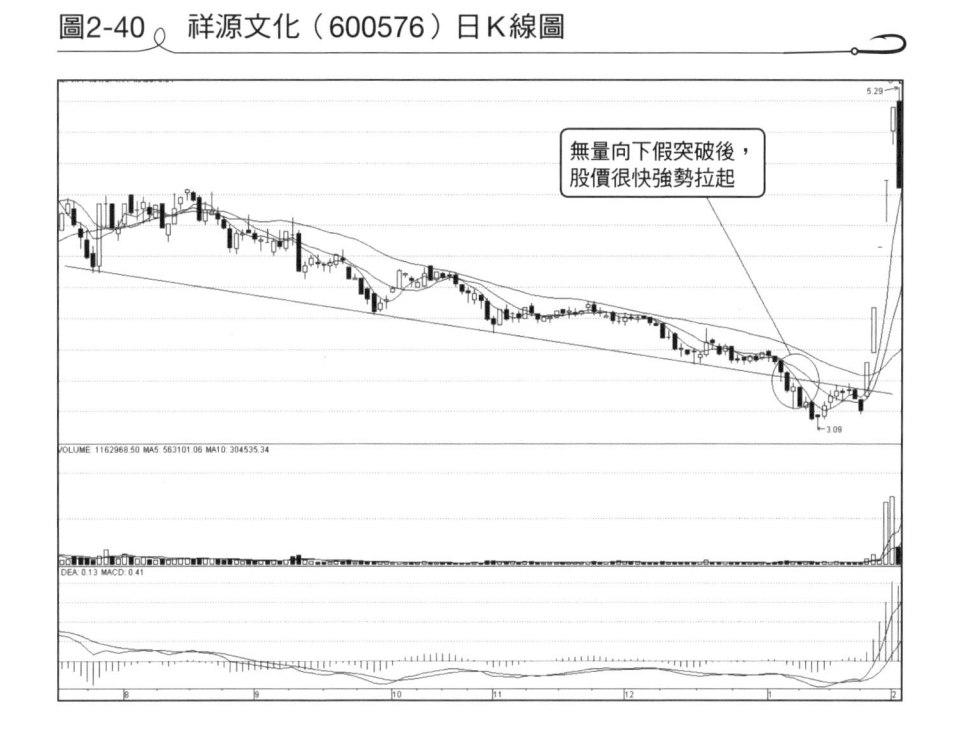

圖2-40　祥源文化（600576）日K線圖

> 無量向下假突破後，
> 股價很快強勢拉起

2. 無量向下虛假突破

「股價上漲要有量，下跌無須看量」幾乎成了廣大投資者的至理名言。但任何事物都有兩面性，過分強調某一面的作用，而忽視另一面的功能，容易犯主觀錯誤。有時候主力利用大眾的投資思維定式，製造出一些虛假的盤面走勢，形成空頭陷阱。在實盤操作中，主力為了達到建倉的目的，在一些重要位置選擇向下突破，造成型態破位走勢，而成交量保持不變或萎縮狀態，給人一種縮量下跌的感覺，以誤導投資者拋售離場。

【案例】圖2-40：祥源文化

該股反彈結束後再次下跌，形成一條清晰的下降趨勢線。2021年1月6日開始，股價加速下跌，但成交量未見放大，盤面呈縮量下跌走勢。有的投資者看到股價破位後下跌，就將手中的籌碼賣出。可是股價很快止跌回

穩，不久出現一波強勢拉升行情，原來這是主力故意打壓的空頭陷阱。
【技術解盤】
　　從該股走勢圖中可以看出，如果這是真正的破位下跌，那麼主力肯定將大量的籌碼賣出，就會導致成交量擴大，而沒有放量則說明主力的籌碼按兵不動，繼續鎖定倉位，等待炒作時機。況且股價已經大幅下跌，基本處於市場的底部區域，再說哪怕是真的破位下跌，跌幅往往不大了，所以此處不適宜繼續殺跌，下跌反倒是吸納的良機。從主力角度分析，這階段的籌碼已經非常珍貴，很難得到別人賣出的籌碼，主力也不敢在此停留太長時間，以免造成低位籌碼丟失，所以進一步導致成交量減少。

　　那麼，主力為什麼選擇在這個位置向下破位呢？理由很簡單，這是行情啟動前的「挖坑」動作，一方面讓那些與主力作對的散戶提早出場，另一方面也是探測底部根基是否扎實。

3. 用回檔確認陷阱

　　向下突破的回檔確認與向上突破的回檔確認一樣，也是看起來簡單實則複雜多變的一個問題，有時還會影響投資者做出錯誤的判斷。比如，股價回檔到頸線位置附近稍做停留，在盤面上產生回檔的錯覺，然後股價返回到原來的趨勢或型態之中，這樣散戶很容易受騙，或者回檔幅度較大，股價故意返回到原來的趨勢或型態之內，給散戶造成型態失敗的假象，然後重新向突破方向發展。向下突破出現回檔確認時，必須掌握幾個關鍵性要素：

　　（1）兩個高點

　　回檔確認的高點不能高於前期最後一個高點，如果高於前期的高點，則不屬於回檔，而是原來的趨勢的延續。也就是說，當股價向下突破上升趨勢線後，回檔確認的最高點不能高於突破前產生的最後一個高點，如果有效站穩於此高點之上，說明上升趨勢線仍然發揮作用。

　　圖2-41回檔示意圖中，A點為上升趨勢的最後一個高點，C點為回檔時的高點，C點絕對不能高於A點。如果C點高於A點，則不屬於回檔，而是

圖2-41　向下突破回檔時的高低點

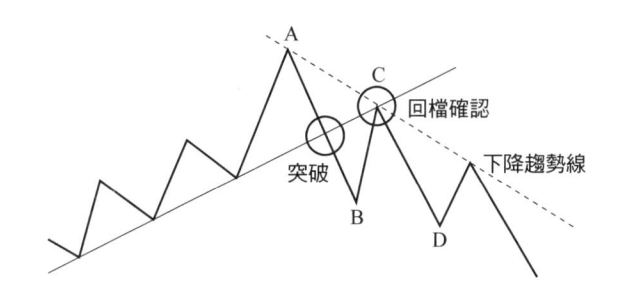

原來上升趨勢的延續，而且C點低於A點的幅度必須超過3%。

（2）兩個低點

回檔確認之後的下降必須低於突破時形成的低點，如果高於突破時產生的低點，則突破力度不強，十有八九成失敗走勢。也就是說，股價跌破上升趨勢線後，回檔確認結束再次下跌時，第一個低點必須低於突破時形成的低點，如果第一個低點高於突破時產生的低點，則做空力量較弱，向下突破容易出現失敗。

圖2-41回檔示意圖中，B點為突破低點，D點為回檔確認後的第一個下降低點，D點絕對不能高於B點。如果D點高於B點，則突破力度不強，為疑似突破訊號，而且D點低於B點的幅度必須超過3%。

（3）成交量

回檔確認時的成交量也非常關鍵，向下突破雖然不十分強調成交量的大小，但在突破時或回檔確認結束後的首輪下跌，成交量也具有重要參考價值。

【案例】圖2-42：美迪西

該股洗盤結束後形成新的上升趨勢，2021年7月2日一根大陰線向下擊穿上升趨勢線，上方出現明顯的高點A點；連續3天下跌後，股價回穩反彈產生B點；股價反彈受到盤區壓力而回落形成C點；股價回落遇前低支撐而再次回升，出現D點。這表示原來的上升趨勢沒有被有效突破，此後股價產生新的上升趨勢。

圖2-42 美迪西（688202）日Ｋ線圖

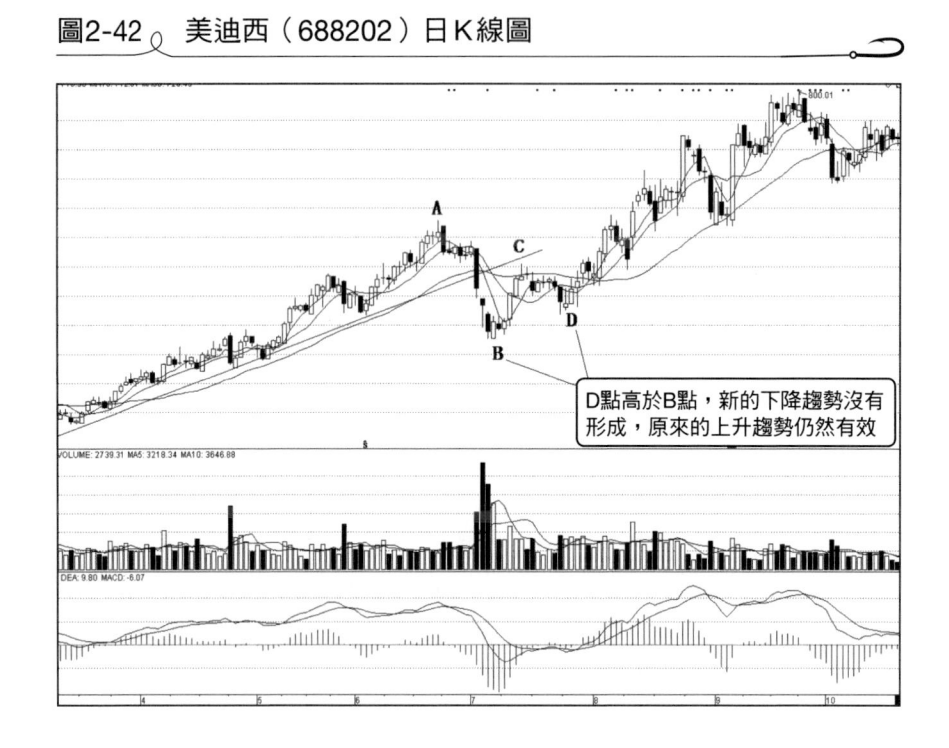

D點高於B點，新的下降趨勢沒有形成，原來的上升趨勢仍然有效

【技術解盤】

　　該股的走勢存在哪些技術因素呢？主要原因：股價回檔後再次下跌時，第一個低點沒有超過突破時形成的低點，也就是D點高於B點（沒有出現更低的低點），說明下跌做空不足，有回穩重新走強的可能。投資者遇到這種現象時，可以在股價向上突破C點時介入。

三、趨勢線賣出訊號技術操作11大方法

　　在實際操作中，投資者經常因賣出踏空而大傷腦筋，那麼如何判斷股價的有效突破呢？可以從以下幾個方面進行深層次的分析：

　　（1）結合移動平均線分析以下幾種盤面現象

第一、在低位，均線上行，股價位於均線上方且緊貼均線緩慢上移，此時出現向下突破時多為主力洗盤所致，為假突破的可能性居多。

第二、在低位，均線下行，股價位於均線下方且緊貼均線緩慢下行，此時出現向下突破時，預示市場即將出現加速下跌趨勢，為真突破的可能性較大。

第三、在低位，均線下行，股價位於均線下方且遠離均線，超過10日均線15%，且股價累計跌幅較大，顯示市場短期處於超賣的不理智狀態，股價有回歸均線附近的要求，因此這時候出現繼續向下突破，為假突破的可能性較大。

第四、均線移動，股價圍繞均線上下波動，此時如果出現向下突破往往會有一定的跌幅，為真突破的可能性較大。

第五、在股價出現向下突破時，30日均線具有較強的支撐和壓力作用，可以觀察30日均線的運行方向，以及支撐和壓力程度，對分析判斷後市趨勢會有一定的幫助。

（2）在突破的那一刻必須要有成交量的配合

雖然有「股價上漲要有量，下跌無須看量」的說法，但在關鍵技術位置，無論是向上突破還是向下突破，在突破的那一刻必須要有成交量的配合，才能加強突破的力道，投資者必須掌握這一點。「下跌無須看量」指的是，在突破之後的常態盤跌過程中，無須保持較高的成交量，也能維持市場的下跌態勢。

（3）突破要看股價的位置和階段

股價處於底部吸貨區域、中途整理區域、主力成本區域附近，向上突破時為真突破的概率較大，向下突破時為假突破的概率較大。如果處於高位派發區域、遠離主力成本區域，則向上突破時為假突破的概率較大，向下突破時為真突破的概率較大。當股價在下跌行情的後期出現向下突破，往往是最後的殺跌或洗盤，暗示跌勢接近尾聲，此時可以逢低大膽建倉。

（4）觀察趨勢線的執行時間，雖然理論上趨勢持續時間越長，可靠性越高，但在實戰中卻有所差異，趨勢線不可能永久存在，也不可能長期發揮作用，遲早會改變走勢。因此越在趨勢線的後頭，可靠性越低，投資者

應瞭解這一點。

（5）觀察趨勢線被觸及的次數，理論上強調觸及點越多，趨勢線越可靠，對此筆者的認識有所不同，如前所述趨勢線不可能永久存在，也不可能長期發揮作用，遲早會改變走勢。通常在一條趨勢線上可連續出現三個觸及點，在第四次以後出現的觸及點的可靠性將會降低，越往後則可靠性越低。尤其是在次級趨勢線中，這種情況表現得更為明顯。

（6）有效突破一般都建立在充分蓄勢整理的基礎上

其形式有兩類，一類是人們熟悉的各類型態整理，如三角形整理、楔形整理、旗形整理、箱體整理等，這類型態重點把握最佳的突破位置，是在型態的1/2至3/4之間，在其他位置突破時均會影響突破效果。另一類是主力吸完貨以後，以拖延較長時間作為洗盤手段，或者因為等待題材或拉升時機，長期放任股價回落下跌，股價走出了比型態整理時間更長、範圍更大的整理。股價一旦突破此種整理，則往往是有效突破。由於這種整理超出了型態整理的範圍，因此有時候是難以被察覺和辨別的。

（7）分析突破時的一些盤面細節，有利於提高判斷準確性

比如，當天的突破時間早晚，通常當天的突破時間越早越可靠，特別是在臨近尾盤時突破更值得懷疑。觀察當天的突破氣勢，突破時一氣呵成，剛強有力，氣勢磅礡，可靠性就高；突破後能夠堅守在高位，可靠性就高。如果僅僅是股價在當天盤中的瞬間碰觸，突破肯定不能成立。這些盤面細節十分重要，應當細心地觀察分析。

（8）結合K線、技術指標及波浪型態進行綜合分析和相互驗證

股價突破時，如果得到其他技術指標的支援，可以提高買入訊號的準確性。

（9）如果下跌趨勢線維持時間較長，而且股價的跌幅較大，股價向上突破趨勢線，是下跌趨勢線開始反轉的訊號。

通常應具備三個主要特徵：

① 下跌趨勢線的時間較長。

② 股價的跌幅較大。

③ 股價向上突破下跌趨勢線時，一般都呈現出放量的狀態。

但在實際應用中要注意，所確認的反轉突破點與下跌趨勢線的幅度不能過大，一般不能超過5%。否則，這個突破的高度和可靠性就會降低。

（10）支撐與壓力

在上升行情中，股價回落到上升趨勢線附近獲得支撐，股價可能反轉向上；在下跌行情中，股價反彈到下跌趨勢線附近將受到壓力，股價可能再次回落。也就是說，在上升趨勢線的觸點附近將形成支撐位，而在下跌趨勢線的觸點附近將形成壓力位。

（11）股價突破趨勢線時，如果原來的趨勢線成為支撐或者壓力，股價則會反彈或者回落。

通常應具備三個主要特徵：

① 只能用於上升或下降趨勢，對於橫向趨勢沒有指導意義。

② 原來的趨勢線被確認有效突破時，該法則才適用。

③ 與原來的趨勢線作用性質將成為反向對應，即支撐變壓力，壓力變支撐。

2-6 趨勢線買賣再提醒：最關鍵的速度、角度與斜率

■ 一、趨勢線的位置

1. 趨勢線的修正與調整

（1）在上升或下降趨勢的末期，股價會出現加速上升或加速下降的現象，所以市況反轉時的頂點或底部一般都遠離趨勢線。另外，還可以從趨勢線的發展角度的陡與緩，判別股價變化的速度，當趨勢線成為水平線時，則警惕轉勢的來臨。

（2）及時修正趨勢線，修正的趨勢線是在股價趨勢出現加速上升或下跌，脫離原有趨勢時所用的一條新的趨勢線。

（3）一個成功的技術分析者，通常會在圖表上畫出幾條趨勢線，因為市場瞬息萬變，常常出乎人們的意料，因此為了隨時貼緊和捕捉變化，就要依靠新的趨勢線，以應對股價的變化而做相應的調整。

（4）趨勢線代表一個階段性的趨勢方向，當股價突然突破原先的趨勢線，並進入下一條斜率更陡或更平的趨勢線範圍之內時，股價走勢會加速或放緩，因此要隨時對趨勢線進行調整。如圖2-43所示。

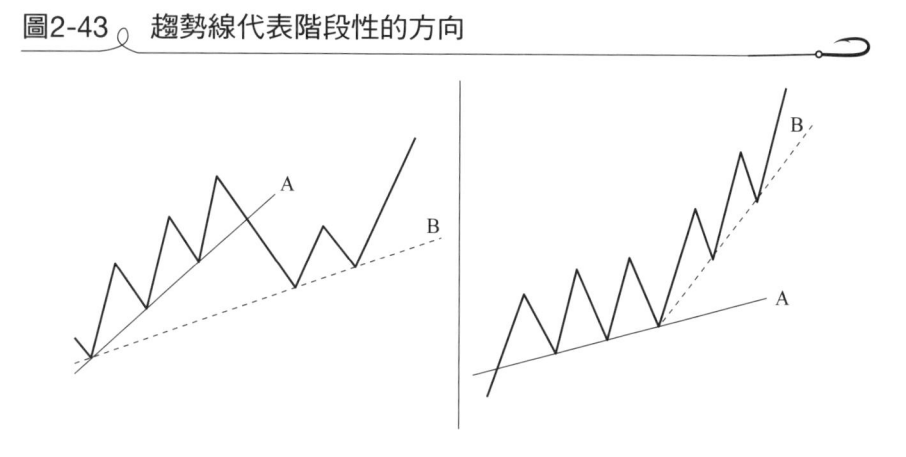

圖2-43 趨勢線代表階段性的方向

2. 時間規模在趨勢中的地位

對長線投資者來說，為時幾天乃至幾周的價格變化也許無關緊要，而對短線投資者來說，持續兩三天的上升便構成一個主要的上升趨勢。

道氏理論中，長期趨勢時間規模為一年以上，中期趨勢時間規模為三個星期到數月的時間，短期趨勢時間規模為2～3個星期。

其實，每個趨勢都是其上一級更長期趨勢的一個組成部分，也是由比它規模更小的趨勢組成的。技術分析方法主要針對的是中期趨勢。短期趨勢主要用來選擇買賣時機，在中期的上升趨勢中，短期的回落是買入股票的時機；在中期的下降趨勢中，短期的上漲是賣出股票的時機。

3. 趨勢線的向心力與離心力

趨勢線的向心力和離心力，即價格調整。當股價遠離趨勢線後，趨勢線有一種把股價吸引回來的向心力；當股價靠近趨勢線時，它又有一種把股價推開的離心力，這種現象也就是趨勢中的價格調整。調整相當於短期走勢，一般時限為一個月左右，而趨勢總是指一個月以上的中長期走勢。調整是對速度和角度、斜率的修正，是一種蓄勢過程。調整的方式主要有

四種：

（1）以空間換時間

特點是調整時間短、幅度深、震盪大。以波浪理論而言，較多發生在第2浪。根據交替規律，如不發生在第2浪，就可能出現在第4浪，容易形成V形反轉，這在波浪理論中稱為之字形調整」。

（2）以時間換空間

特點是調整幅度淺，有時甚至是橫向走勢，震盪幅度小，但時間稍長，較多出現在第4浪，容易形成矩形和小圓形型態。

（3）以上兩種的混合式

時間和空間介於兩者之間，容易出現三角形和波浪理論中的平坦型態。

（4）順勢調整

上升時邊漲邊調且越調越高，下跌時邊跌邊調且越調越低，從而出現「牛市中的越調越高、熊市中的越調越低」的超強和超弱調整現象，容易形成楔形型態。

區分調整和轉勢並不是一件容易的事，總之不要輕易下結論。一方面，中期調整一般不超過2個月，當發現調整超過2個月時要小心，可能發生大型調整，在歷史頂部和底部則有可能轉勢。另一方面，如果出現股票價格上升或下降、利潤達兩倍時，中期反轉可能隨之而來。但長期趨勢（一到兩年）的轉勢需要較長時間，這時反轉圖表型態正好發揮作用。

4. 趨勢線的速度與角度

關於趨勢線的速度和角度問題，通常有以下四種情況：

（1）上升趨勢線具有推高股價的作用，下降趨勢線則有壓低股價的作用，且推高和壓低價格的幅度越大，證明趨勢線越有效，這實際是趨勢線離心力的另一種表述。如果這種作用力減少，可能意味著趨勢會發生改變。

（2）與趨勢線平行的通道線有著相反的作用，上升通道線有壓力作

用，下降通道線有支撐作用，但穩定性和可靠性不如前者。通道線也會發生突破，這表示股價在加速。通道線真正的原理在於對速度和幅度過快過高的價格加以抑制，是趨勢線向心力的另一種表現形式，目的是使價格保持一定的節奏，頗有美學的意味。

（3）長期趨勢線與波浪之間有相互印證的作用。一般情況下第2、第4浪為一線，第1、第3、第5浪為另一線，這一特點經常用來檢驗有關資料的準確性。

（4）價格有兩種運行節奏（或叫角度、軌道）：常規型和非常規型。常規型是啟動時（初期）速度較慢，中期較快，後期變緩。非常規型也叫拋物線型，包括正拋物線和反拋物線兩種。前者初期快，中期的前半段也較快，之後開始減緩，大的潛伏底（頂）容易出現這種節奏；後者與前者正好相反，先慢後快，圓形底（頂）容易形成這種節奏，有時也容易出現V形底或倒V形頂型態。總的來說，價格的運行速度存在快慢交替規律，這也符合大自然的節奏，可能是自然力量在市場中的作用。

【案例】圖2-44：昊華能源

該股就是一個反拋物線運行的例子。股價從2021年2月成功探底後，慢慢脫離底部區域，成交量開始溫和放大，股價緩緩向上盤升，此時上漲角度平坦。經過邊拉升邊整理後，股價上漲步伐漸漸加快，上漲角度也加大。最後在9月股價進入最後衝刺階段，上漲速度明顯加快，角度也越來越陡峭。整個上升過程呈圓弧形，最後幾天出現加速走勢。這時走勢十分淩厲，型態非常誘人，不斷出現大陽線，有的投資者因此被騙進去，結果遭受高位套牢之苦。

這類個股走勢如同「飛行理論」，有進入跑道、開始滑行、離開地面、加速爬高、高空飛行等幾個過程。主力完成建倉後，股價慢慢脫離底部，然後底部緩緩抬高，上漲步伐漸漸加快，最後達到加速爬高。在整個上漲過程中，速度越來越快，角度越來越陡峭，呈圓弧形上漲，成交量也明顯放大。

「加速爬高」是上漲過程中最兇猛、最瘋狂的階段，也是最引人注目的過程，更是風險聚集的階段。因此，投資者在這一階段一定要沉得住

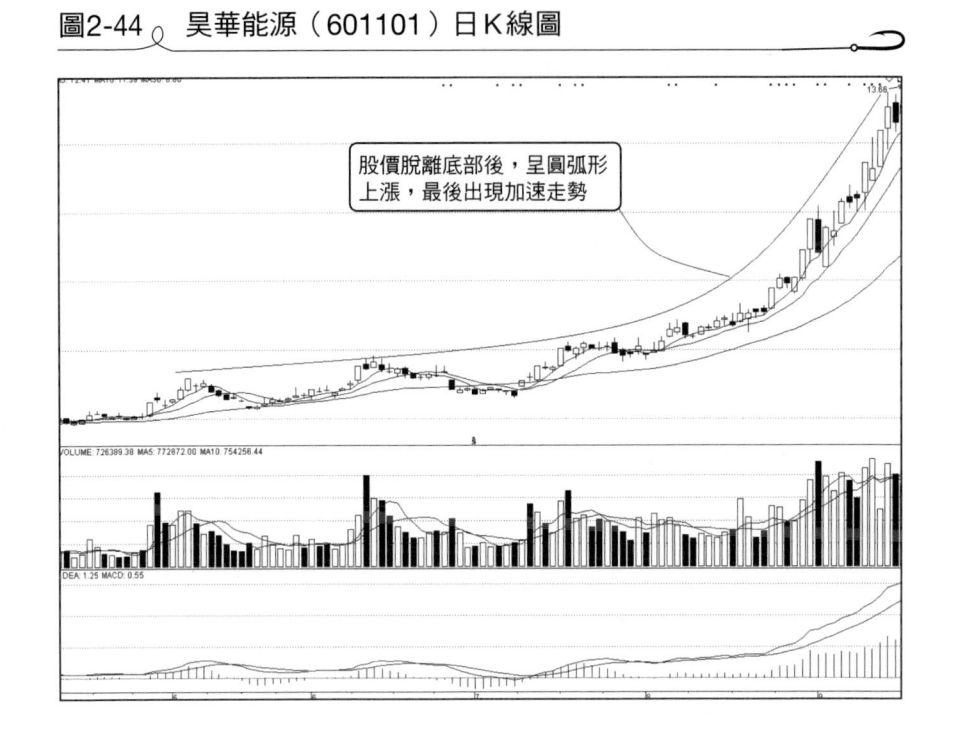

圖2-44 昊華能源（601101）日K線圖

股價脫離底部後，呈圓弧形上漲，最後出現加速走勢

氣，哪怕錯過一段上漲行情，也不要貿然介入，一旦在這個階段被套牢，短期內難以脫身。

　　由此可見，趨勢線不一定都是直線，如圓形拋物線形，投資者可以將思維擴張一些，驗證實盤中的個股走勢情況。對於這類個股，可以從上漲角度上判斷，一般上漲角度在45度左右比較理想，提速到45～70度屬於快速上漲階段，加速到70度以上則屬於最後的瘋狂飆升階段，股價很快面臨回檔，這時明智的做法就是回避風險，保持場外觀望。

5. 趨勢線的傾斜度

　　由於市場行情所處的階段、個股股性、主力行為的不同，趨勢線的傾斜角度也會有所差異。一般來說，在大多頭或大空頭市場中，趨勢線的傾

斜角度要比盤整時期大得多，而熱門股、投機股及小型股的波動要比冷門股、大型股更加頻繁，其趨勢線的傾斜角度通常也會比較大。一般趨勢線的水平夾角在30～45度，最具分析意義。但有時由於主力的炒作，某些個股的股價會出現直線式上升，其趨勢線的斜率會超出這一範圍，此時不能簡單地依靠趨勢線進行判斷。

6. 趨勢線的自身缺陷

（1）趨勢理論的主要目標是探討股市的基本趨勢。一旦基本趨勢確立，趨勢理論假設這種趨勢會一路持續，直到趨勢遇到外來因素破壞而改變為止。但有一點要注意，趨勢理論只推斷股市的大趨勢，不能推斷大趨勢裡的升幅或跌幅將會達到哪個程度。

（2）趨勢理論需要與其他技術互相確認，這樣做已經慢了半拍，錯失了最好的入貨和出貨機會。

（3）趨勢理論注重長期趨勢，對於中期趨勢，特別是在不知道是牛市還是熊市的情況下，不能帶給投資者明確啟示。

2-7 軌道線的突破：測量股價波峰與波底的變化

一、軌道線的應用

1. 軌道線的基本特徵

　　軌道線是趨勢線的延伸，又稱為價格通道線或管道線，是在趨勢線的基礎上將其平移並穿過高點或低點，將股價約束在一個平行的通道範圍內，同時發揮支撐與壓力的作用。其方法十分簡單，在上升趨勢中，首先找出波段行情的高點，將上升趨勢線平移並穿越這一高點，形成上檔壓力線。或是在下降趨勢中，將下降趨勢線平移並穿越波段行情的低點，形成下檔支撐線。在這一通道中，下軌有較強的支撐作用，而上軌有明顯的壓制作用，軌道線實際上也是趨勢線的修正。

　　軌道線往往將股價的變化局限在一個範圍內，軌道線的作用是限制股價的變動範圍，讓它不能變得太離譜，一條軌道一旦得到確認，那麼價格將在這個通道裡變動，對上面或下面的直線突破意味著將有一個大的變化。軌道是由兩條基本線構成的圖形，具有支撐和壓力作用。比如，在對稱三角形裡，有上限和下限兩條趨勢線，在三角形形成過程中，股價都在越來越窄的兩條趨勢線以內波動，直到向上或向下突破為止。同樣，在上

升或下降三角形、頭肩形、矩形等各種技術型態中皆是如此，其支撐和壓力及突破範圍，也與趨勢線脫離不了關係。軌道線有以下幾個特徵：

（1）軌道的寬窄

軌道有寬軌和窄軌之分，股價在一個較大價格區間範圍內進行劇烈的震盪波動，其高點與高點、低點與低點之間的連線，就會形成寬軌。一般情況下，寬軌的波動空間以最高點和最低點的價格進行測量，其標準幅度通常在40%～60%，有些甚至達到100%左右，透過對一檔股票的周K線圖進行軌道測量，較易發現股價的寬軌特徵。

股價在一個較小的價格範圍內上升或下跌，其高點與高點、低點與低點之間的連線，就會形成窄軌。一般情況下，窄軌的波動空間以最高點和最低點的價格進行測量，其標準幅度往往在5%～10%，最多在15%左右。透過對一檔股票的日K線圖進行軌道測量，較易發現股價的窄軌特徵。

（2）助漲推力特徵

股價運行在一輪上升行情中，一波的波峰會比前一波峰高，一波的波谷會比前一波谷高。軌道的低點連線會形成強大的支撐，並因為軌道帶來的趨勢作用，而形成較好的向上助推力，促使股價持續展開震盪盤升。

在一輪上升行情中，主力因其操盤計畫的嚴謹性，會有意識地對股價的價格空間和波動節奏進行控制，因此股價形成一個良好的走勢，就會出現加速度上漲狀態。

（3）助跌的慣性特徵

股價運行在一輪下跌行情中，一波的波峰會比前一波峰低，一波的波谷會比前一波谷低。軌道的高點連線會形成巨大的壓制，並因為軌道帶來的趨勢作用，而形成極兇猛的向下慣性力，促使股價持續反覆震盪盤跌。

大多數情況下，股價出現中級大波段的下跌，均是由主力出貨所造成。主力出貨後，股價從高位下跌，在缺乏有效控制的情況下，加上散戶投資者的拋售，導致股價的下跌之勢越來越大，會形成恐怖的下跌軌道。下跌軌道波動幅度越窄，其向下的慣性力就會越強，反映在股價的走勢上就會出現加速度下跌狀態。

（4）多級變軌特徵

因股價內在的有機或隨機波動作用，股價不會永遠沿著一條軌道運行。因此，軌道有著特殊的「多級變軌」特徵。一般情況下，在一輪中級波段上升行情中，主力至少會對股價實施二級或者三級變軌，每次變軌都會促使股價加速上漲。當最後一級變軌完成之後，股價就將出現階段性見頂特徵。普通級別的上升行情，一般只有二級變軌，而較少發生三級以上的變軌。這是因為主力將股價維持在一個階段性價格空間，進行中級調整所致。

股價在上升階段初期所形成的軌道特徵，稱為「一級軌道」，這是股價剛剛從階段性底部區間震盪盤升形成突破所致。股價從一級軌道經過變軌後，股價再次放量反覆震盪盤升上漲所形成的軌道特徵，稱為「二級軌道」，這一軌道通常會形成股價上漲的中繼部分，震盪較大，軌道較長，這是主力按計劃運用滾動式操盤手法反覆震盪盤升所致。

股價從二級軌道經過變軌後，股價再次放量或無量加速上漲所形成的軌道特徵，稱為「三級軌道」，這一軌道通常會形成上漲的最後見頂部分，具有速度快、軌道短促有力的特徵，這是主力因操盤計畫的緊迫性，直接運用大資金逼空拉升股價所致。

同樣，在一輪中級波段下跌行情中，股價因為慣性的作用，也會出現至少二級或者三級變軌，每次變軌都會促使股價加速下跌。當最後一級變軌完成之後，股價就將出現階段性底部止跌特徵。

在一輪小級別的階段性調整行情中，主力因為要建倉，不會促使股價出現破位下跌的技術型態。因此，股價較少出現二級以上的變軌。一般均會控制在二級以內。當二級變軌形成時，意味著股價即將見底了，反彈即將展開。

2. 軌道線的運用法則

根據上述型態的特點，市場經常會形成一個十分特殊的有規則的圖形，股價長時間運行在兩條幾乎平行的直線之間，形成一個十分美妙的走

勢。軌道線具有很高的技術參考價值，被譽為黃金走廊，在切線理論中具有十分重要的實用價值。

（1）如果一條上升趨勢線已經形成，且行情尚未向上突破這條趨勢，就可以把這段行情的近期高點當成基準點，畫出一條與趨勢線平等的輔助趨勢線，上下兩條上傾線就成為上升通道。在實戰操作中，這條「平行線」具有重要的參考作用。上行「平行線」在行情走勢過程中，往往具有很強的支撐作用，尤其在趨勢線上傾的漲升行情中效果更為突出，因此在上升行情的回檔整理過程中，如果能在「平行線」附近買入，大多不會吃虧。

（2）如果趨勢線是上升的，其「平行線」也具有壓力作用，但其壓力較小，為了安全起見，可以在「平行線」附近短線賣出。如果股價突破上軌道時，表示趨勢線被扭轉，可順勢做多。相反，如果股價向下跌破下軌線，表示目前市況處於弱勢，可能進入下跌行情，可以退出觀望，無論是向下跌破下軌線，還是向上突破上軌線，都應當重新調校趨勢線，以更貼緊股價的變化趨勢，其向上或向下的量度均為軌道的垂直距離。如圖2-45所示。

（3）如果一條下降趨勢線已經形成，且行情尚未下突破這個趨勢，就可以把這段行情的近期低點當成基準點，畫出一條與趨勢線平等的輔助趨勢線，上下兩條下傾線就成為下降軌道。在實盤操作中，這條「平行線」具有重要的參考作用。下行的「平行線」在行情走勢過程中，往往具有很強的壓力作用，尤其在趨勢線下傾的跌勢行情中效果更為突出，因此在下跌行情的反彈回升過程中，可在「平行線」附近選擇賣出。如圖2-46所示。

（4）如果趨勢線是下降的，其「平行線」雖也具有支撐作用，但其支撐力量較小，雖然可以在「平行線」附近短線搶進，但為了安全起見，還是持觀望態度為宜。

通常，當股價下跌到下軌線附近時為買入訊號，上升到上軌線附近時為賣出訊號，直到通道被突破。如果股價跌破下軌道，表示趨勢線被扭轉，可順勢做空。相反，如果股價向上突破上軌線時，表示目前市況非常

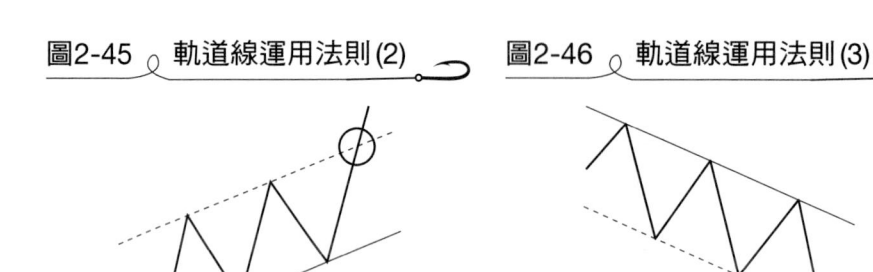

圖2-45 軌道線運用法則(2)　圖2-46 軌道線運用法則(3)

強勢，可能進入主升段行情，可以持股不動，無論是向上突破上軌線，還是向下跌破下軌線，都應當重新調校趨勢線，以更貼緊股價的變化趨勢，其向上或向下的量度均為軌道的垂直距離。

（5）軌道線一旦被有效突破後，其最小的價格目標就是該軌道的寬度。通道的價值在於能夠精確地提供買賣訊號，如果價格抵達軌道線上軌線因受阻而回落，便說明軌道線發揮作用。如果回落的低點正好在軌道線下軌線遇到支撐，那麼這條軌道基本上得到驗證，便為投資者買賣提供精確的參考價值。在一個確定的上升通道中，價格回落到趨勢線附近時，便是短線買入的極佳時機，而價格上升到趨勢線附近時，便是短線賣出的極佳時機。相反，在一個確定的下降通道中，價格反彈到趨勢線附近時，便是短線賣出的極佳時機，而價格下降到趨勢線附近時，便是短線買入的極佳時機。

下降軌道的頂部壓力較大，一般難以被突破，投資者宜在股價每次升至頂部時，將股票賣出，以避免股價未來不斷下跌。但是，如果股價有大的成交量配合突破下降軌道，反映跌勢已被扭轉，是一個利多的買入訊號，其量度升幅可參考軌道的垂直距離，但實際往往大於這個限度，投資者可以根據實際盤面而定。

（6）軌道線的下檔支撐線無論是在上漲還是下跌過程中，都有支撐作用，尤其是在上升軌道中，效果更加明顯。因此，在股價的上升過程中，回落至下軌附近時可以考慮買進。在下降軌道中，雖然下軌也有支撐作用，但力度較弱，而且時常會被擊穿。因此，在股價下跌的過程中，回落

到下軌附近時也可買進做價差，但最好是觀望。

（7）軌道線的上檔壓力線具有較強的壓力作用，尤其是在下降軌道中，其反壓效果更為突出。因此，在股價的下跌過程中，當股價反彈到上軌附近時應考慮立即賣出。在上升軌道中，雖然上軌也有一定的壓力，但壓力較弱，股價漲升到上軌附近時也可考慮賣出，但要注意回補的時機。

（8）軌道線的反向突破，實際上就是對原先趨勢的突破。尤其是股價在軌道的運行過程中，在遠離軌道上軌或下軌時便開始反轉，說明上升或下跌的動力已明顯不足，趨勢將要反轉。因此，軌道的反向突破也就是趨勢的反轉訊號。

根據軌道線特徵，很多投資者都有自己獨到的見解，但需要說明的是，市場走勢的根本仍是趨勢線，軌道線應服從於趨勢線，而不是讓趨勢線服從於市場的通道，運用通道概念來分析和揭示市場性質，只是輔助對趨勢發展的認識與判斷，因此離開趨勢去談軌道，往往犯下本末倒置的錯誤。由此可見，軌道線與趨勢線是相互合作的一對，很顯然，先有趨勢線，後有軌道線，趨勢線比軌道線重要得多，趨勢線可以獨立存在，而軌道線不能獨立存在，但軌道線也強化了趨勢線的存在和作用。

3. 軌道線的買賣訊號

（1）無論是在上升或下跌趨勢軌道中，當股價觸及上方的壓力線，就是短線賣出的時機；當股價觸及下方的支撐線，就是短線買進的時機。

（2）處於上升趨勢軌道中，若發現股價無法觸及上方的壓力線，即表示漲勢趨弱了，此為賣出訊號。

（3）在上升通道中，如果通道上軌傾斜的角度較大，說明多頭氣勢較強，股價抵達上軌線附近時，有較強的上攻欲望，可視為買入訊號。為避免騙線困擾，在股價正式向上突破之前，僅能視為準備買入的注意訊號。

（4）在上升軌道中，股價抵達向上收斂的上軌線附近時，只作為準備買入訊號。這是上傾楔形型態，當股價強行突破上檔壓力時，說明此型態是在上升過程中逐步形成的整理型態，多頭勢力佔據優勢，突破時予以

買入。如果股價未能向上成功突破以改變型態趨勢，上升行情可能即告結束，甚至可能轉為空頭市場，因此若出現這種型態，而股價未向上突破時，應特別注意並先賣出觀望。

（5）在下降通道中，當股價運行到下軌支撐線時，應予以留意。因為這種型態向下突破的可能性比較大，發出預備賣出的訊號，當股價正式跌破時，應立即予以賣出。

（6）在下降通道中，如果通道下軌呈擴大狀態，說明空方力量較強，股價有加速下跌的可能。當股價正式跌破下軌線支撐時，無論成交量是否放大，都是明顯的賣出訊號。

（7）在橫盤趨勢軌道中，若發現股價突破上方的壓力線，證明新的上升軌道線即將產生，此為買入訊號。同理，在橫盤趨勢軌道中，若發現股價突破下方的支撐線，可能新的下跌軌道線即將產生，此為賣出訊號。

▌二、虛假突破訊號

1. 下降軌道線假突破

第一、向上假突破

在股價長期的下跌運行過程中，形成一條清晰的下降軌道線，反映市場持續釋放做空能量，底部依然沒有形成，理應保持空頭思維。但是，股價在軌道線內運行一段時間後，突然被一股巨大的力量推動向上突破下降軌道線的壓制，市場將扭轉跌勢，產生久違的買入訊號。因此，許多投資者往往忽視其他細節，貿然紛紛搶籌入駐。誰知，市場曇花一現，股價又回落到軌道線內，且向下擊穿軌道線的下軌線，形成加速下跌之勢，將介入者套牢，股價的向上突破成為低位多頭陷阱。

【案例】圖2-47：尖峰集團

股價見頂後震盪下行，形成一條清晰的下降通道，壓制著股價不斷走低。2020年11月股價回穩反彈，向上突破下降通道的上軌線，這種走勢通常反映市場將扭轉跌勢，產生一個買入訊號。可是，股價沒有持續上漲，

圖2-47　尖峰集團（600668）日K線圖

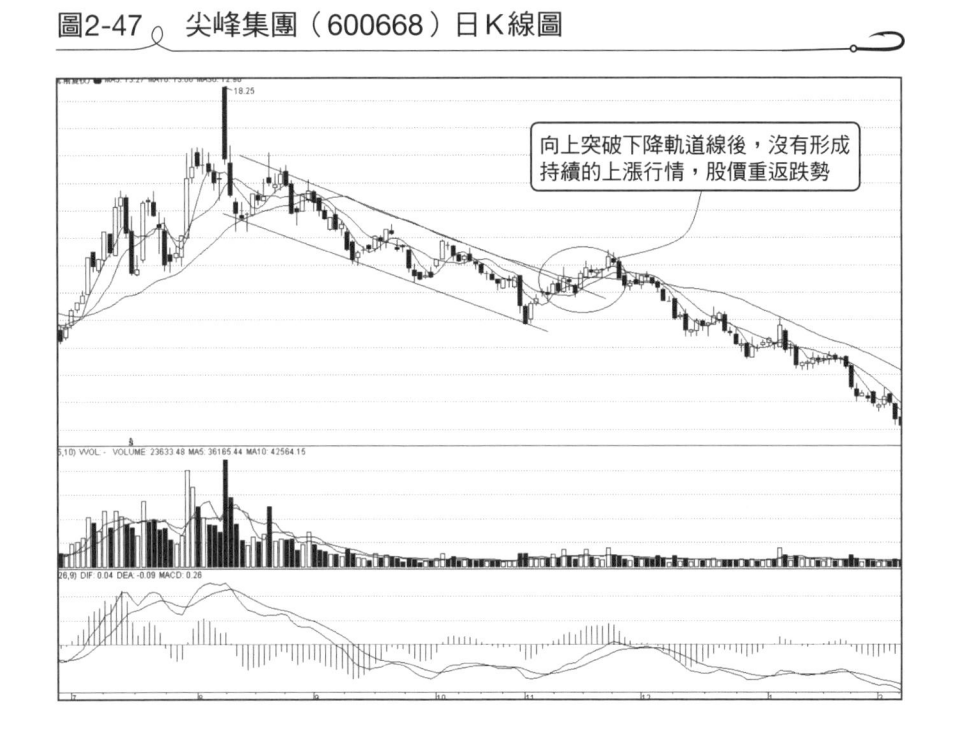

> 向上突破下降軌道線後，沒有形成持續的上漲行情，股價重返跌勢

很快又返回到通道之內，繼續呈下跌狀態。

【技術解盤】

下降通道一旦形成就具有助跌作用，改變這種狀態須具備五個條件：

（1）成交量要放大。

（2）股價要經過充分調整。

（3）反轉走勢要有氣勢。

（4）要得到其他技術指標的支援。

（5）有時還要基本面的配合。

那麼，該股反映出什麼技術問題呢？從該股的走勢圖中可以看出，重要的一點就是股價突破時成交量沒有迅速放大，盤面還沒有真正被啟動，難以維持市場人氣，眾人合力才能推動股價上漲。主力實力雖然比散戶強大，但如果沒有散戶的積極參與，主力也難以獨挑大樑，股價也難以維持

上漲。

　　股價上漲要有氣勢，氣勢是指股價漲升的氣概、趨勢，股票真正的上漲，一定是有氣勢的漲升，這是從盤面上區分股價上漲的真假、虛實以及判斷主力意圖的參考依據。具體盤面特徵為股價能持續揚升，才具有投資價值，絕不是偶爾的異動，伴隨股價的上漲，成交量持續放大或者溫和放大，不是偶然的一兩天突放巨量。關鍵位置上漲要有力道，突破時要有力量，乾脆俐落而不拖泥帶水。股價緊貼5日均線上行，走勢堅挺有力，總體走勢的角度在45度左右。而且，「壓力」阻擋不了股價的持續上漲，主力做多意願堅決。如果股價上漲沒有氣勢只是虛漲聲勢，意味著該股可能沒有主力，或者主力的實力不夠，或者個股基本面不支持股價上漲，主力沒有底氣或膽量做多。

　　從該股走勢圖中可以看出，股價突破後上漲沒有氣勢，盤面陰氣沉沉，上漲不夠持續，偶爾脈衝式放量。股價沒有大幅拉開，盤面走勢疲軟，總體走勢平緩，角度低於30度。K線陰陽交錯，關鍵位置上漲無力，壓力重重，主力無做多意願。

　　從技術上看，股價突破上軌線後的回檔確認，不符合回檔確認的三個要素，即「兩個低點、兩個高點和成交量」，因此持續上漲的可能性非常小。投資者可以在股價重回通道內後，及時逢高賣出。

　　在實盤操作中，投資者遇到股價向上突破下降軌道線時，應注意以下技術要點：

　　（1）移動平均線向上移動或者構成金叉，則買入訊號可靠性較高。

　　（2）股價處於下跌幅度較大的底部，做空能量釋放殆盡，有強烈的轉勢要求。

　　（3）下降軌道線具有助跌的慣性作用，有效突破必須要有成交量的積極配合，並維持市場所需的量能，才能保持盤面的活躍狀態。

　　（4）大勢轉暖，市場人氣逐漸恢復，基本面逐漸向好。

　　（5）向上突破幅度超過3%，持續時間3天以上。

　　（6）得到其他技術面的驗證，如技術型態、K線組合等是否向好，技術指標是否出現底背離。

第二、向下假突破

股價在下跌趨勢中，高點一個比一個低，將兩個高點連接成直線，就形成一條下降通道的上軌線。同時，低點也一個比一個低，將兩個低點連接成直線，就形成一條下降通道的下軌線。股價在下軌、上軌形成的通道內波動，遇到上軌線時股價回落，觸及下軌線時股價反彈，總體上以一定的角度下降。隨著下跌趨勢的延續，由於多方支撐的信心喪失，空方力量的增強，股價會忽然向下跌破下降通道的下軌線支撐，出現短期內股價暴跌的情況。如果在前期的下跌趨勢中，手中還有股票捨不得出售，當股價向下突破下降通道時，應該堅決賣出，否則將受到更大的損失。

當然，賣出股票之後，不一定都會下跌，有時股價擊穿下軌線後下跌勢頭戛然而止，股價止跌上漲了，從而形成低位空頭陷阱。

【案例】圖2-48：天安新材

股價反彈結束後逐波下跌，形成一浪比一浪低的下降通道，盤面弱勢特徵十分明顯。2021年7月23日開始，連續出現4天的下跌，股價向下突破通道的下軌線，形成加速下跌之勢，不少投資者見此情景紛紛斬倉出場。可是，股價很快止跌回升，走出一輪上漲行情。

【技術解盤】

如何看待這個突破訊號呢？從圖中可以看出：首先，股價在長期的下跌過程中，成交量逐步萎縮，直至地量水平。這種盤面一方面表示場內斬倉盤已經非常少，另一方面也反映場外介入盤極其清淡。在股價突破下軌線時，也不見成交量放大，沒有出現恐慌現象，說明主力對籌碼控制得非常好，股價向下突破有虛假嫌疑。其次，從價位情況分析，股價總體下跌幅度較大，基本處於歷史性底部區域，即使出現下跌走勢，估計跌幅也不會很大，很可能就是一個低位空頭陷阱。

最後，從主力角度分析，主力的建倉成本高於突破價位，股價繼續下跌會加大主力帳戶虧損額度。根據實盤經驗，就一個比較均勻的通道型態而言，市場的平均成本價大概是通道的中心價，水平通道的中心價即市場平均成本位，向上或向下的傾斜通道為中心價的1/2左右價位，主力的成本價位相對略低一些，但不會相差太遠，絕對不會超出中心價至下軌線的垂

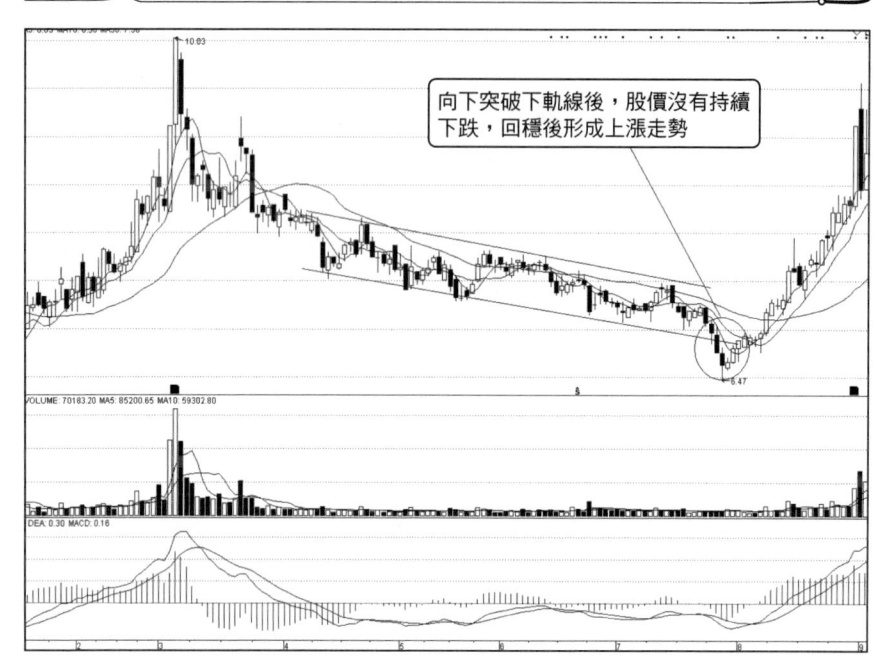

圖2-48 天安新材（603725）日K線圖

向下突破下軌線後，股價沒有持續下跌，回穩後形成上漲走勢

直距離。因此，該股不會長時間大幅下跌，向下破位是底部空頭陷阱，投資者遇到這種情形切不可盲目斬倉。

根據上述分析，該股突破下軌線是市場最後一跌，是主力為了建倉或試盤而製造的虛假訊號。投資者遇到這種走勢時，以逢低買進為主，不宜盲目殺跌，或者等待回檔有效時再做買賣，持幣者可以在股價向上突破30日均線時買入。

在實盤操作中，投資者遇到股價向下突破下降軌道線時，應注意以下技術要點：

（1）分析移動平均線發散情況和乖離率的大小。通常股價下跌，遠離下降趨勢線，負乖離率增大，30日乖離率達-15～-30時，股價會有反彈行情出現。

（2）股價下跌幅度較大，處於市場底部，可以適當建倉。

（3）雖然下降軌道線具有助跌的慣性作用，但在突破的那一刻必須要有成交量的放大。

（4）分析原先軌道線的下降角度，若原先的軌道線本身已經較陡峭，此時若繼續向下突破，則會使新的軌道線進一步陡峭，這樣容易出現超跌反彈或產生市場反轉走勢。

（5）得到其他技術面的進一步驗證，如技術型態、K線組合等是否向好。技術指標是否出現頂背離。

2. 上升軌道線假突破

第一、向上假突破

股價在上升趨勢中，低點一個比一個高，高點也一個比一個高，低點的連線形成上升通道的下軌線，高點的連線形成上升通道的上軌線。下軌成為股價的支撐線，而上軌則成為壓力線，股價在下軌、上軌所形成的空間內波動。在實盤操作中，當股價向上突破上升通道時買入股票，在短期內往往有不小的收穫，是短線操作中難得的買入時機，但也經常出現假突破的走勢，成為頂部多頭陷阱。這是由於受到主力抬升股價出貨的影響，股價會突然放量，向上突破上升通道上軌線的壓力。

【案例】圖2-49：亞星客車

股價見底後震盪走高，形成上升軌道線，股價每次遇到上軌線時受阻回落，而遇到下軌線時受到支撐而回升，上升波峰浪谷清晰。2021年8月25日，股價向上突破通道的上軌線壓制，形成加速上漲之勢，這時不少投資者乘機介入。可是，股價很快返回到通道之內，且跌破通道的下軌線，此後股價漸漸走弱，向上突破成為多頭陷阱。

【技術解盤】

該股向上突破時，雖然成交量維持較高水平，看起來市場人氣高漲，且盤整時交易活躍，籌碼換手積極，但結合當時的價位分析，股價遇到前方盤區壓力，難以形成新的突破。

從圖表分析，股價在突破上軌線後，回檔確認突破是否有效時，可

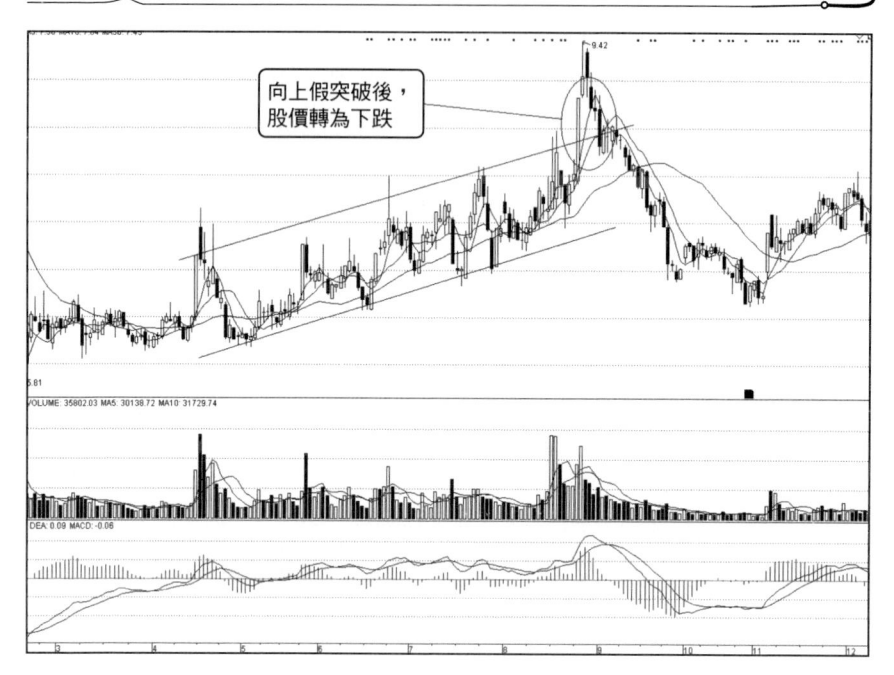

圖2-49 亞星客車（600213）日K線圖

向上假突破後，
股價轉為下跌

以得到這樣的啟示：首先，回檔確認時股價直接返回到通道之內，在上軌線上方未做任何停留，顯示上方壓力重。其次，在回檔時不具備「兩個低點」原則，也不符合「兩個高點」標準，反映主力沒有繼續做多意願，所以此後股價漸漸走弱。投資者在遇到類似突破後，當股價返回到通道內，可以直接判斷為突破失敗或假突破走勢。

在實盤操作中，投資者遇到股價向上突破上升軌道線時，應注意以下技術要點：

（1）分析移動平均線的發散情況和乖離率大小。通常股價上漲，遠離上升均線，正乖離率增大，會30日乖離率達+15～+30時，股價會有回落走勢。

（2）股價上漲幅度較大，處於市場頂部，注意市場風險控制。

（3）上升軌道線雖然具有助漲的慣性作用，但若出現天量，小心見頂

回落。

（4）分析原先軌道線的上升角度，若原先的軌道線本身已經較陡峭，此時若繼續向上突破，會使新的軌道線進一步陡峭，這樣的軌道線肯定不會維持太久。

（5）市場投機氣氛較濃時，要及時控制風險。

（6）得到其他技術面的進一步驗證，如技術型態、K線組合等是否向淡，技術指標是否出現頂背離。

第二、向下假突破

上升軌道線反映市場持續做多趨勢，應當繼續看多做多。但是，有時股價在上升通道內運行一段時間後，突然被一股巨大的做空力量打破下軌線的支撐，一時間攪亂投資者的思維，讓他們認為股價漲勢行情結束了，構成一個賣出訊號，繼而紛紛拋售籌碼離場。可是，股價在軌道線下方作短暫整理後反轉向上，出現強勁的上漲行情，讓出場者深感後悔。

【案例】圖2-50：聚力文化

股價見底後震盪走高，形成清晰的上升軌道線。2021年4月23日開始，股價連續下跌4天，向下突破上升通道的下軌線。通常股價跌破通道的下軌線，反映市場有轉勢的可能，是一個賣出訊號。可是賣出股票後，股價漸漸回穩走高，很快返回到前期平台區域，6月4日開始連拉4個漲停。

【技術解盤】

如何看待這個突破訊號呢？從該股的走勢圖中可以看出：首先，股價向下突破下軌線時，成交量沒有異常放大，處於地量水平，說明主力沒有出逃跡象，反映下跌動能不強，主力刻意打壓的可能性較大。其次，下跌是一次強力洗盤行為，該股步入上升通道後，沒有進行一次充分的調整洗盤，主力有必要進行一次洗盤調整，短期下跌當屬合理，且洗盤是為了再上漲。

洗盤就是主力運用種種手段，驅逐場內散戶離場，吸引場外散戶進場，使流動籌碼成功交換，提高市場平均持倉成本，達到順利拉升股價和派發目的。這是為什麼呢？因為在底部區域，不少投資者因看好某檔股票

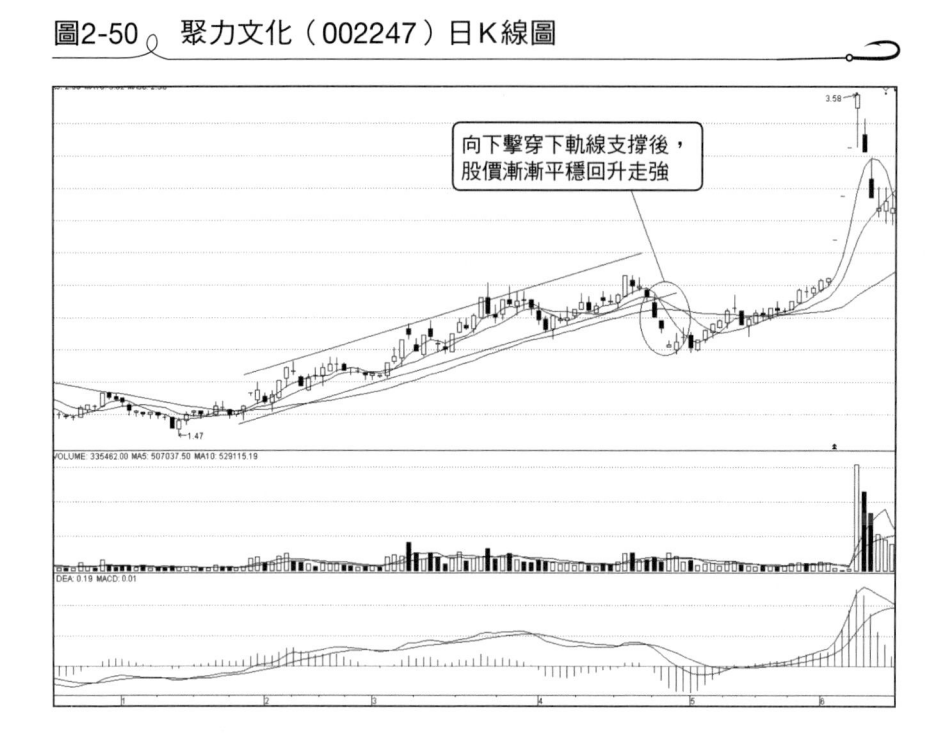

圖2-50　聚力文化（002247）日K線圖

向下擊穿下軌線支撐後，股價漸漸平穩回升走強

而持有或介入，此時如果技術型態或股價走勢也十分「漂亮」，就更增加參與者的持股信心，攀登股價的頂點，在高位一有風吹草動就先於主力出貨。那麼主力在高位怎麼辦？於是，洗盤不可避免，在底部必須想方設法把原先持股者趕出去，或者在中途讓盤中持股者提前下轎。同時讓新的、長期看好後市的投資者進來，協助主力抬轎，盡可能提高散戶平均持倉成本，減少拉升壓力。

因此，在這個階段主力容易製造「恐嚇」盤面。洗盤時的下跌或調整本是上升途中的一種假象，只是主力借題發揮，在盤面上製造恐慌氣氛，使散戶誤以為主力在出貨而紛紛離場，結果與大黑馬、大牛股失之交臂，這是主力洗盤要達到的效果。

主力洗盤一般可以分為輕度洗盤、中度洗盤、強度洗盤（即強力洗盤）三種。輕度洗盤力度較小，盤面震盪幅度不大，股價走勢比較溫和，

不會形成恐慌局面，一般洗出獲利盤。強度洗盤則力度較大，盤面大起大落，股價走勢比較兇猛，在盤面上出現恐慌氣氛，不僅能洗出獲利盤，還能洗出部分賣出盤，盤內浮籌清洗比較徹底，後市升幅巨大。中度洗盤力度適中，介於輕度洗盤和強度洗盤之間。

強力洗盤時，盤面上會表現出一些特徵，在主力即將拉升股價以前，常會表現得股性不佳，有時甚至出現較小的成交量，這種過程常是主力建倉的過程。

但在主力建完倉之後，股價會出現推升或突然上漲，由於場外資金的積極介入，成交量會明顯放大，當股價到達一定升幅後，主力開始強力洗盤。其操作手法是：股價向下逐波壓低，在賣檔上掛出大賣單，每壓低一個價位時，就會給散戶留下上檔壓力重大的假象。有的主力刻意擊穿或破壞一些重要技術位置，如短線移動平均線、上升軌道線、某些技術型態等。從其型態來看，在盤面上出現一兩根大陰線，或者大陰大陽交替進行，或者連續出現大陰線，成交量急劇放大。這樣會使股價出現較大的震盪，而且使短線跟進的獲利盤、套牢的賣盤在盤中恐慌賣出，同時讓一些搶反彈者進場，這樣有利於主力後市拉升。

主力在拉升過程中必須邊拉升邊清洗短線的獲利籌碼，如果單純地從建倉的成本區域開始拉升，常常會將流通盤大部分集中在手中，這樣就不易出場，而且會增加持倉成本。龐大的中小投資者對付震倉性的走勢還能挺過去，但大多難以應對回檔過深的洗盤手法。不少投資者剛買入該股後還在幻想如何從中獲取收益，突然之間卻出現了下跌，而且跌幅不淺。據此，當該股出現第二次的拉升後，持股者常會有一種「萬一不賣，再次下跌則可能將獲利全部抹去」的想法，這種想法的產生常常使主力順利地達到震倉的目的。

最後，該股股價向下突破是一次假回檔，為什麼這麼說呢？在股價回檔確認結束後，沒有再次下跌產生新的低點，不符合回檔確認的「兩個低點」原則。如果是真正的突破回檔，那麼在回檔確認結束後，股價就會很快下跌，創出一個新的低點，也就是說必須低於突破時形成的低點。該股不符合上述要求，說明主力家做多意願十分強烈。

根據上述分析，可以認定該股突破下軌線是一次主力洗盤行為。投資者遇到這種走勢時，應以逢低買進為主，不宜盲目殺跌，或者等待回檔有效時再做決定。

在實盤操作中，投資者遇到股價向下突破上升軌道線時，應注意以下技術要點：

（1）移動平均線向下移動或者構成死叉，則賣出訊號可靠性較高。

（2）股價處於上漲幅度較大的頂部，預示做多能量不繼，有強烈的轉勢要求。

（3）上升軌道線具有助漲的慣性作用，在突破的那一刻必須要有成交量的放大。

（4）重要支撐位是否發揮作用，例如前期盤區、高低點、黃金分割線等。

（5）向下突破幅度超過3%，持續時間3天以上。

（6）得到其他技術面的驗證，如技術型態、K線組合等是否向淡，技術指標是否出現頂背離、死叉或其他方面性提示。

3. 水平軌道線假突破

第一、向上假突破

股價在一個上有壓力、下有支撐的平穩勢道裡運行，形成一條橫向盤整帶，這表示多空雙方勢均力敵，不分勝負，此時投資者都會選擇觀望的策略。主力只有打破這個平衡格局，才能引起投資者的注意，最終達到自己的目的。如果股價放量向上突破水平軌道線，表示多方取得了盤面的優勢，主力將要發動上漲行情，無疑是一個較好的買入訊號。可是，主力總是捉弄人，一個好好的看漲訊號後，不但沒有出現預期的上漲行情，反而下跌讓散戶被套。

【案例】圖2-51：神馬電力

經過一波快速拉升行情後，股價見頂回落，在低位呈現橫向盤整，形成水平通道走勢。2020年12月25日，股價放量向上突破上軌線壓制，但突

圖2-51 神馬電力（603530）日K線圖

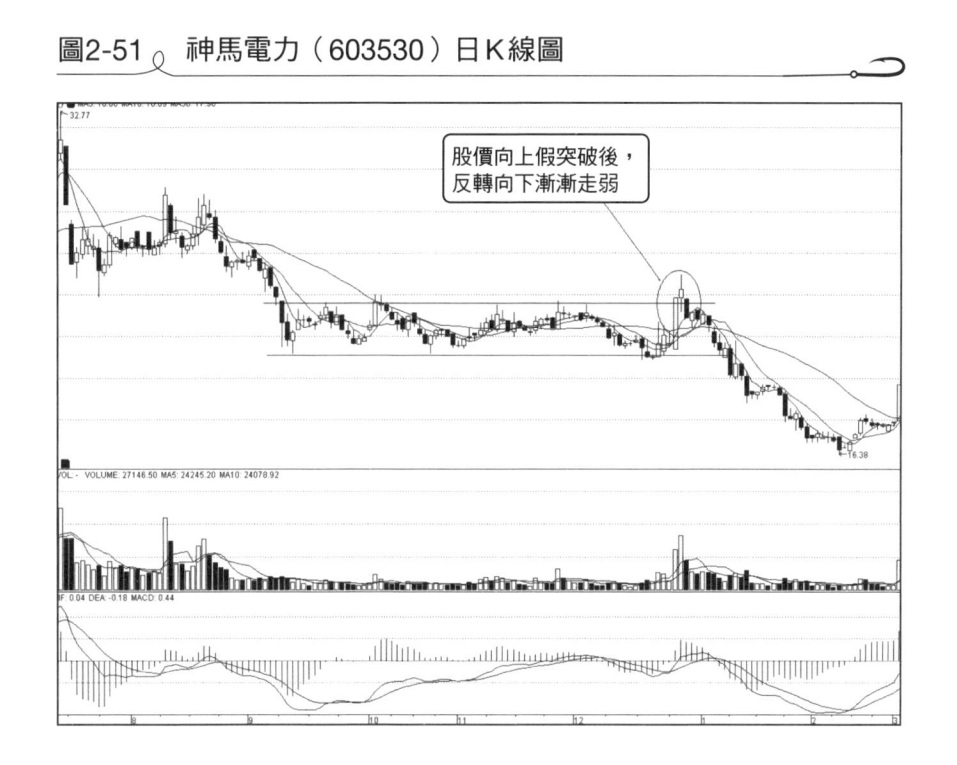

股價向上假突破後，反轉向下漸漸走弱

破失敗，股價回落到通道之內，並繼續向下盤跌，將買入者個個套牢。

【技術解盤】

　　從該股的走勢圖中可以獲得這樣一些盤面資訊：首先，突破時成交量沒有持續放大，只有兩天的脈衝式放量。股價站在突破一方的時間少於3天，上漲的幅度少於3%，因而突破條件不具備。其次，向上突破後股價很快回落到通道之內，說明主力做多意願不強。遇到這種情形時，持股者應逢高出貨，不存幻想，持幣者以觀望為宜。

　　在實盤操作中，投資者遇到股價向上突破水平軌道線時，應注意以下技術要點：

　　（1）均線向上發散，形成多頭排列，真突破的可能性較大。

　　（2）確定股價所處的具體位置。在高位或跌勢的中途，向上突破為疑似訊號，向下突破的可靠性較高。在低位或漲勢的中途，向下突破為洗盤

換手走勢，不必擔心，向上突破的可靠性較高。

（3）向上突破必須得到成交量的積極配合，並維持活躍的盤面能量。

（4）大趨勢轉暖，市場人氣逐漸恢復，基本面逐漸變好。

（5）向上突破幅度超過3%，持續時間3天以上。

（6）得到其他技術面的驗證，如技術型態、K線組合等是否向好，技術指標是否出現底背離、金叉或其他方面性提示。

第二、向下假突破

在較長的一段時間裡，多空雙方膠著運行，形成一條橫向盤整帶，此時投資者很難做出買賣決定。不久，市場打破這個平衡格局，主力選擇向下突破，形成做空趨勢，通常這是一個止損賣出訊號。誰知，這是一個騙人的空頭陷阱，股價小幅下跌後便回穩回升了。

【案例】圖2-52：恒立實業

股價經過長時間的下跌調整，在底部開始回穩盤整，形成一條上有壓力、下有支撐的水平通道。2021年7月28日，股價向下突破下軌線的支撐，創出調整新低，通常股價突破下軌線是一個賣出訊號。可是，賣出股票之後，股價很快穩定回升了。

技術盤解

該股有什麼技術疑問呢？

從圖中可以看出：首先，股價向下突破時，成交量沒有放大，股價下跌時，雖然不強調成交量的大小，但在突破的關鍵位置也要有成交量的放大，才能加強突破的力道。從該股的盤面可以發現，突破時產生一根大陰線，單從K線型態上分析，後市看跌意味十分強烈，但細心觀察會發現這根K線沒有成交量的配合，是無量空跌的典型例子。底部這種價跌量縮的走勢，說明沒有恐慌盤出現，主力對籌碼掌握得非常好，向下突破則進一步加強籌碼的穩定性。其次，從價位情況分析，股價總體下跌幅度較大，調整時間充分，基本處於歷史性底部區域，中長期投資價值凸顯，此處下跌往往是低位空頭陷阱。

最後，從主力角度分析，主力的建倉成本高於突破價位，股價繼續

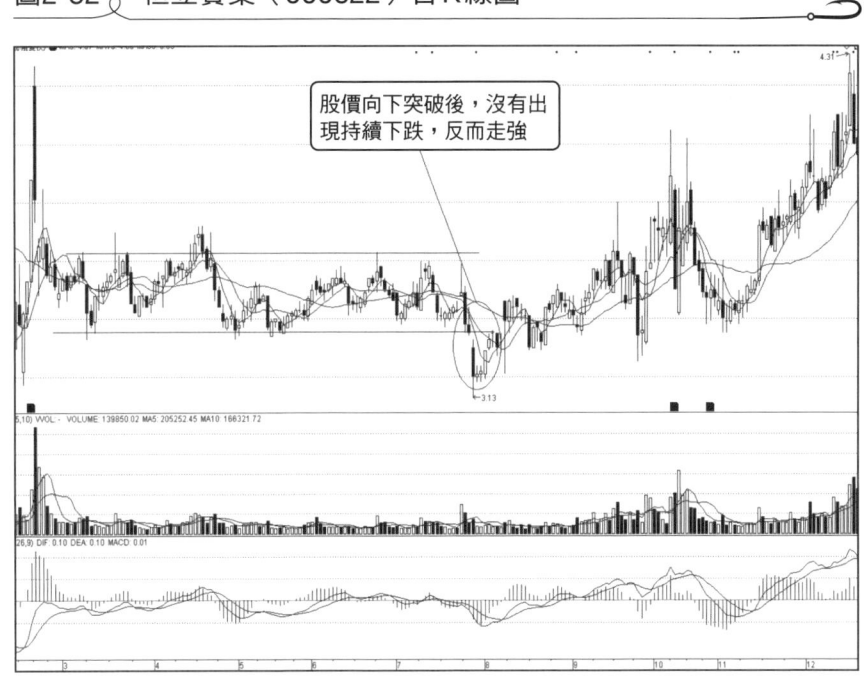

圖2-52　恒立實業（000622）日K線圖

> 股價向下突破後，沒有出現持續下跌，反而走強

下跌會加大主力帳戶虧損額度。根據實盤經驗，一個比較均勻的水平通道型態，市場的平均成本價在水平通道的中心價附近，主力的成本價位相對略低一些，但不會相差太遠，更不會超出中心價至下軌線的垂直距離。因此，股價不會長時間大幅下跌，向下破位是底部空頭陷阱。

根據上述分析，可以判斷該股突破下軌線是一個虛假訊號，是主力建倉、試盤或砸盤行為所致。投資者遇到這種走勢時，應以逢低買進為主，不宜盲目殺跌，持幣者可以在股價重返趨勢線之上或突破30日均線時買入。

在實盤操作中，投資者遇到股價向下突破水平軌道線時，應注意以下技術要點：

（1）均線向下發散，形成空頭排列，有慣性下跌動力。

（2）確定股價所處的具體位置。在低位或漲勢的中途，向下突破為疑

似訊號，向上突破的可靠性較高。在高位或跌勢的中途，向上突破為疑似訊號，向下突破的可靠性較高。

（3）向下突破的那一刻，也必須得到成交量放大的配合。

（4）向下突破幅度超過3%，持續時間3天以上。

（5）得到其他技術面的驗證，如技術型態、K線組合等是否向淡，技術指標是否出現頂背離、死叉或其他方面的提示。

三、軌道線技術操作9大方法

通過對上述實例的解讀，進一步解釋了判斷通道線周圍虛假訊號的方法。除此之外，還可以從以下幾個方面進行全面的分析：

（1）結合移動平均線分析，向上突破下降軌道線時，如果均線向上移動或構成金叉，則買入訊號可靠性較高。向上突破上升軌道線時，分析均線的發散情況和乖離率大小，通常股價上漲，遠離上升均線，正乖離率增大，當30日乖離率達+15～+30時，股價會有回落走勢。向上突破水平軌道線時，均線向上發散，形成多頭排列。

向下突破上升軌道線時，如果均線向下移動或構成死叉，則賣出訊號可靠性較高。向下突破下降軌道線時，分析均線的發散情況和乖離率大小，通常股價下跌，遠離下降趨勢線，負乖離率增大，當30日乖離率達-15～-30時，股價會有反彈行情出現。向下突破水平軌道線時，均線向下發散，形成空頭排列。

（2）向下突破上升軌道線時，股價處於上漲幅度較大的頂部，預示做多能量不繼，有強烈的轉勢要求。向下突破下降軌道線時，股價下跌幅度較大，處於市場底部，可以適當建倉。向下突破水平軌道線時，確定股價所處的具體位置。在低位或漲勢的中途，向下突破為疑似訊號，向上突破的可靠性較高。在高位或跌勢的中途，向上突破為疑似訊號，向下突破的可靠性較高。

（3）向上突破下降軌道線時，下降軌道線具有助跌的慣性作用，有效

突破必須要有成交量的積極配合,並維持市場所需的量能,才能保持盤面的活躍狀態。向上突破上升軌道線時,上升軌道線雖然具有助漲的慣性作用,但若出現天量,小心見頂回落。

向下突破上升軌道線時,上升軌道線具有助漲的慣性作用,在突破的那一刻必須要有成交量的放大。向下突破下降軌道線時,雖然下降軌道線具有助跌的慣性作用,但在突破的那一刻必須要有成交量的放大。

(4)成交量。向上突破必須得到成交量的積極配合,並維持活躍的盤面能量。向下突破的那幾天時間裡,也必須得到成交量放大的配合。

(5)無論是向上突破還是向下突破,其突破幅度超過3%,持續時間3天以上。

(6)分析原先軌道線的上升角度,若原先的軌道線本身已經較陡峭,此時若繼續向上突破,則會使新的軌道線進一步陡峭,這樣的軌道線肯定不會維持太久。分析原先軌道線的下降角度,若原先的軌道線本身已經較陡峭,此時若繼續向下突破,則會使新的軌道線進一步陡峭,這樣容易出現超跌反彈或產生市場反轉走勢。

(7)向上突破下降軌道線時,市場人氣逐漸恢復,基本面逐漸向好。向上突破上升軌道線時,市場投機氣氛較濃,要及時控制風險。

(8)軌道被成功突破後,股價上漲和下跌的幅度通常至少為通道的垂直高度,因此可以通過測量通道的垂直高度,來預測股價未來的最高或最低價位。

(9)得到其他技術面的驗證,如技術型態、K線組合等是否向好,技術指標是否出現底(頂)背離、金叉(死叉)或其他方面的提示等。

2-8 趨勢線的突破：
幅度大於3%連續站穩3天才確立

▌一、趨勢線的突破6大判斷依據

　　任何趨勢都不可能永不改變，股價總有反轉的一天，因而趨勢線遲早要被突破。但是，突破原始趨勢線不是一件輕而易舉的事，往往會有一個過程，突破次級趨勢線相對容易，所以投資者用不著過度擔心反轉。長期趨勢線的突破過程總有一些預警訊號，包括：價格調整或觸及趨勢線受到支撐或壓力後，遠離的幅度越來越小；價格在趨勢線附近不斷徘徊；成交不活躍，成交量縮小。

　　在此情況下，趨勢線終有一天要被突破。突破驗證的標準是我們熟知的三條：兩天收在趨勢線之下或之上；股價越過的幅度達3%；向上突破時放量。一旦突破成立必須反向操作，但要注意突破後經常出現回檔現象。造成回檔的原因有三：一是正常的技術性反彈；二是主力有意識地製造的陷阱；三是重大意外消息的作用。到底是哪一種，要仔細辨認並作出相應處理。一般情況下，趨勢線的有效突破有以下幾個判斷依據：

（1）突破的幅度要大於趨勢線所在點位的3%，並連續站穩3天以上

在股價的運行當中，市場不確定因素或主力刻意行為，極易使股價產生瞬間的變動，跳出趨勢線的控制範圍，但一般都十分短暫。所以，在進行趨勢分析時，如果股價連續幾天在趨勢線之外運行，且幅度超出3%，則有效突破條件基本確立。

（2）向上突破時必須配合成交量的顯著放大

股價在突破下降趨勢線的壓力上漲時，必須要有成交量放大積極配合，帶量突破是一種強勢上攻的顯著特徵，如果行情在形成向上突破時有成交量放大的配合，則突破訊號較為可靠，基本上可以確認為有效突破，否則有假突破的可能。

但是，如果出現以下兩種不放量的情況，則不能簡單地列入假突破的範圍：第一，股價突破當天，因強勢上漲封住漲停板位置，投資者惜售導致成交量未能放大時，只要在後面幾個交易日中有補量的現象，仍可視為有效突破。

第二，股價經過長期下跌後，突然向上突破下降趨勢線的壓力，此時可能由於市場人氣經過股價的長期下跌，仍未得到恢復，觀望情緒較重，或是行情太過突然，投資者來不及做出反應，這時不能簡單地認為這是假突破。此時股價可能不立刻上漲，而是在底部逐漸震盪走穩，成交量趨於溫和放大，暗示股價已經見底後，隨時可能反轉上升。

（3）向下突破時無須成交量的放大配合

股價在跌破上升趨勢線的支撐時，成交量是否放大並不重要，只要達到有關突破的幅度，均可視作有效突破。此時成交量未能放大，主要是由於行情已有一段漲幅，持股者對後市仍抱有一定的信心，而場外投資者追高心態趨謹慎，觀望情緒較濃，導致交易不十分活躍。但如果股價在向下突破時，成交量顯著放大，則說明主力出貨堅決，突破後通常會出現短暫的反彈，反彈高度在上升趨勢線附近。因此，在出現放量突破之後，投資者應密切留意價量的配合情況，如果股價反彈時，成交量沒有繼續放大配合，則應注意出貨時機，此時可能是最後的逃命機會。股價在經過反彈之後，下跌的速度通常要比無量盤跌時快得多。

（4）成交量的配合

在股價走勢下降過程中由下向上突破下降趨勢線，需要有大成交量的配合，則下降趨勢線的反轉作用成立。若股價走勢在突破下降趨勢線的過程中，無大成交量配合，則下降趨勢線的反轉作用不成立，價位將重新回落下降趨勢線以下。若股價重新回落下降趨勢線以下，且成交量萎縮，隨後股價再度拉起，突破下降趨勢線，且價量配合，成交量增加，則下降趨勢線的反轉作用成立，股價的下跌趨勢將告一段落。

（5）在股價走勢上升過程中，由上向下跌破上升趨勢線的型態各異

① 起始階段成交量增大不明顯，隨後繼續下行，若成交量逐漸放大，則上升趨勢線的反轉作用成立。

② 起始階段股價跌破上升趨勢線不遠，無成交量放大，則股價重回上升趨勢線以上，上升趨勢線的反轉作用不成立。

③ 股價回頭靠近上升趨勢線時，無大成交量配合，其後若量增價跌，則上升趨勢線的反轉作用成立。

④ 自股價跌破上升趨勢線後，雖不見成交量明顯放大，但股價持續下跌，上升趨勢線的反轉作用成立。

⑤ 成交量伴隨價位跌破上升趨勢線明顯放大，則上升趨勢線的轉折作用成立。可見成交量配合與否，不是上升趨勢線轉折作用成立的充分必要條件。

（6）趨勢線的有效突破不包括股價的偶爾突破

有時市場會受到某些不確定因素或突發消息的影響，引起股價產生短期異動，向上或向下突破趨勢線的支撐或壓力，但這種影響只是暫時的，隨後不久股價會重新回到趨勢線的影響範圍內。特別是在主力刻意的行為中，主力時常會利用股價對一些重要趨勢線、支撐位、壓力位的突破，來製造多頭陷阱和空頭陷阱，引誘投資者上當受騙，從而達到吸貨、震倉甚至出貨的目的。

二、假突破訊號

1. 下降趨勢線假突破

第一、向上假突破

在股價長時間的下跌過程中，往往形成一條清晰的下降趨勢線，若股價向上突破下降趨勢線，並同時伴隨著成交量的放大，往往預示著下跌行情即將結束，有望迎來新的上升行情。如果把握機會得當，在向上突破下降趨勢線時買進股票，往往收益不小。當然，股價突破下降趨勢線也可能只是短期的反彈，過不了幾天，股價又跌回下降趨勢線以下，因此突破的有效性需要分析判斷。

【案例】圖2-53：康普頓

股價反彈結束後，逐波向下跌落，形成一條下降趨勢線，持續時間較長。2021年1月19日和20日兩天突然暴力反彈，股價向上突破下降趨勢線，這種盤面現象預示下降趨勢結束，股價即將反轉上漲，因此是一個買入訊號。但是，股價突破後並沒有出現持續的漲升行情，第三天股價衝高回落後，持續向下跌落，再創調整新低。

【技術解盤】

為什麼股價突破後不漲反跌呢？從圖中可以看出：

（1）股價突破時，成交量快速萎縮，沒有形成持續放大走勢，只是主力自救行為，場外資金則還在觀望。

（2）股價突破趨勢線後的回檔，確認不符合回檔確認的三個要素，即「兩個低點、兩個高點和成交量」原則，因此持續上漲的可能性非常小。

（3）下降趨勢線具有助跌功能，在產生新的上升趨勢線之前，繼續對股價產生影響，也就是說下跌趨勢線繼續牽引著股價進一步走低。

（4）30日均線處於下行狀態，不僅對股價上漲沒有助漲和支撐效果，反而有向下牽引作用。

透過盤面分析，該股向上突破趨勢線是一個虛假訊號，是股價超跌後的技術反彈走勢。遇到這種走勢時，持倉者可以逢高減碼或拋空觀望，持

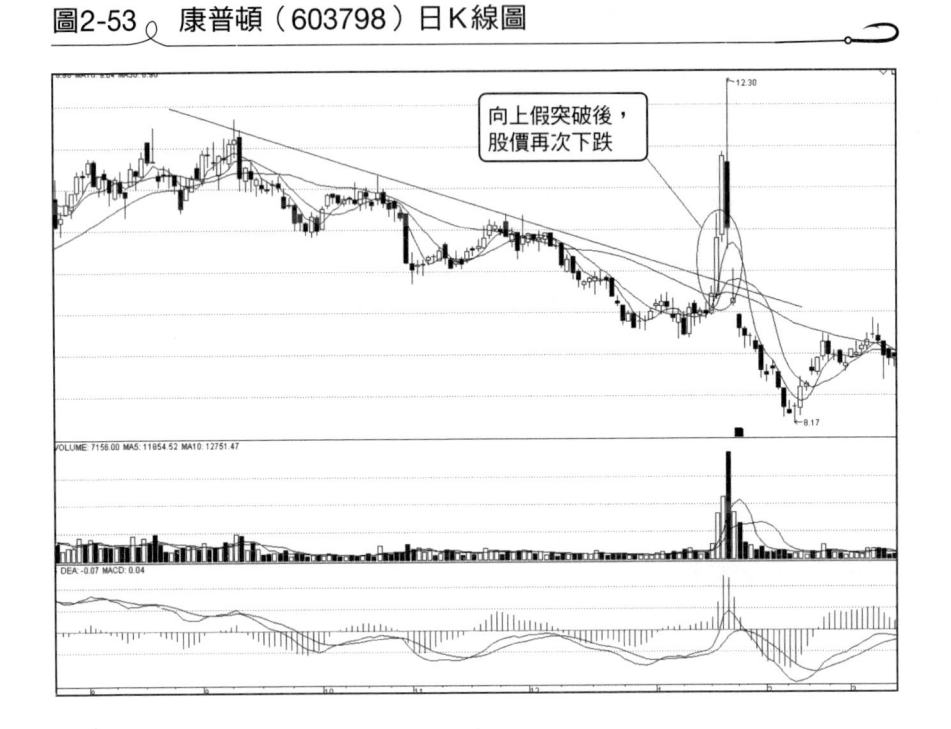

圖2-53 康普頓（603798）日Ｋ線圖

幣者不要在弱勢股中掘金。

在實盤操作中，投資者遇到股價向上突破下降趨勢線時，其有效性可從以下幾個方面進行分析判斷：

（1）成交量變化：在真正突破下降趨勢線時，成交量必須明顯放大。

（2）下降趨勢線的時間跨度越長，被突破的意義越大，突破就越為可靠，以後上漲的空間也就越大。

（3）下跌幅度越大，突破後上漲的幅度就越大。下跌幅度過小，突破很可能是假突破，僅僅是短期反彈，股價仍將繼續下跌。

（4）向上突破下降趨勢線應該有成交量明顯放大的配合，若突破有價量積極配合，可靠性更大，以後上漲的空間也越大。

（5）百分比法則：假如某一交易日股價向上突破下降趨勢線的3%，那麼該下降趨勢線就算有效突破，日後股票上漲的機率較大，投資者應抓

緊時機買入股票。

（6）時間法認為，假如某一檔股票收盤價連續3天，向上突破下降趨勢線，那麼該下降趨勢線自然是有效突破，日後股票上漲的可能性較大，投資者應及時買入股票。

第二、向下假突破

股價在下跌趨勢中，出現一系列更低的高點和更低的低點，從而形成一條下降趨勢線，股價始終在趨勢線的下方波動，股價每次反彈遇到趨勢線出現回落時，以一定的角度下降。隨著下跌趨勢延續，多方反抗的信心漸趨減弱，空方力量進一步增強，股價往往會加劇下跌，向下跌破趨勢線的平行線支撐，出現短期內股價暴跌的情況。如果在前期的下跌趨勢中，手中還有籌碼，當股價向下突破平行線時，應該堅決賣出，否則將受到更大的損失。可是賣出之後，下跌勢頭戛然而止，股價很快止跌回升了，從而形成低位空頭陷阱。

【案例】圖2-54：中國國貿

該股見頂後出現長時間的調整走勢，累計下跌幅度較大，主力悄然介入吸納了大量的低價籌碼。當主力吸足籌碼後，為了測試盤中拋售情況，2021年2月2日開始連續三天打壓股價，股價向下突破趨勢線的支撐，形成加速下跌之勢頭，不少投資者見此情形紛紛拋售股票離場。可是，股價很快止跌回穩，並回升到前期盤區內，然後經過短期的修復整理後，4月30日放量向上突破，出現一波強勢拉升行情。

【技術解盤】

這個突破訊號存在哪些技術疑問呢？首先，在分析判斷一檔股票時，對價位要有一個大概的定位，即當前股價在高價區還是低價區，或者處在市場的中部位置，這是一個不可或缺的環節。就拿該股來說，股價經過長期的下跌調整，已經到了底部區域，後市下跌空間基本上被封堵，投資價值凸顯出來。此處形成向下突破訊號，疑似主力刻意打壓。

其次，從圖中可以看出，股價擊穿趨勢線時，沒有出現大幅放量走勢，說明股價破位沒有引起市場恐慌，主力對籌碼掌握得比較好，通過這

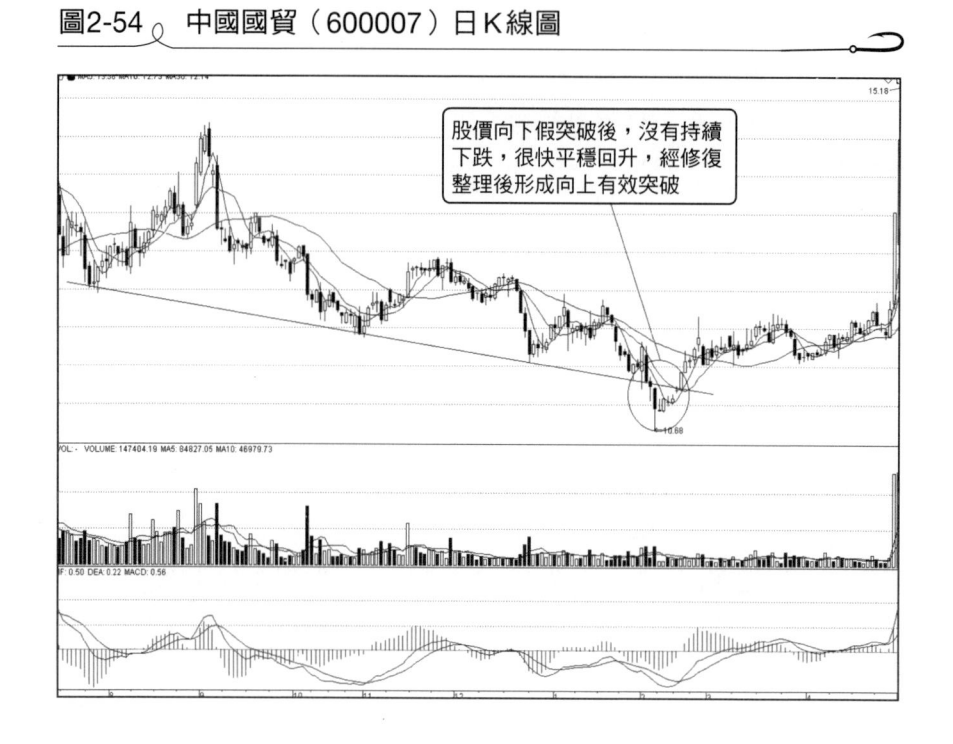

圖2-54 中國國貿（600007）日K線圖

> 股價向下假突破後，沒有持續下跌，很快平穩回升，經修復整理後形成向上有效突破

次破位反而進一步鎖定籌碼，為後市股價健康上漲發揮關鍵性作用。

其三，趨勢線如果太陡峭或太平坦，通常其可靠性大打折扣。這是因為一條較陡峭的趨勢線很容易被一個短期橫盤整理型態所突破，但後市未必出現預期的走勢。比如，股價向上突破下降趨勢線，股價未必快速上升，或股價向下突破上升趨勢線，股價未必快速下跌。通常，當股價產生陡峭的趨勢線以後，會出現橫向的走勢，甚至可能出現下跌行情，使入場者被套牢。

相反，太平坦的趨勢線雖然具有較強的支撐或壓力作用，但也不是理想的趨勢線，其突破訊號與最佳買賣時機存在著較大的差距，通常只是投資者最後的買賣機會。因此，太陡峭或太平坦的趨勢線，在更多的時候適用於對型態的確認及短線走勢的指導，而對於長線的趨勢來講，缺乏實質的技術參考意義。

那麼，如何界定「陡峭」和「平坦」呢？並沒有固定的標準，股價所處的不同發展週期及不同種類的股票均有所差異，投資者很多時候需要憑經驗作出調整。通常，趨勢線與水平線的夾角為45度是最理想而有效的。如果趨勢線與水平線夾角大於65度，則屬於陡峭的趨勢線；如果趨勢線與水平線夾角小於30度，則屬於平坦的趨勢線，這兩種趨勢線的參考性均較低。

在實盤操作中，一般個股趨勢線的斜率，隨著市場習性（投機股較陡，而投資股較平）和原始週期的不同，而有明顯的差異，漲升或下降行情的後期大多較陡（少數個股在行情的後期出現平坦的走勢）。據實盤操作經驗，一般熱門股的趨勢線斜率在30～45度，才具有較理想的參考價值。

從該股的走勢看，股價下跌到了底部區域後，下跌速度明顯下降，從而形成一條比較平緩的下降趨勢線，趨勢線與水平線夾角小於30度，這條趨勢線很容易被股價快速下跌所破，其支撐力度不十分明顯，因此參考性較低。

透過圖表分析，可以判斷這是主力在低位設置的空頭陷阱，主力通過這種走勢進一步確認底部基礎，同時繼續買進散戶的低價籌碼。遇到這種情形時，持股者應堅定持股信心，不要在低價位斬倉，持幣者可以逢低買進。

在實盤操作中，投資者遇到股價向下突破下降趨勢線時，其有效性還可從以下幾個方面進行分析判斷：

（1）股價突破下跌趨勢線後，要分析均線發散情況和乖離率的大小。

（2）股價下跌幅度較大，處於市場底部區域，可以適當逢低建倉。

（3）從價量準確率來看，向下跌破下降趨勢線時，雖然不強調成交量是否放大，但在突破的那幾天成交量也要放大，否則往往成為假突破。

（4）股價跌破下降趨勢線形成加速下跌趨勢，表示趨勢即將走向盡頭，空方在做最後的掙扎，股價下跌的趨勢不會維持太長的時間，因此適合於短線操作，在跌破下降通道時賣出股票，在股價跌到低點、跌無可跌時，再將股票購回，如此操作可以降低股票的持有成本。

（5）分析原先軌道線的下降角度，若原先的軌道線本身已經較陡峭，此時若繼續向下突破，則會使新的軌道線進一步陡峭，這樣容易出現超跌反彈，或產生市場反轉走勢。

（6）得到其他技術面的進一步驗證，如技術型態、K線組合等是否向好，技術指標是否出現頂背離。

2. 上升趨勢線假突破

第一、向上假突破

股價平穩地沿著上升趨勢線運行，呈現一波比一波高的強勁走勢，場內交易氣氛活躍。運行一段時間以後，股價放量向上突破上升趨勢線的平行線的壓制，出現加速上漲的走勢，通常是一個買入訊號，甚至可以追漲買入。可是買入之後，風險卻悄然來臨，股價不漲且反轉下跌，買入者被套牢在高位，從而形成高位多頭陷阱。

【案例】圖2-55：東風汽車

該股洗盤整理結束後，再次強勢向上推高，高點一個比一個高，低點也一個比一個高，其型態非常漂亮。2021年7月28日和8月12日，先後兩次向上突破上升趨勢線的平行線，大有加速上漲之走勢，因此是一個買入機會。可是，股價很快就返回到平行線之下，漸漸地失去上升的動力，在第三次試圖上攻時，力度顯然不及前面兩次的攻擊。

【技術解盤】

怎麼看待這個突破訊號呢？從圖中可以看出：（1）該股前期有了一波比較大的拉升，這次股價回升時正好遇到前期高點位置的壓力，明顯遭到市場套牢籌碼的賣壓，所以此處抱持謹慎態度。（2）從突破時和突破後的走勢可以看出，股價上漲沒有英雄豪傑般的氣勢，K線小陰小陽交錯並存，拖泥帶水，纏纏綿綿，沒有做多的底氣。股價如果邁不開上漲的步伐，就會被弱小的力量拖垮，最終導致上漲勢頭漸漸演變為弱小的反彈走勢。（3）成交量明顯不足，而且第二次、第三次的成交量明顯不及第一次衝高的量大，有持續萎縮態勢，表示入場資金十分謹慎。

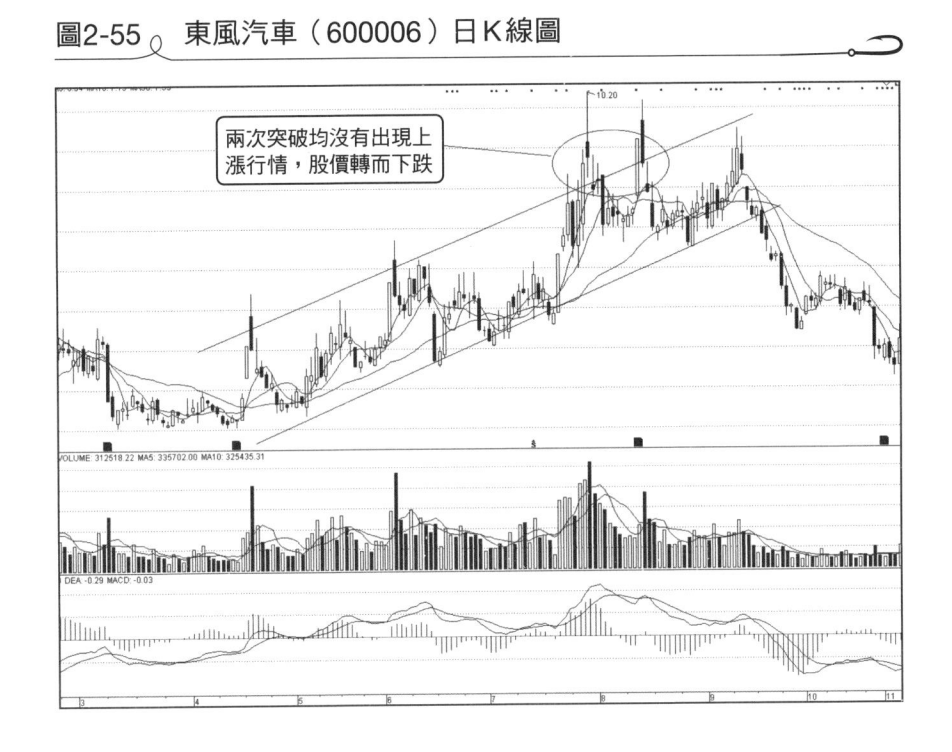

圖2-55 東風汽車（600006）日K線圖

兩次突破均沒有出現上漲行情，股價轉而下跌

　　透過盤面分析，可以認定該股突破上升趨勢線是一次誘多行為。遇到這種走勢時，持倉者應逢高離場，持幣者不應盲目看多做多。

　　實盤操作中，投資者遇到股價向上突破下降趨勢線時，其有效性還可從以下幾個方面進行分析判斷：

　　（1）股價突破上升趨勢線後，要分析均線的發散情況和乖離率大小。

　　（2）若股價上漲幅度較大，處於市場頂部區域，突破時注意市場風險控制。

　　（3）從價量法則來看，突破上升通道時必須伴隨著成交量的放大，這樣的突破才是有效的突破，否則很有可能是假突破，股價很快就會回落。

　　（4）股價突破上升通道加速上漲，通常意味著接近上升趨勢的末期，股價上漲的趨勢不會繼續維持太長的時間，因此適合於短線操作，在適當的時候要及時賣出，落袋為安。

（5）分析原先趨勢線的上升角度，若原先的趨勢線本身已經較陡峭，此時若繼續向上突破，則會使新的趨勢線進一步陡峭，這樣的趨勢線肯定不會維持太久。

（6）市場投機氣氛較濃時，要及時控制風險。

（7）得到其他技術面的進一步驗證，如技術型態、K線組合等是否向淡，技術指標是否出現頂背離。

第二、向下假突破

當股價經過長時間的上升後，由於上升幅度較大，容易向下跌破上升趨勢線，這種現象表示上升行情已經結束，新的下跌行情將要展開，應該抓緊時機，在上升趨勢線剛剛被跌破時賣出股票，以免被套牢。不過，股價跌破上升趨勢線也可能只是短期的回檔，幾天後可能又重新上升，因此需要判斷跌破是否有效。

【案例】圖2-56：白雲電器

股價成功見底後穩步向上推高，在盤升過程中形成一條上升趨勢線。2021年8月中旬，股價向下突破這條趨勢線。通常股價跌破上升趨勢線時，意味著上漲行情即將結束，因此是一個賣出訊號。可是，實際走勢並未出現下跌走勢，很快止跌回穩，經過短期的整理後，形成新的上漲行情。

【技術解盤】

怎麼看待該股的突破訊號呢？從圖中可以看出，股價無量向下突破，具有一定的欺騙性。雖然下跌不要求成交量的大小，但在突破的那幾天應當有放量現象，否則空頭陷阱的可能性較大。該股出現無量下跌，說明盤內籌碼依然穩固，沒有出現鬆動跡象，這反映了主力故弄玄虛，欺騙散戶的籌碼。從價位上分析，股價上漲幅度不大，主力沒有太多的利潤，一般不會選擇撤退，股價短暫的下跌更多只是洗盤而已，後市繼續上升的可能性較大。而且，股價突破上升趨勢線後，沒有在趨勢線下方停留更多時間，便返回到趨勢線之上，說明主力也不敢在此停留太長的時間，以免損失籌碼。

那麼，主力為什麼要讓股價跌破上升趨勢線呢？這是主力洗盤的需

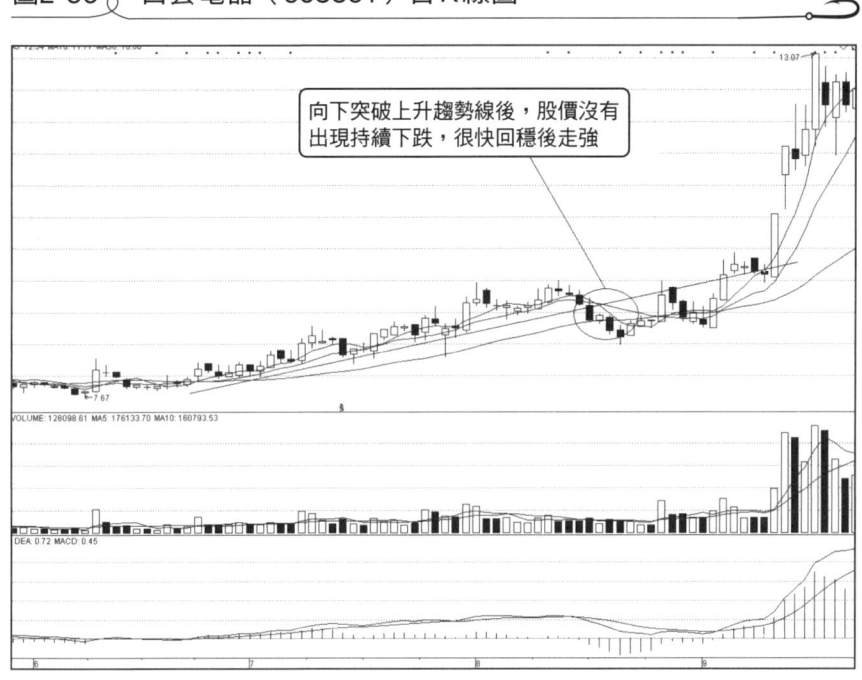

圖2-56 白雲電器（603861）日K線圖

向下突破上升趨勢線後，股價沒有出現持續下跌，很快回穩後走強

要。洗盤的操作手法是刻意擊穿或破壞一些重要技術位置，如短期均線、上升軌道線、某些技術型態等。從其型態來看，在盤面上出現一兩根大陰線，或者大陰大陽交替進行，或者連續出現大陰線，成交量急劇放大（有時也出現小量）。這樣會使股價出現較大的震盪，不少投資者難以躲過回檔過深的強力洗盤手法，因而使短線跟進的獲利盤、套牢盤在盤中恐慌賣出，同時讓一些搶反彈者進場，而主力順利地達到震倉的目的。可見，該股是主力一次洗盤或試盤行為，遇到這種情形時，持股者不必驚慌，持幣者可以逢低介入。

在實盤操作中，投資者遇到股價向下突破上升趨勢線時，其有效性還可從以下幾個方面進行分析判斷：

（1）突破的程度

股價向下穿越趨勢線時，當日收盤價低於趨勢線價位，並且在接下來

的兩三天內仍然低於趨勢線。如果某一檔股票收盤價連續3天,向下跌破上升趨勢線,那麼該上升趨勢就算有效跌破,日後股價下跌的可能性較大,投資者應及時賣出股票。

(2)成交量變化

股價向下突破時,成交量不一定要放大。通常股價跌破趨勢線的第一天,成交量並不顯著增加,然而在下跌過程中必會出現大成交量,隨後開始萎縮。

(3)股價跌破趨勢線

如果距離趨勢線不遠,成交量並沒有迅速增加,而是萎縮到相當程度,股價回升到趨勢線下方時成交量放大,那麼股價再度下跌,就可確定上升趨勢被破壞了。

(4)一般來說,股價跌破中級趨勢線後,會有暫時回升的現象

股票專家稱之為「逃命線」。這時,持股者對於大勢不存奢望而紛紛拋售,造成上升的壓力,便發生新的下跌。有時候股價突破趨勢線後繼續下跌,使等待反彈賣出股票的投資者猶豫不決,進而造成嚴重損失。

(5)上升幅度

幅度越大,跌破上升趨勢後下跌的幅度就越大。上升幅度過小,股價下跌可能僅僅是短期的回落,股價仍將繼續上升趨勢。

(6)上升趨勢線的時間

跨度越長,跌破上升趨勢線的意義越大,跌破就越可靠,今後下跌的幅度就越大。

(7)百分比法則

如果某一交易日股價向下跌破上升趨勢線的3%,那麼此上升趨勢線就算有效跌破,日後股價下跌的概率較大,投資者應及時賣出股票,以免被套牢。

3. 水平趨勢線假突破

第一、向上假突破

股價經過較長一段時間的橫盤整理，形成近似於水平線的高位壓力線和低位支撐線。由於橫盤的時間較長，壓力線和支撐線的力量都很強大，股價上漲到壓力線附近時往往會回落，而下跌到支撐線附近時又會反彈，若沒有較強的力量脫離壓力線或支撐線的約束，股價將維持在橫向盤整狀態。

突然某一天，股價打破了這種多空僵持的局面，多方主動發起進攻，股價放量突破上方的壓力線，這表示盤整的局面被徹底打破，緊接著就展開迅猛的上升行情。通常，盤整的時間越長，蓄積的力量越足，上漲的幅度就越大，上漲的速度也越快。向上突破橫盤整理的壓力線時，是最佳的買入時機。但是在實盤操作中，也經常出現一些虛假的誘多突破訊號，或是主力故意作出的假突破行為。

【案例】圖2-57：寶鷹股份

股價見頂後逐波下跌，累積跌幅超過85%，然後漸漸回穩盤整，形成橫盤整理走勢，產生一條水平趨勢線，股價長時間沒有脫離這條水平趨勢線的約束。2021年6月24日，股價放量漲停，向上脫離水平趨勢線，次日繼續衝高，預示後市股價將見底回升，因此是一個買入訊號。可是，股價沒有出現預期的上漲行情，很快走弱並不斷創出調整新低。

【技術解盤】

從該股的走勢圖中可以看出，股價突破水平趨勢線後，成交量短暫放大後很快萎縮下來，沒有出現持續的放量走勢。一方面，說明市場跟風不夠積極，主力缺少抬轎人；另一方面，反映主力做多意願不強，市場缺乏帶頭人。所以，突破訊號值得懷疑，很可能就是一次假突破。而且，股價到達前期成交密集區域時，遭到空方的重大賣壓，股價不能順利越過這道坎，最終不得不選擇走下坡路。此外，在股價突破後回檔確認時，未能創出更高的高點，不符合回檔確認的三個要素，即「兩個低點、兩個高點和成交量」原則，進一步說明突破訊號的虛假性。該股雖然出現較大的跌

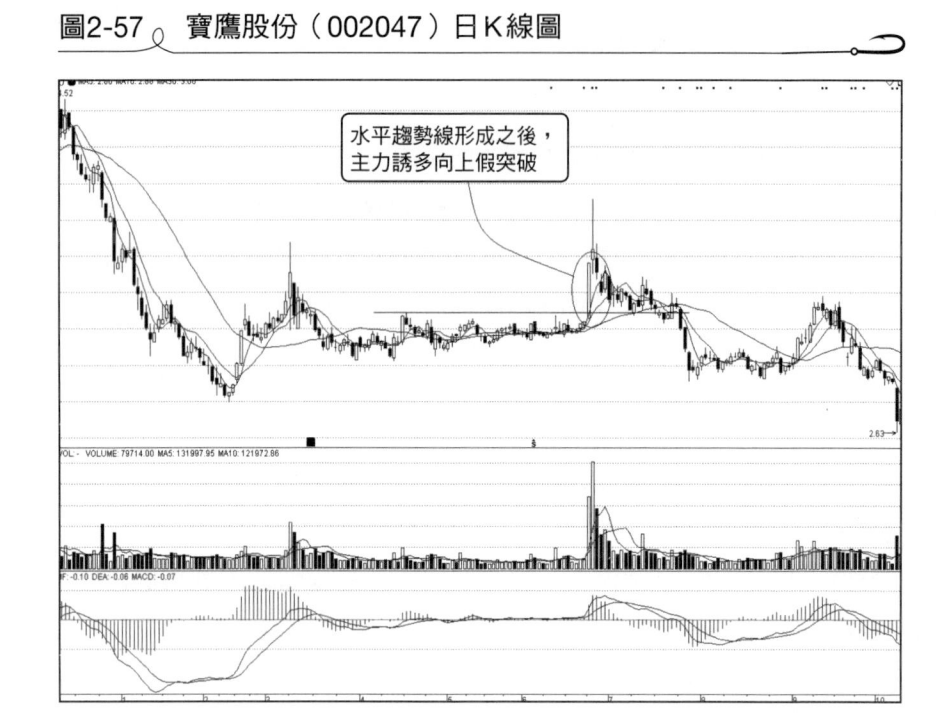

圖2-57 寶鷹股份（002047）日K線圖

水平趨勢線形成之後，主力誘多向上假突破

幅，但股價底下有底，盲目抄底仍有一定的風險。透過圖表分析，該股是一次突破失敗走勢。遇到這種情形時，持股者逢高減倉為佳，持幣者觀望為宜。

在實盤操作中，投資者遇到股價向上突破水平趨勢線時，其有效性還可從以下幾個方面進行分析判斷：

（1）均線向上發散，形成多頭排列，有效突破的可能性較高。

（2）向上突破橫盤整理的壓力線需要有成交量放大的配合，成交量明顯放大才能排除假突破的可能，支持股價的進一步上漲趨勢。

（3）確定股價所處的具體位置。在高位或跌勢的中途，向上突破為疑似訊號，向下突破的可靠性較高。在低位或漲勢的中途，向下突破為洗盤換手走勢，不必擔心，向上突破的可靠性較高。

（4）可以用百分比法來確定向上突破的有效性，如果某一交易日股價

向上突破水平趨勢線3%，那麼該水平趨勢線就算被有效突破，今後股價上漲的概率較大，投資者此時買入股票的把握就較大。

（5）可以用時間法來確定向上突破的有效性，如果股票收盤價連續三日向上突破平趨勢線，那麼該水平趨勢線就算被有效突破，日後股價上升的概率較大，投資者應抓緊時機買入股票。

（6）橫向盤整的時間越長，表示多頭蓄積的力量越足，當股價向上突破橫盤局面時，股價上漲的幅度就越大。正如股市所說的「橫有多長，豎有多高」。

（7）得到其他技術面的驗證，如技術型態、K線組合等是否向好，技術指標是否出現底背離。

第二、向下假突破

股價橫盤整理一段時間後，終將打破這種僵持的局面，如果空方主動發力打壓，股價向下跌破下方的水平支撐線，表示盤整的局面被徹底打破，股價往往會出現新的下跌走勢，因此這是一個賣出訊號。但是在實盤操作中，也經常出現一些虛假的誘空突破訊號，或是主力故意作出的假突破行為。

【案例】圖2-58：中科信息

股價反彈結束後，出現橫向盤整走勢，多空雙方勢均力敵，形成一條水平支撐線。持續一段時間後，在2021年10月27日股價向下突破水平支撐線，通常這是一個賣出訊號。可是賣出股票之後，股價很快止跌並返回到前期盤區附近，稍做整理向上拉起，從而形成空頭陷阱。

【技術解盤】

該股存在什麼技術疑問呢？從圖中可以看出：首先，股價向下突破時，成交量沒有放大，股價下跌時雖然不強調成交量的大小，但在突破的關鍵位置要有成交量的放大，才能加強突破的力道。從該股的盤面可以發現，單從K線型態上分析，後市看跌意味十分強烈，但沒有成交量的配合，是無量空跌的典型例子。底部出現價跌量縮走勢，說明沒有恐慌盤出現，主力對籌碼掌握得非常好，向下突破則進一步加強籌碼的穩定性。

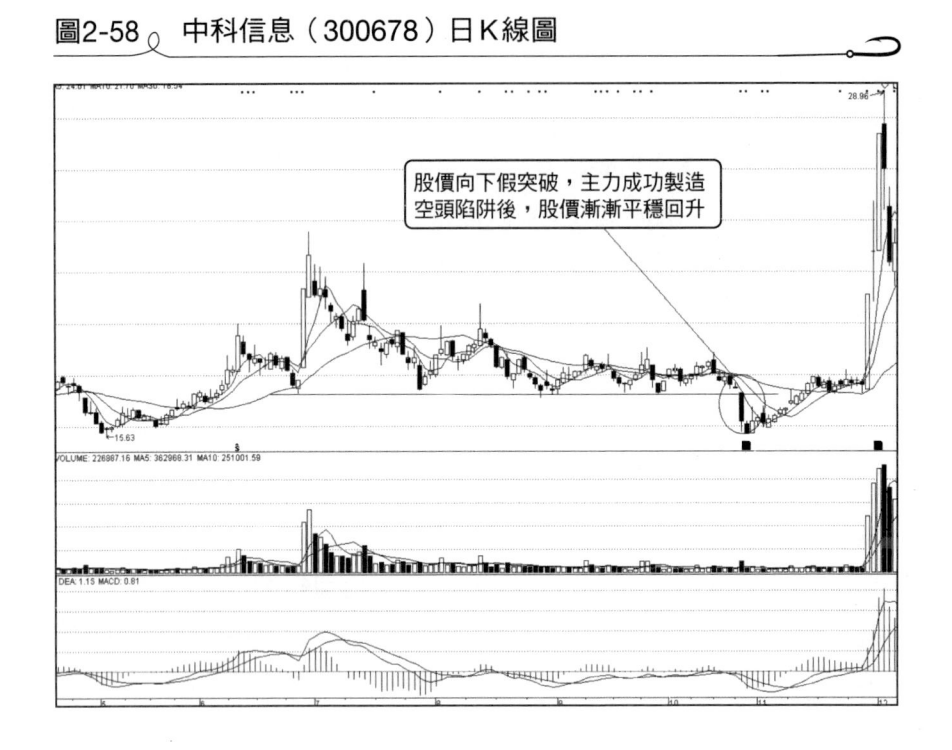

圖2-58 中科信息（300678）日K線圖

> 股價向下假突破，主力成功製造空頭陷阱後，股價漸漸平穩回升

其次，從價位情況分析，股價總體下跌幅度較大，調整時間充分，基本上處於歷史性底部區域，中長期投資價值凸顯，此處下跌往往是一個低位空頭陷阱。

最後，從主力角度分析，股價位於主力建倉成本區附近，若繼續下跌將會加大主力虧損。根據實盤操作經驗，一個比較均勻的水平通道型態，市場的平均成本價在水平通道的中心價附近，主力的成本價位相對略低一些，但不會相差太遠，因此股價不會長時間大幅下跌，向下破位是底部空頭陷阱。

所以，可以判斷該股向下突破水平支撐線是一個虛假訊號，是主力建倉、試盤或砸盤行為所致。遇到此情形時，持股者不宜盲目殺跌，持幣者以逢低買進為主。

在實盤操作中，投資者遇到股價向下突破水平軌道線時，應注意以下

技術要點：
（1）均線向下發散，形成空頭排列，向下真突破的可能性較大。
（2）確定股價所處的具體位置。在低位或漲勢的中途，向下突破為疑似訊號，向上突破的可靠性較高。在高位或跌勢的中途，向上突破為疑似訊號，向下突破的可靠性較高。
（3）股價向下突破橫盤整理的支撐線時，其前後幾天也需要出現放大的成交量，這樣反映賣盤沉重，股價的下跌力度大，否則假突破的可能性比較大。
（4）可以用百分比法來確定向下突破的有效性，如果某一交易日股價向下突破水平趨勢線的幅度超過3%，該水平趨勢線就算被有效突破，之後股價下跌的概率較大，此時賣出股票可以較好地回避市場風險。
（5）可以用時間法來確定向下突破的有效性，如果股票收盤價連續3天向下突破水平趨勢線，該水平趨勢線就算被有效突破，日後股價下跌的概率較大，投資者應抓緊時機賣出股票。
（6）橫向盤整的時間越長，表示空頭蓄積的做空力量越足，當股價向下突破橫盤局面時，股價下跌的幅度就越大。
（7）得到其他技術面的驗證，如技術型態、K線組合等是否向淡，技術指標是否出現頂背離。

三、趨勢線技術操作13大方法

趨勢分析在股市技術分析中佔有非常重要的地位，尤其在轉捩點位置，趨勢分析能夠非常早地發現轉捩點已出現，趨勢即將轉變。一旦投資者熟練掌握趨勢分析，將可以在下跌趨勢結束轉為上升趨勢時，及時買入、贏得利潤；在上升趨勢完結下跌趨勢將開始時，及時賣出、回避風險。這涉及趨勢線的突破問題，股價有效突破趨勢線，表示原先的市場趨勢被扭轉，也就是說，股價向上有效突破下降軌道線時，表示上漲壓力已經被消除，為買入訊號。相反，股價向下有效跌破上升軌道線時，表示下

降支撐已經被消除,為賣出訊號。

在實盤操作中,有時會出現短暫的突破趨勢線走勢,股價很快回到原來的趨勢線之中,使投資者大惑不解,這就是常說的「假突破」,屬於趨勢線陷阱,投資者經常為突破是真是假而傷透腦筋。那麼,該如何看待股價的有效突破呢?為了避免這些陷阱,應掌握以下幾點:

(1)在突破時成交量應有效放大

如果成交量過低、突破肯定不能成立,如果成交量特別大且股價位置高,需提防主力以假突破的方式出貨。

成交量會隨著主要趨勢的變化而變化。因此,依據成交量也可以對主要趨勢作出判斷。通常,在多頭市場中,價位上升,成交量增加;價位下跌,成交量減少。在空頭市場中,當股價滑落時,成交量增加;當股價反彈時,成交量減少。當然,這條規則有時也有例外。因此,只根據幾天的成交量變化,是很難下結論的,考察成交量的大小,應結合一個時間段進行分析,只有對持續一段時間的整個交易進行分析,才能夠作出結論。在趨勢理論中,為了判定市場的趨勢,最終結論性訊號只由價位的變動產生,成交量僅僅是在一些有疑問的情況下,提供解釋的參考。

(2)股價向上突破下降趨勢線時

成交量必須有效增加,突破才能有效可靠,但如果突破趨勢的當天是強勢上漲,持股者因漲停板而惜售,以致成交量未能大量增加,則應例外對待。另外,在向上突破的當天,成交量並未大增,但第二天仍維持強勢並「補量」上漲時,也應視為有效突破。

(3)股價向下突破上升趨勢線時

成交量增加與否並不重要,均可視為有效突破。但在突破趨勢線的關鍵位置時,成交量也要顯著放大,隨後不久股價又反彈到趨勢線附近,作短暫停留後,再次大幅下跌。這種突破後出現反彈再大幅下跌的現象,為突破後的「回檔確認」走勢。

(4)突破的首要前提是股價的位置和階段

如果股價處於底部吸貨區域、中途整理區域、主力成本區域附近,若向上突破,真突破的機率較大,若向下突破,假突破的機率較大。如果股

價處於高位區域、遠離主力成本區域，若向上突破，假突破的機率較大，若向下突破，真突破的機率較大。

（5）幅度標準

無論是向上突破還是向下突破，均以超過3%為有效突破，否則為假突破。但由於市場上存在較多短線操作行為，只要收盤價高於或低於趨勢線突破點的2%，也可認定為該條件成立。在判斷時應以當日的收盤價為準，如果只是在盤內一度衝破趨勢線，然後快速回到原來的趨勢線之中，且成交量非常低，那麼其可靠性不高，可以認定為假突破。

（6）時間標準

一條趨勢線只有小小的突破，且突破時間很短暫，股價又回到原趨勢之中，那麼這種突破就可能是假突破。真正的突破除了要求有一定的漲跌幅、距離外，還有時間上的要求。通常，股價應在趨勢線突破一方連續站穩3天以上。但在實盤操作中，只要收盤價高於或低於趨勢線2天，也可以視為有效突破。

（7）突破盤局的原因

從股價總體運行趨勢來說，就是漲、跌、盤（震盪整理）三種情況，上漲讓人興奮，下跌讓人恐慌，而震盪整理最讓人心煩。可是，股價的絕大部分時間都處於震盪整理之中，它比上漲和下跌的時間都要長。但不震盪整理是不行的，因為股價是在漲漲跌跌中運行的，不可能一味地上升，也不可能一味地下跌，多空雙方都必須有一個蓄積攻擊能量的過程，才能使股價繼續維持原來的運動趨勢。

震盪整理之後必然有一個突破，盤局突破有向上與向下兩種可能。它是股價上升或下降的中間狀態，同時往往是必經之路。因此，有「久盤必升」或「久盤必跌」的說法。但震盪橫盤之後股價是升是跌，會向哪一個方向突破，令人頗費心思，也令人頗為猶疑。散戶在震盪整理中易犯的錯誤，主要在假突破上，迷信於向上假突破，陷入了多頭陷阱，或屈服於向下假突破，掉落了空頭陷阱。一般情況下，高位突破後應果斷減倉，低位突破後果斷加倉。

最常見的向上突破時機有：
① 低位的突發利多消息，或者利空明朗化。
② 低位的成交量逐漸放大，均線形成初步的多頭排列。
③ 低位大盤進入一年的春節前後。
④ 低位的突發非實質性利空出現。
⑤ 低位進入報表公佈期。

最常見的向下突破時機有：
① 高位的突發利空消息，或者利多明朗化。
② 高位的成交量逐漸萎縮，均線形成初步的空頭排列。
③ 高位的大盤進入一年的10月前後。
④ 高位的較大利多公佈。
⑤ 高位進入報表公佈期。

（8）突破盤局的辨別

突破是指股價在一個相對平衡的軌道裡，運行一段時間以後，突然單邊朝一個方向運行，它經常出現在吸貨或出貨行情中。

在吸貨行情中，在盤面上大致有兩種現象：一種是歷經幾次破位下跌後，股價在底部突然放量刻意向下壓價，造成再次破位的走勢，使經受深套的投資者徹底絕望，這時似乎許多的散戶聰明了，「止損」出場，可是不久股價不跌反漲。

同樣，在出貨行情中，在盤面上大致有兩種現象：一種是行情經過幾波上揚後，股價在高位突然放量刻意向上拉升，形成再次上攻的走勢，這時後知後覺者經不住誘惑而入場，可是不久股價不漲反跌，這是「貪婪」的套牢；另一種是股價漲到了頂部，突然向下急跌，形成洗盤或超跌的假象，給散戶「逢低買進」的機會，可是股價單邊一路走低，這是「無奈」的套牢。這兩種盤面現象，都被主力的手法所誘。

（9）有效突破一般建立在充分蓄勢整理的基礎上

充分蓄勢整理的形式有兩類：一類是投資者熟悉的各類型態整理，如三角形整理、楔形整理、旗形整理、箱體整理等；另一類是主力吸完貨以後，以拖延較長時間作為洗盤手段，或者因等待題材或拉升時機，長期任

股價回落下跌，股價走出了比型態整理時間更長、範圍更大的整理。股價一旦突破此種整理，則往往是有效突破。由於這種整理超出了型態整理的範圍，因此有時候是難以被察覺和辨別的。

（10）股價上漲必須有氣勢

突破後並能持續上漲，既然是突破就不應該磨磨蹭蹭，如果放量不漲就有出貨的嫌疑。

（11）對主力選擇突破時機需要仔細研究

市道較好且股位不高的時候沒有疑問，如果市道一般就需要結合主力成本、股價位置、主力類型及其控盤特點進行分析。在大勢較好的時候前期不逆勢，在市道不好的時候突然逆勢突破，提防主力出貨。

（12）如果突破以缺口形式出現

以缺口形式突破將是強勁有力的。股價在突破時形成盤面缺口，其可靠性比普通的突破走勢更高，而且缺口越大，上漲力量越強，可靠性越高。

（13）真正的突破

在一般情況下，保持得較久的通道或趨勢線，第一次突破是假突破的可能性最大，第二次突破則次之，而經過第三次或以上的突破，可能就是真正的突破了。

2-9 支撐線和壓力線：用二分法三分法計算市場氣氛

一、支撐線和壓力線

1. 支撐線和壓力線的位置

　　支撐線又稱為抵抗線。支撐線是指股價下方的價位線或成交密集區域，支撐點通常處於市場的底部，或上升趨勢中的調整區域，是買入的好時機。在股價的變動過程中，當股價回落到某一價位附近時，由於多方在此積極買入，使股價跌勢回穩，短期底部或是觸底回升形成了反轉型態。由於多頭在這一價位形成一條近乎水平的需求線，暫時頂住了股價的下跌走勢，對股價產生了支撐作用，因此這個發揮阻止股價繼續下跌作用的價位，就是支撐線所在的位置。

　　壓力線又稱為壓力線。壓力線指股價上方的價位線或成交密集區域，壓力點通常處於市場的頂部，或下跌趨勢中的調整區域，是賣出的最佳位置。在股價漲跌過程中，當股價反彈上升到某一價位附近時，股價的上漲受到壓制，漲勢開始放緩，形成短期頭部型態。這是賣方在此價位不斷拋售造成的，空方在這一價位形成一條近乎水平的壓力線，封住了股價的上漲走勢，對股價產生明顯的壓制作用，因此這個起著阻止股價繼續上行作

用的價位,就是壓力線所在的位置。

不論在上升過程中還是在下跌過程中,支撐線與壓力線都會出現。在上升過程中,支撐線基本上是由市場中空頭回補的力量決定,同時支撐線位置也是投資者加碼買進或攤低成本的最佳時機。但在上升行情中,人們關心的是行情將漲升到什麼位置,因而對壓力線會關注得多一些。在下跌行情中,由於趨勢是向下的,對投資者的投資熱情造成一定的打擊,市場心態不穩,當股價反彈到某一價位時,會有較多的短線獲利盤和高位套牢盤湧出,造成股價在反彈過程中受阻回落。但在下降趨勢中,人們更關心的是支撐線的位置。

支撐線和壓力線如同X線,只在一定時期內發揮作用。在下跌趨勢中,支撐線只能阻擋跌勢暫時放緩,但無法永久阻擋,在以後價格運動中,股價還會向下突破支撐。在上升趨勢中,壓力線只能阻擋漲勢暫時回落,也無法永久阻擋,在以後價格運動中,股價還會向上突破壓力。

支撐線和壓力線的運用法則

(1)由於支撐線與壓力線之間可以相互轉化,因而當股價向上超越前次波段行情的高點時,壓力線被有效突破,則這條壓力線將成為日後行情回檔的支撐線,尤其是在多頭上升中,回落之機就是買進之時。同樣,當股價向下跌破上次波段行情的底部時,支撐線被有效擊穿,則這條支撐線將成為日後行情反彈的壓力線,尤其是在大空頭市場中,每次反彈到壓力線位置都是最佳的出貨時機。「牛市中每次回落都應買進,熊市中每次反彈都應賣出」,就是這一道理。

(2)底點成交量的大小

在波段行情的低點,當股價向下擊穿支撐線,同時伴隨著成交量的顯著放大時,說明市場在該點位套牢盤較多,對後市股價的反彈回升將產生更大的壓力作用。相反,如果成交量在跌破支撐線時並沒有出現顯著放大現象,說明市場反應較為平靜,在這一點位的套牢盤不重,股價雖然創出新低,但其壓力作用相對較小,後市股價的反彈突破比較容易。

(3)頂點成交量的大小

在波段行情的高點，當股價向上穿越壓力線，同時伴隨著成交量的積極放大時，說明市場信心大增，籌碼積極換手，則該點位對後市股價的回落將產生更大的支撐。相反，如果成交量在股價向上突破時並未積極放大，說明投資者信心不足，雖然股價創出新高，但股價的上漲缺乏市場人氣的支持，支撐線的作用不是十分明顯，後市股價回落擊穿這一點位不會受到太大的抵抗。

（4）價格差幅的大小

支撐價格與最近小波段最高價的差幅越大時，或壓力價格與最近小波段最低點差幅越大時，所產生的支撐和壓力的效果越大。也就是說，在上升趨勢中，如果股價突破壓力線創出新高，這一新高點距離支撐線價位越遠，幅度越大，則支撐線對股價的支撐作用將越明顯。相反，如果上升突破的高點與支撐線之間的距離不大，則產生支撐作用的效果不是十分明顯，有時可以將這種突破列為假突破。

同樣，在股價下降趨勢中，也具有相同的技術意義。如果股價創出的新低點距離壓力位較遠，則對後市反彈將產生較大的壓力作用。相反，如果兩點之間的價差幅度不大，其壓力作用將表現得較為微弱，假突破的可能性就相對較大。

（5）時間長短

支撐線與壓力線的形成點，距離當前行情的時間跨度很長，說明股價在這一段較長的時間內都無法形成突破，其支撐與壓力的作用將更加明顯。如果發生的時間距離當前價位不是很久，除非是大幅度的突破（即兩者之間的差幅很大），否則股價極有可能在短期內形成反向突破。因此，時間越短，點位越接近當前股價，其支撐與壓力的作用也越小。

但是，如果支撐和壓力的形成點，距離當前行情的時間太久，因場內浮動籌碼逐步被消化，所產生的支撐和壓力的效果將略微降低，所以時間跨度適中（在1個月以內）較好。

（6）市場投資氣氛

大盤處於強勢多頭市場時，由於股價總體趨勢向上，因此行情在上漲過程中遇到的壓力線，遲早都會被突破，壓力作用也就顯得相對較弱。在

大空頭市場中，由於股價的總體趨勢向下，市場人氣衰退，多頭買盤在低位的承接力度有限，支撐線遲早會被擊穿，因此其支撐作用也就顯得不是十分明顯。

（7）股價的重要位置或整數點位

一方面是個股市值整數價格，如10元、15元等，另一方面是指數的整數位置，如2000點、3000點等，都有支撐和壓力作用。

（8）集中成交區域

股價在某一價位出現相當大的成交量，則在此會形成密集的成交區，對股價的支撐與壓力作用將十分明顯與有效，成交越集中，其作用就越大。由於成交的密集反映了市場集中的平均成本，回落時買方會積極護盤，而反彈時則會解套拋售。因此，股價將在一定時期內在成交密集區域上下震盪，直到最後形成有效突破。

（9）型態的作用

原始趨勢線、各種技術型態的預測能力，以及尚未突破型態時的上限、下限及頸線等，其支撐與壓力的作用都要比一般平常點位要大得多。

（10）趨勢線與X線

一般趨勢線與X線都具有一定的支撐和壓力作用，其中斜率適當的原始趨勢線，對行情產生的支撐和壓力作用更加明顯。

（11）二分法與三分法

當指數或個股漲升之後，如果滯漲回跌，通常跌到這段漲幅的1/3或1/2左右時，分別具有支撐力量。同樣，當指數或個股下跌之後，如果止跌反彈，通常反彈到這段跌幅的1/3或1/2左右時，分別具有壓力力量（1/3與黃金分割率0.382、1/2與0.618相近）。

（12）歷史的高低價

過去出現的歷史最高價和最低價附近，既是持倉成本區域，也是心理因素位置，所產生的支撐和壓力也不容忽視。

（13）靠近除權波段低點或填權價格，股價經過除權後形成的近期低點，具有支撐和壓力作用。另外，如果是權值較大的股票，當其接近填權或剛填權時，因參與除權者已獲得不少的增資配股利潤，賣出自然會較積

極，因此股價到填權價格附近，無形中會受到較大的壓力。

2. 短線支撐和壓力的計算

短線支撐和壓力的秘笈：
當天均價－當天最低價＝X（差價）
最後買入價（或收盤價）－X
＝第二天短線支撐價最後賣出價（或收盤價）＋X＝第二天短線壓力價
注：均價＝（開盤價+最高價+最低價+收盤價）÷4（或成交金額÷成交數量）。

3. 支撐線和壓力線的相互轉化

　　支撐線和壓力線是相對的範疇，兩者角色經常互換，當支撐線被相當程度的力量往下突破後，就會轉變為下次股價回升的壓力。同樣，當壓力線被相當程度的力量突破後，就會轉變為下次股價回落的支撐。在股價上漲的過程中，上升趨勢線即為支撐線，在股價下跌的過程中，下降趨勢線即為壓力線。

　　支撐線與壓力線的最大作用，就是阻止股價持續原先趨勢方向的運動。我們已知道股價的波動是有趨勢的，而在一個大的趨勢之中又包含許多小的趨勢，有些趨勢是與大方向相反的，而支撐線與壓力線就發揮阻止這種趨勢的作用。如果股價要維持原先的運行趨勢，就必須對這些支撐線與壓力線進行突破。由此可知，支撐線與壓力線大多時候只是使股價在漲跌過程中暫時停頓，但不足以長期影響股價，始終都有被突破的可能。

　　從支撐線與壓力線的力道來講，趨勢運行的時間越短，所形成的支撐與壓力的作用就越弱。當股價運行完一個大的趨勢後，多空勢態已發生逆轉，股價已無法在短期內再創出新高或新低，這時在頂部形成的壓力線或在底部形成的支撐線就顯得極為重要，尤其是股價在頂部或底部反覆震盪，而始終無法衝破壓力線與支撐線時，通常意味著一輪大行情的結束，

支撐線與壓力線發出強烈的反轉訊號，警告投資者應及時改變操作策略。

實際上，支撐線與壓力線作用的發揮，主要是由投資者心理因素造成。同樣，兩者之間地位的轉化也是由投資者心理因素造成。比如，在上升趨勢中，當股價突破上檔壓力線的壓制時，股價表現出較強的強勢特徵，市場反應積極。當股價突破後再回落到該點位時，投資者多數會認為只是對行情突破的回檔確認，多方會在這裡繼續加碼買進，而原先不看好後市的投資者會在相對較低的價位積極買進，此時股價在這裡受到買盤的強力支撐，而止跌回升，原先的壓力線已經轉化成支撐線了。

同樣，在下跌過程中，股價向下擊穿支撐線創出新低，投資者信心開始動搖，市場人氣衰退，當股價再度反彈到該點位附近時，原先沒有及時出貨的投資者會趁著股價反彈之機盡數拋空，強大的拋售壓力使股價無法超越這一點位，原先的支撐線也就轉化成壓力線了。因此可以看出，支撐線與壓力線的地位並非一成不變，它們可以相互轉化，條件是它們必須被有效的、足夠強大的股價變動所突破。

支撐線與壓力線對當前股價的影響程度，主要從以下三個方面考慮：

（1）股價在這個區域停留時間的長短。

（2）股價在這個區域伴隨的成交量的大小。

（3）支撐點或壓力點離當前股價的遠近。

一般來說，股價在這一區域逗留的時間越久，伴隨的成交量越大，發生的時間越近，其支撐和壓力作用對當前行情的影響力也就越大。

當然，，在實際運行過程中，一些市場的不確定因素或主力機構的刻意行為，可能會使股價對支撐線或壓力線做出短暫的突破，但之後股價很快重新回到原來的範圍之內，此時投資者要隨時對其進行調整與修正，使其更具明顯的支撐與壓力的作用。

二、支撐線常使用的陷阱

由趨勢線的持續和轉折作用可知，當根據趨勢線判斷股價將繼續原先

的上升趨勢，或者將改變原先的下跌、盤整趨勢時，就可以作出買入股票的決策。但是在實盤操作中，股價在趨勢線附近有許多技術陷阱或虛假訊號出現，投資者應當有所防範。

1. 下跌遇假支撐陷阱

在股價上升趨勢中，股價的高點一個比一個高，低點也一個比一個高，將其低點連成一條直線，便得到一條向右上方傾斜的上升趨勢線。總體來說，股價在這條上升趨勢線方向上攀升，因此當股價回落到這條趨勢線附近時，往往會獲得支撐而止跌回升。所以，當股價回落到上升趨勢線又止跌回升時，就是個難得的買入時機。但在實盤操作中，股價回落到這條趨勢線附近時，僅僅稍做停留後就向下突破，上漲趨勢宣告結束或形成一波跌勢行情，或者股價未做停留就直接下跌，將在支撐線附近買入的投資者全部套牢，因而形成下跌遇假支撐陷阱。這種現象通常有兩種盤面的表現形式：

第一種形式：

稍做停留，形成假支撐，讓散戶入場。股價回落到這條趨勢線附近時，稍做停留，在盤面上產生止跌回升的假象。當投資者紛紛介入時，股價便向下跌落，將入場者套牢。

【案例】圖2-59：桃李麵包

該股洗盤整理結束後，再次逐波向上推高，形成一條上升趨勢線，也成為股價下跌的支撐線，每當股價回落到趨勢線附近，將獲得支撐而回升。2020年12月初，股價再次回落到上升趨勢線附近時，遇到支撐而停止下跌，預示股價將重拾漲勢，因而成為買入訊號。可是，經過短暫的震盪整理後，股價選擇向下運行，將入場者套牢於高位。

【技術解盤】

該股為什麼得不到上升趨勢線的支撐呢？從圖中可以看出，股價觸及上升趨勢線時，沒有立即拉起，表示主力做多意願不強烈。有股諺「久盤

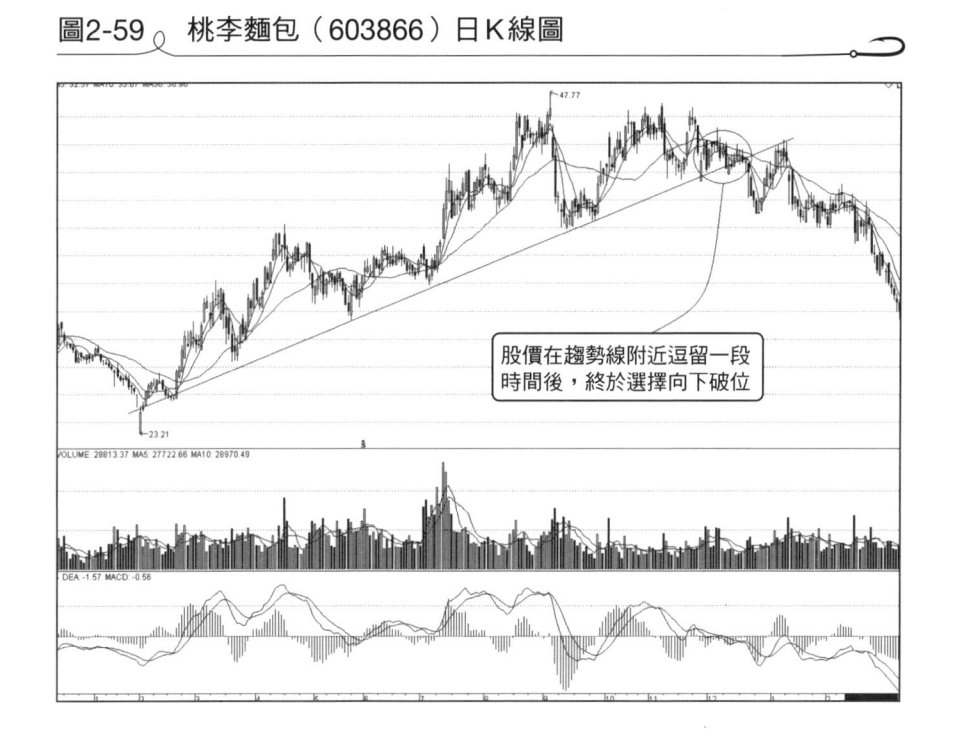

圖2-59 桃李麵包（603866）日K線圖

> 股價在趨勢線附近逗留一段時間後，終於選擇向下破位

必跌」的說法，在高位形成橫盤走勢，即使上升趨勢線也難以支撐股價繼續走強，下跌比上漲容易得多。

當股價遇到趨勢線支撐時，成交量沒有及時放大，表示多數投資者抱持謹慎態度，因而難以推動股價上漲，上升趨勢線的支撐作用值得懷疑。從均線分析，30日均線已經在高位形成走平趨勢，股價受均線壓制明顯，上升趨勢線的支撐力道將受到影響。

從技術型態分析，股價上方出現多個小高點，將這些小高點連接成為一條直線，就構成一條壓力線，股價多次上攻到這條壓力線附近時，均遇到壓力而回落整理。

根據上述分析，上升趨勢線附近的支撐力道非常小，很容易被空方力量打破，因此趨勢線附近不是理想買入點，反而是賣出機會。

完整解析趨勢線交易技術

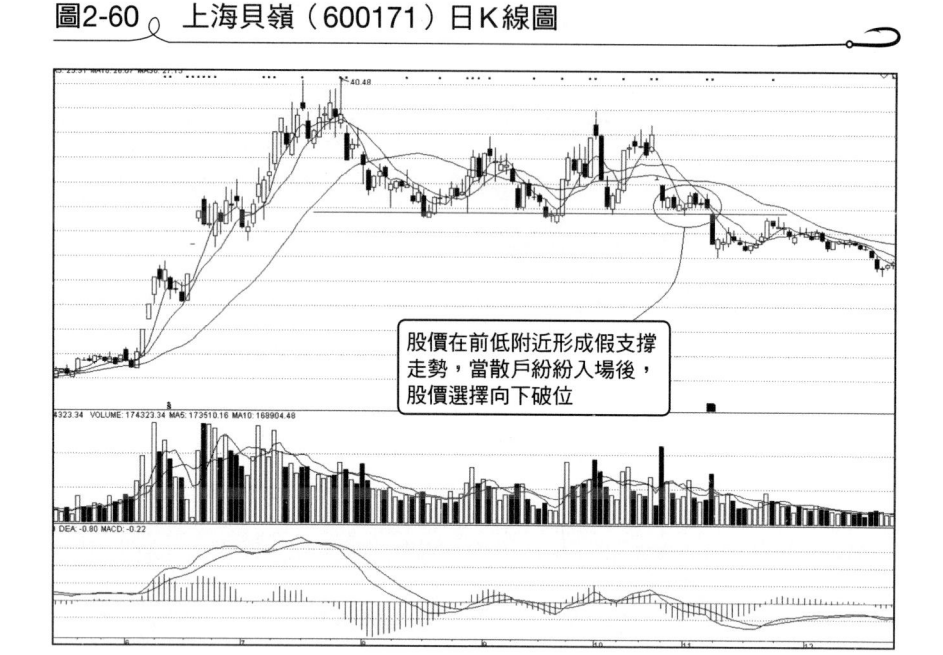

圖2-60　上海貝嶺（600171）日K線圖

股價在前低附近形成假支撐走勢，當散戶紛紛入場後，股價選擇向下破位

【案例】圖2-60：上海貝嶺

該股經過前期的拉高炒作後，股價在高位出現震盪走勢，幾起幾落，下方多個低點形成一條水平支撐線，對股價構成重要的支撐。2021年10月下旬，股價再次回落到前低附近時出現震盪盤整走勢，得到了一定的技術支撐，因而投資者紛紛買入。可是，股價沒有出現回升走勢，11月8日股價意外跌停，向下跌破支撐線，之後盤面漸漸走弱，在支撐線附近買入的投資者遭受深套。

【技術解盤】

該股為什麼沒有得到有效的技術支撐呢？從圖中可以看出：

（1）股價前期漲幅較大，短期上漲空間不大。

（2）高位盤區時間較長，做多力量逐漸衰竭，也反映主力沒有繼續做高的意願。

（3）當股價回落到支撐線附近時，沒有很快拉起，說明入場資金不積極。

（4）30日均線出現下行，對股價上漲構成反壓。一般情況下，股價到達一個真正有技術支撐位置附近後，很容易出現彈升走勢，該股在技術支撐位置附近沒有能力彈升的現象，說明該位置已經漸漸失去支撐作用，短期的停留只是主力誤導散戶入場的假支撐，這時投資者應謹慎選擇，不應盲目看重支撐的作用。

第二種形式：

不作停留，直接下跌，不給散戶高拋機會。股價回落到這條趨勢線附近時，不管有無買入盤介入，不作任何停留，在盤面上直接擊穿趨勢線，從而讓趨勢線失去支撐作用。這種現象通常在趨勢線較高的位置，已經有過一段盤整走勢，主力也派發了一定的籌碼，當股價回落到支撐位附近時就直接下跌，這樣做的目的是不給散戶出逃的機會。

【案例】圖2-61：華儀電氣

該股大幅上漲後，在高位見頂回落，當首次回落到前期低點附近時，遇到支撐而出現反彈回升走勢，但股價沒走多遠再次出現回落。2021年5月初，股價第三次到達前期兩個低點附近，這時出現幾個交易日的盤整走勢，疑似得到一定的技術支撐，因而投資者紛紛買入。可是，股價並沒有出現回升行情，稍做停留後直接向下跌破支撐，緊接著就是大跳水，在支撐線附近買入的投資者遭受深套。

【技術解盤】

從這檔股票的走勢可以看出，股價到達支撐線附近時，由於得不到成交量的配合，未能將股價及時向上拉起，最終支撐力道漸漸喪失，多方不得不放棄護盤行為。而且，均線趨向空頭排列，對股價上漲構成反壓。通常，盤整的時間越長，蓄積的做空力量越足，後市下跌的幅度就越大，下跌的速度也越快。因此，股價向下突破橫盤整理的支撐線時，是最佳的賣出時機。

透過上述實例分析，投資者遇到股價下跌遇支撐線（位）時，上升趨

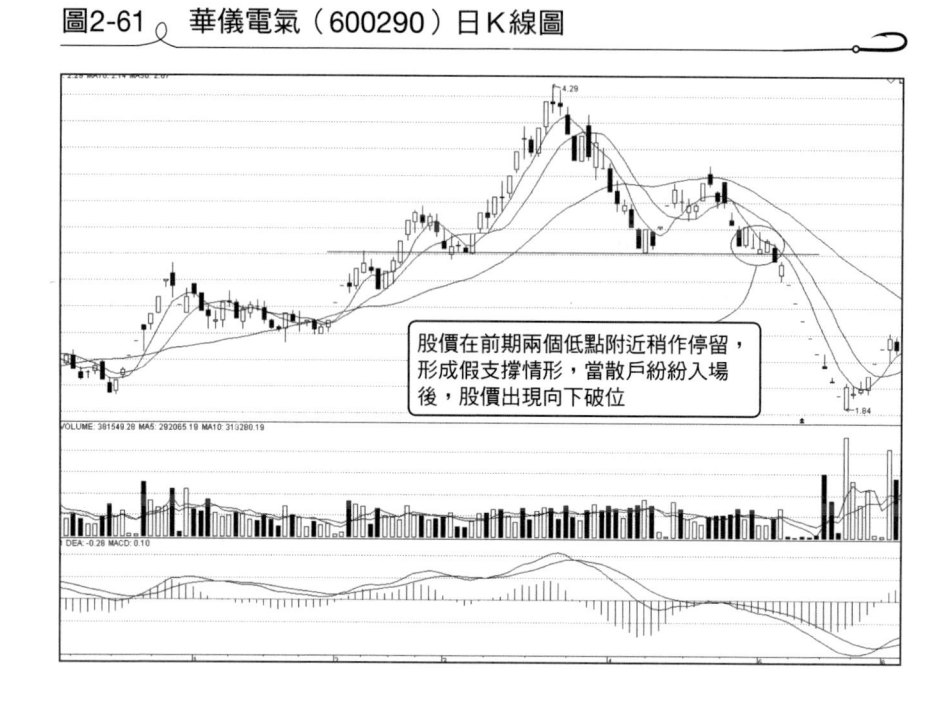

圖2-61 華儀電氣（600290）日K線圖

股價在前期兩個低點附近稍作停留，形成假支撐情形，當散戶紛紛入場後，股價出現向下破位

勢線的可靠性還可以從以下幾個方面，進行驗證分析：

（1）趨勢線所經過的次級上升底部越多就越有意義。換句話說，若股價回到趨勢線之上後再度上升，上升的次數越多，趨勢線的有效性更可獲得確認。

（2）趨勢線延伸較長，股價能離開趨勢線而停留在高位一段時間後，才產生中級下跌，並向趨勢線靠近才有意義。如果股價距離趨勢線所連的兩個次級底部相當遠，並在此期間大幅度上升，則它的可靠性較高。

（3）趨勢線和它的兩個底部連線所形成的角度，是估量中級趨勢線的標準。一條角度非常陡峭的趨勢線容易被一個橫向的整理型態突破，對技術分析者來說，這條趨勢線的測量價值會降低。因此任何突破發生時，投資者都應提高警覺並採取對策。

（4）上升趨勢中，當股價回落到支撐線時，相對應的成交量應當發

生明顯的萎縮，倘若價量背離，很可能出現股價跌破支撐線，並進一步下跌，徹底改變原先的上升趨勢線。

（5）上升趨勢線不是固定不變，它常常會隨著上升行情的展開而改變斜率，因此應當根據實際情況適時調整上升趨勢線，以便更準確地判斷行情走勢，把握買賣時機。

（6）上升趨勢線越可靠，根據「回落遇支撐」的法則，判斷買入時機越準確。上升趨勢線可靠性的判斷已在前面論述過。

2. 支撐線假跌破陷阱

在上升趨勢中，支撐線支撐著股價一步步向上走高，如果支撐線被空頭向下突破，上升趨勢轉變為下降趨勢，那麼支撐線的角色也就轉變了，從支撐線演變成壓力線。轉變的原因可以這麼理解：支撐線與壓力線都形成於成交密集區域。同一成交密集區既是行情由上向下滑落的支撐區，又是行情由下向上攀升的壓力區。當成交密集區被跌破，在行情下跌過程中常常會有較高的換手率，如果經過多空雙方的艱苦搏鬥，空方勝利，那麼支撐線就轉換為壓力線，壓力線是前期多數人被套牢的價位，所以難以被衝破，一旦衝破則力道將相當大。

因此，股價向下跌破支撐線後，支撐線延長後就成為下跌趨勢的壓力線，當股價在下跌中反彈到壓力線之上時，股價常常會受阻下跌，所以此時應趁反彈賣出股票。但是實盤操作中，股價變化非常快，有時向下跌破支撐線後，過不了多久就重新回到趨勢線之上，並繼續出現漲勢行情，從而形成支撐線跌破陷阱。

【案例】圖2-62：山西焦化

該股主力成功完成建倉計畫後，穩步向上推高股價，形成一條上升趨勢線，股價多次回檔到支撐線附近，都得到支撐而回升。2021年7月28日，股價向下擊穿上升趨勢線的支撐，此時支撐線轉化為壓力線，預示著股價有走弱可能，從而構成賣出訊號。可是，股價並沒有持續下跌，很快回穩後重返趨勢線之上，不久形成快速上漲行情。

圖2-62　山西焦化（600740）日K線圖

股價跌破支撐線後，沒有持續下跌，回穩後重返支撐線上方，並形成主升段行情

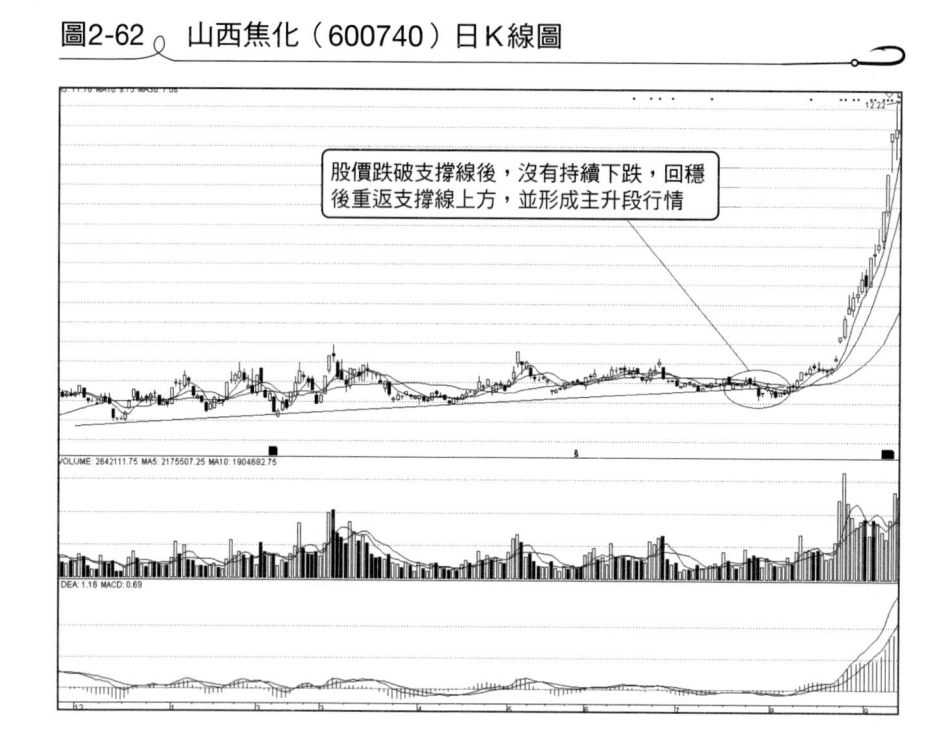

【技術解盤】

　　該股僅從K線圖上看，已經形成有效突破型態，那麼為什麼擊穿支撐線後，又快速返回到支撐線之上呢？從圖中可以看出，股價無量向下突破支撐線，說明盤內籌碼依然穩固，沒有出現鬆動跡象，向下突破反映了主力故弄玄虛，欺騙散戶的籌碼。雖然下跌並不要求成交量的大小，但在突破的那幾天應當有放量現象，否則空頭陷阱的可能性較大。

　　股價向下突破後，沒有在趨勢線下方停留更多時間，也沒有出現持續下跌走勢，便返回到趨勢線之上，說明主力也不敢在此停留太長的時間，更不會盲目打壓股價，以免損失低位籌碼。

　　為什麼此處會跌破支撐線呢？這是主力洗盤所為。主力會刻意擊穿或破壞一些重要技術位置，如短線均線、上升軌道線、某些技術型態等。從K線型態看，在盤面上出現一兩根大陰線，或者大陰大陽交替進行，或者連

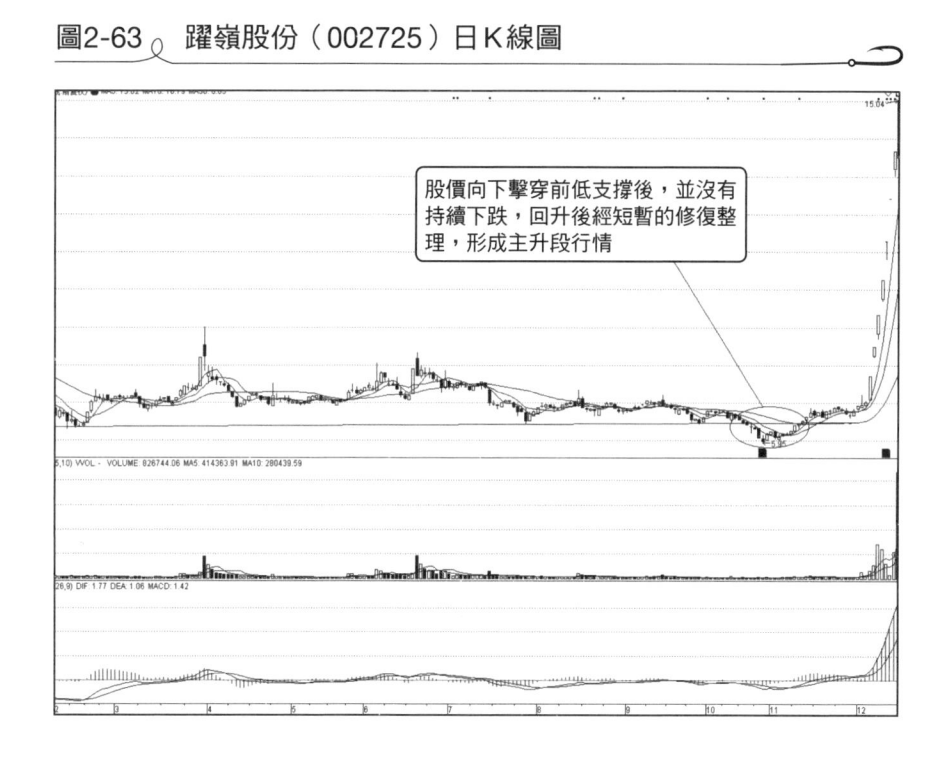

圖2-63 躍嶺股份（002725）日K線圖

> 股價向下擊穿前低支撐後，並沒有持續下跌，回升後經短暫的修復整理，形成主升段行情

續出現大陰線，成交量急劇放大（有時也出現小量）。這會使股價出現較大的震盪，不少投資者難以躲過回檔過深的洗盤手法，因而使短線跟進的獲利盤或套牢盤離場，在盤中恐慌賣出，同時讓一些搶反彈者進場，而主力順利地達到震倉的目的。可見，該股是主力的一次洗盤換手行為。遇到這種情形時，持股者不必驚慌，持幣者可以逢低介入。

【案例】圖2-63：躍嶺股份

該股從高位下跌後，在底部出現橫盤走勢，下方多個低點形成一條支撐線，股價每次回落到這條支撐線附近時，均遇到支撐而回升。2021年10月下旬，股價連續向下盤跌，擊穿下方的支撐線，此時支撐線轉化為壓力線，通常是一個賣出訊號。可是，股價僅在支撐線下方停留幾日，就重新返回到趨勢線上方，經過短期修復整理後，出現主升段行情，從而成為向下假突破走勢。

【技術解盤】

該股為什麼會成為假突破訊號呢？從圖中可以看出，股價無量向下突破支撐線，說明盤內籌碼依然穩固，沒有出現鬆動跡象，向下突破反映了主力故弄玄虛，欺騙散戶籌碼。

股價擊穿支撐線後，沒有迅速脫離突破區域，尚未出現大幅下跌走勢，只是在趨勢線下方作短暫的停留後，返回到趨勢線之上，說明主力也不敢在此停留太長的時間，以免損失低位籌碼。

從價位方面分析，經歷了較長時間的下跌調整，股價已經到了底部區域，投資價值已凸顯出來，是中長期戰略投資者的建倉區域，此時出現的向下突破值得懷疑。從主力角度分析，股價處於市場平均持倉成本和主力持倉成本區域附近。根據實盤操作經驗，一個比較均勻的水平通道型態，市場的平均成本價在水平通道的中心價附近，主力的成本價位相對略低一些，但不會相差太遠，更不會超出中心價至下軌線的垂直距離。因此，股價不會長時間大幅下跌，向下破位是底部空頭陷阱。可見，該股是主力一次打壓建倉或打壓試盤行為。遇到這種情形時，持股者切不可盲目斬倉，持幣者可以逢低介入。

在實盤操作中，投資者遇到股價跌破支撐線時，其可靠性還可以從以下幾個方面進行驗證分析：

（1）原先橫向趨勢線的時間跨度越長越可靠，支撐力度越強，那麼它轉化為壓力線後的壓力也就越大。

（2）支撐線轉化壓力線的前提條件是原先的上升趨勢被有效突破，上升趨勢轉化為下降趨勢。如果突破的力量不足，沒有扭轉趨勢的方向，那麼股價突破後不久仍將回到上升趨勢線的上方，原先的上升趨勢線仍然沒有改變支撐線的角色，支撐線是否真正被有效突破，可以根據百分比法（當日股價跌破支撐線的3%以上）與時間法（連續3天都突破支撐線）來判斷。

（3）確定股價所處的具體位置。在低位或漲勢的中途，向下突破為疑似訊號，向上突破的可靠性較高。在高位或跌勢的中途，向上突破為疑似訊號，向下突破的可靠性較高。

（4）向下突破關鍵位置的那幾天，也必須得到成交量的放大配合。

（5）得到其他技術面的驗證，如技術型態、K線組合等是否向淡，技術指標是否出現頂背離、死叉或方面性提示。

三、壓力線常見陷阱

1. 上漲遇假壓力陷阱

在下降趨勢中，股價的高點一次比一次低，低點也一次比一次低，將其高點連成一條直線，就得到一條向下傾斜的下降趨勢線，股價通常在這條下降的趨勢線下跌落，因此當股價上漲到這條趨勢線上時，常常會遭遇壓力反轉下跌。對於已被套牢的投資者來說，在股價下跌趨勢中，當股價發生反彈，上漲到趨勢線附近時，就是逢高離場或減少損失的賣出時機。但在實盤操作中，股價回升到這條趨勢線附近時，僅僅作短暫的停留後就向上突破，成功扭轉下跌趨勢或形成一波漲勢行情，或者股價未做停留就直接上漲，使在壓力線附近賣出的投資者全部踏空，因而形成上漲遇假壓力陷阱。此類陷阱通常有兩種盤面表現形式：

第一種形式：

稍做停留，形成假壓力，讓散戶離場。股價上漲到這條壓力線附近時，作短暫停留，在盤面上產生遇壓力回落的假象。當投資者紛紛賣出時，股價便向上有效突破，並產生漲勢行情。

【案例】圖2-64：吉鑫科技

該股見底後向上回升，當股價首次觸及前高附近時遇阻回落，顯然前高成為股價上漲的壓力線，通常股價反彈到壓力線附近時，是逢高賣出的較好位置。不久，股價再次反彈到壓力線附近，同樣遇到壓力而停止上攻步伐，並形成震盪走勢，預示股價將再度下跌，投資者有了前車之鑒，紛紛選擇賣出操作。可是，經過幾個交易日的回檔整理後，2021年10月29日股價放量漲停，向上突破了壓力線，從而開啟一波拉升行情。

圖2-64 吉鑫科技（601218）日K線圖

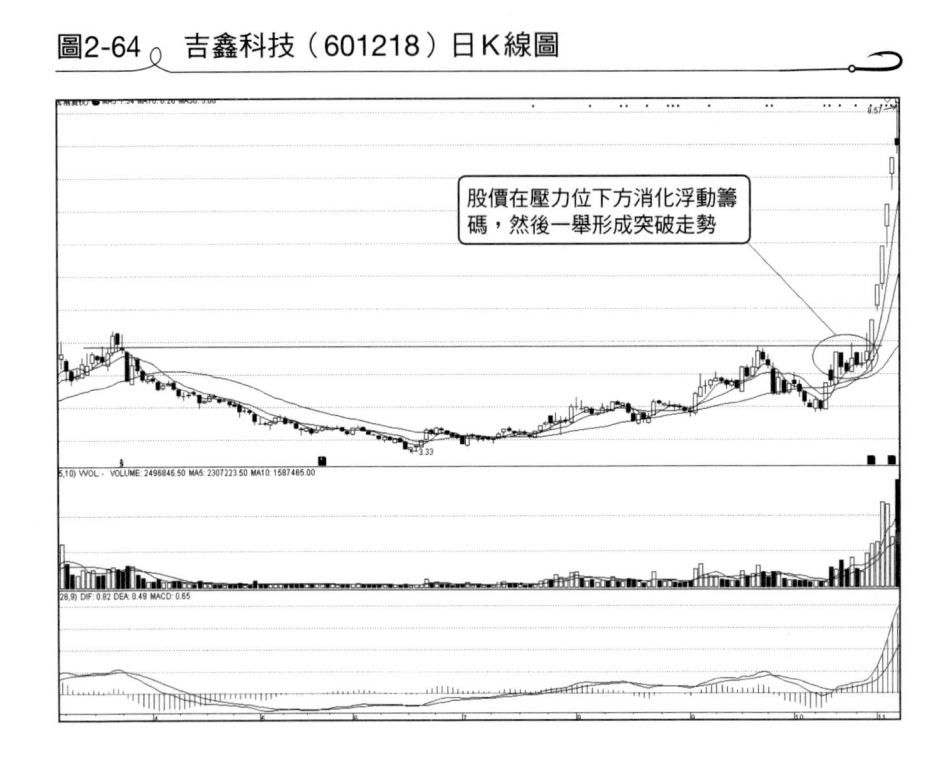

> 股價在壓力位下方消化浮動籌碼，然後一舉形成突破走勢

【技術解盤】

為什麼壓力線沒有形成壓力呢？透過盤面分析可以發現，從移動平均線分析，雖然股價反彈到前高附近時，遇到較大的壓力而出現震盪，但是股價回落時，遇到30日均線支撐，且30日均線保持上行狀態，對股價發揮強大的支撐作用，因此股價沒有下跌多遠就穩定回升。

從大眾操作思維分析，前期高點壓制股價上漲已形成一定的共識，當股價抵達壓力線附近時，技術派人士就會選擇賣出，加上主力在該位置製造震盪走勢，使得不少散戶認定自己的判斷是正確的，因此更加果斷地賣出股票。那麼，散戶在壓力線附近賣出的籌碼被誰接走呢？肯定是主力。主力拿著這麼多的籌碼，是想獲得更加豐厚的利潤，因此使得股價很快突破壓力線，形成強勢拉升行情。

根據上述分析，前高附近雖有一定的壓力作用，但很容易被多方力量

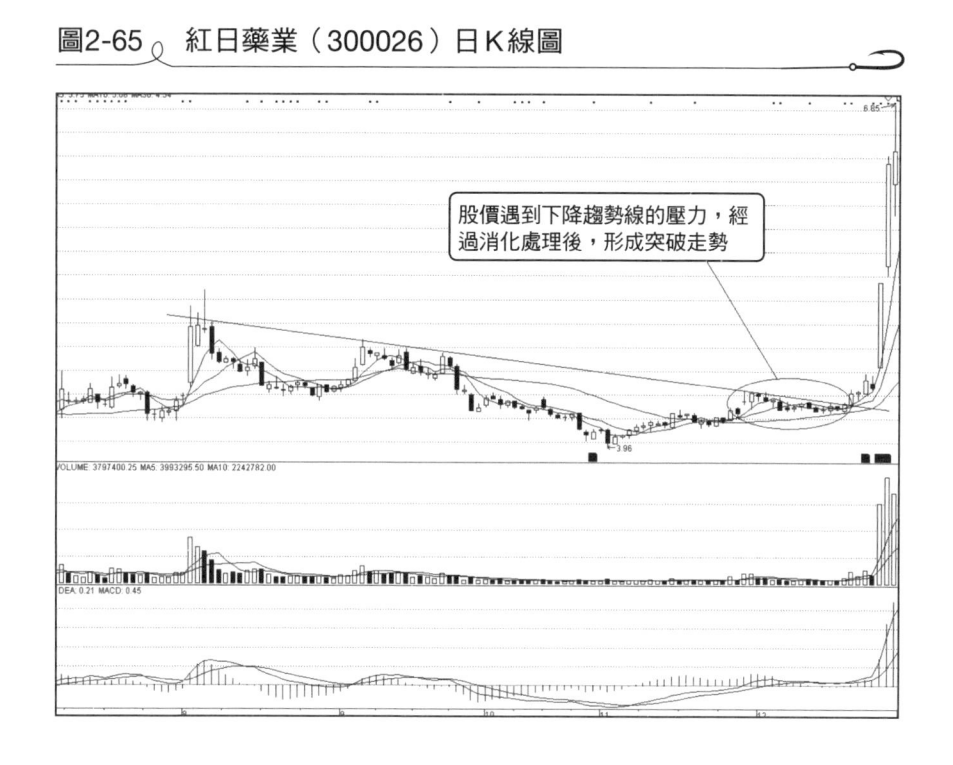

圖2-65 紅日藥業（300026）日K線圖

> 股價遇到下降趨勢線的壓力，經過消化處理後，形成突破走勢

打破。該股第一買入點在30日均線附近，第二買入點在股價放量向上有效突破前高時，如果量價配合理想，可以加倉買入。

【案例】圖2-65：紅日藥業

該股反彈結束後再次回落，形成一條向下傾斜的趨勢線，對股價回升產生一定的反壓作用。經過持續的下跌整理後，在底部盤整過程中，主力吸納了大量的低價籌碼。不久，股價再次反彈到趨勢線附近時，同樣遇到一定的壓力，無力向上突破而呈震盪走勢。不少投資者看到這種情況後，認為股價上漲遇到趨勢線壓制而遲遲不能突破，紛紛選擇賣出。可是不久後，股價漸漸磨破了壓力線，漸漸回升到壓力線上方，2021年12月24日股價放量漲停，產生一輪快速上漲行情。

【技術解盤】

如何分析該股的盤面走勢呢？從圖中可以看出，股價反彈到趨勢線附

近時，上漲明顯遇到壓力，多頭十分慎重，不敢輕易採取攻勢。於是，股價在趨勢線下方形成震盪走勢，以逐步消化上方壓力。其實，股市中最大的力量不是多空雙方的實力，而是「磨」。俗話說「磨杵成針」，「磨」能磨掉多空雙方的意志和力量，使其最終放棄原來的計畫。在實盤操作中遇到支撐或壓力時，主力常常採用磨的手法，最終將支撐或壓力消化殆盡。該股主力就穩紮穩打，不急於攻克壓力，而是採用磨的手法，消化了上升壓力，最終成功進入上升通道。

雖然股價反彈到趨勢線附近時遇到了一定的壓制，但股價已成功站穩於30日均線之上，30日均線保持緩慢的上移態勢，為股價下跌起到支撐作用，因此股價短期風險不會很大。

從價位分析，股價經過長期的下跌調整後，已處於歷史底部區域，下跌空間不會很大。成交量萎縮到地量水平，表示做空動能不足，後市上漲的概率較大。

投資者遇到這種情形時，持股者可以觀察均線的支撐力道，將止損位設在30日均線附近，持幣者在股價有效突破趨勢線後，逢低介入做多。

第二種形式：

不作停留，直接突破，不給散戶買進機會。股價反彈到壓力線附近時，不管盤中跟風狀態是否積極，不作任何停留，在盤面上直接突破趨勢線，從而讓趨勢線失去壓力作用。這種現象通常發生在底部區域，股價經過充分盤整後，主力成功完成建倉任務，當股價反彈到壓力線附近時就直接上漲，這樣做的目的是不給散戶逢低買入的機會。

【案例】圖2-66：風範股份

該股見底後多次向上反彈，幾個高點形成一條壓力線，每次股價反彈到壓力線附近時遇阻回落，因此壓力線附近是一個賣出時機。2021年12月13日，股價放量漲停，再次反彈到壓力線附近，這時不少投資者紛紛減倉或拋售離場。可是，股價沒有出現回檔，次日經過短暫的盤中日內換手後再次漲停，成功站穩於壓力線之上，順利地將壓力線轉化為支撐線，股價出現6連漲停板。

圖2-66 風範股份（601700）日Ｋ線圖

直接突破前高壓力，
不給散戶買進機會

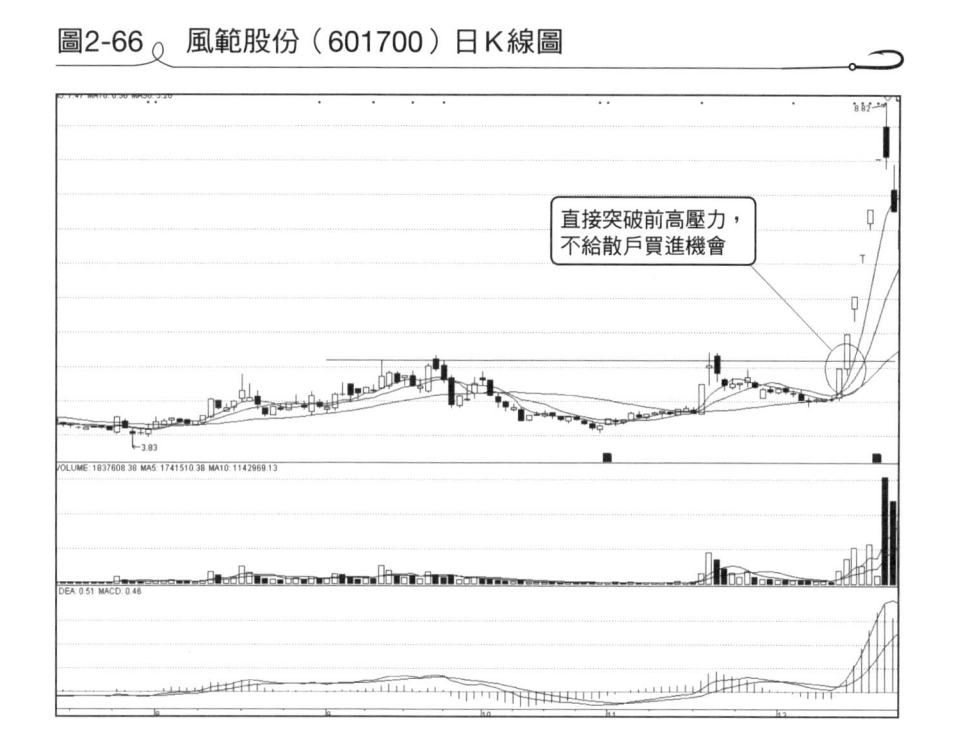

【技術解盤】

如何分析判斷該股的盤面走勢呢？該股經過長期的下跌調整後，釋放了大量的做空能量，股價已經到了底部區域，具有較高的投資潛力。隨著股價的下跌，成交量不斷萎縮，直至地量水平，浮動籌碼已經不多，盤中持股者對後市股價上漲不構成影響。而且，股價調整得到30日均線的支撐，此時30日均線保持上行狀態，對股價起到助漲作用。可見，該股前高附近的壓力非常小，此處是一個假壓力位。投資者遇此情形時，應以逢低買進為主，最佳買入點是在股價向上突破前高時買入。

在實盤操作中，股價上漲遇到上方壓力位時，其可靠性程度還可以從以下幾個方面進行驗證分析：

（1）趨勢線所經過的次級下降頂部越多就越有意義。換句話說，股價回到趨勢線上後，再度下跌的次數越多，趨勢線的有效性就越能獲得確

認。

（2）趨勢線延伸較長，股價能離開趨勢線而停留在低價位一段時間後，才產生中級上漲，並向趨勢線靠近才有意義。如果股價距趨勢線所連的兩個次級底部相當遠，並在此期間大幅度下跌，則它的可靠性越大。

（3）趨勢線和它的兩個頂部連線所形成的角度，是中級趨勢線的標準。一條角度非常陡峭的趨勢線容易被一個橫向的整理型態突破，對技術分析來說，這條趨勢線的測量價值會降低。因此集體突破發生時，投資者應提高警覺並採取對策。

（4）下降趨勢中，當股價上漲到壓力線時，相對應的成交量應當發生萎縮，至少不能明顯放量，否則，放量上升可能導致股價突破壓力線並進一步上漲，擺脫原先的下降趨勢，在這種情況下，在壓力線附近賣出股票就操之過急了。

（5）下降趨勢線並不是固定不變的，它通常會隨著下跌行情的展開而改變斜率，因此應當根據實際情況適時調整下跌趨勢線，以便更準確地判斷行情走向和把握買賣時機。

（6）下降趨勢線越可靠，根據「上漲遇壓力」的法則，判斷賣出時機就越準確。前面的概述中，已談論過判斷下跌趨勢線可靠性的方法。

2. 壓力線假突破陷阱

在一個主要的下降趨勢中，如果重要的壓力線被多頭向上突破，那麼它的角色就要轉變了，由反角演變成正角，即從壓力線演變為支撐線。這是因為支撐線與壓力線均形成於成交密集區，同一成交密集區既是行情由下向上攀升的壓力區，又是行情由上向下滑落的支撐區。當成交密集區被突破，在行情上升過程中一般伴隨著高換手率，若經過多空雙方的艱苦搏鬥，多方獲勝，那麼壓力線就變換為支撐線，支撐線的價位是大多數人的購入成本或預期的低點，因此不會被輕易跌破。

所以，股價突破壓力線上漲後，壓力線延長後就成為上升趨勢的支撐線，當股價在上升趨勢中回落到此支撐線上時，股價通常會受到支撐而反

第 2 部　最完整趨勢線的技術分析

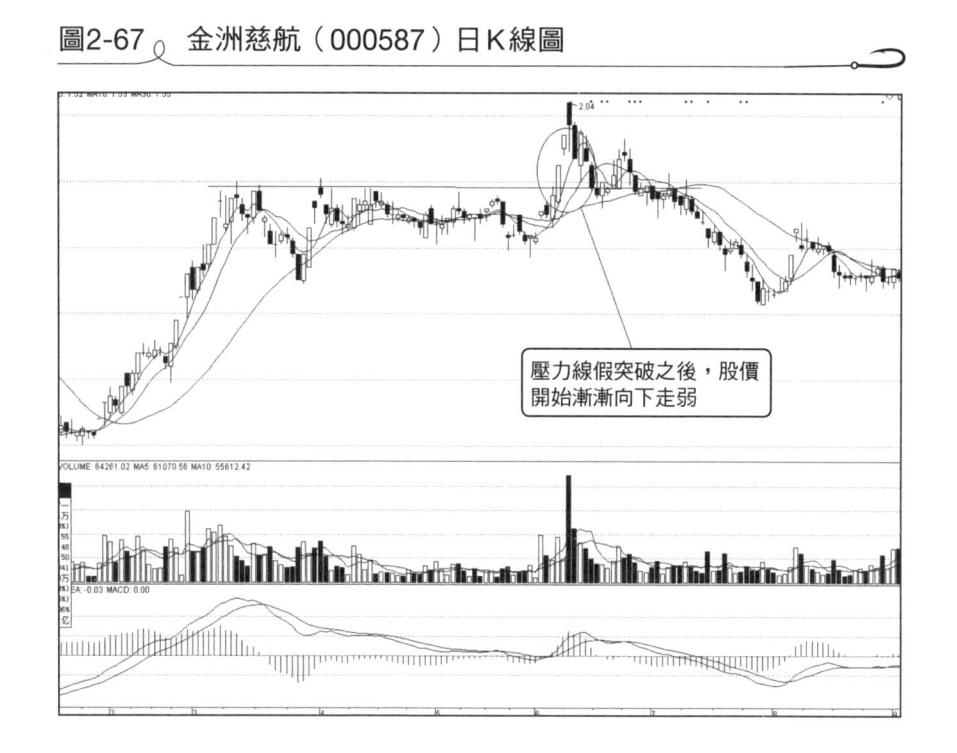

圖2-67　金洲慈航（000587）日K線圖

壓力線假突破之後，股價開始漸漸向下走弱

彈，因此這時候就是不錯的買入時機。但是，市場總是千變萬化的，壓力線被突破後不久，股價很快返回到壓力線之下，形成新的下跌趨勢線，從而成為壓力線突破陷阱。

【案例】圖2-67：金洲慈航

該股經過一輪快速拉升行情後，在高位出現震盪整理，多個高點形成一條壓力線，每次股價回升到壓力線附近時均遇阻回落。2021年6月7日和8日連續兩天上攻，股價向上突破壓力線的壓力，構成買入訊號。但是，突破後沒有出現持續上漲，股價漸漸震盪向下走低，突破以失敗告終，根據突破訊號買入的投資者被套牢。

【技術解盤】

該股為什麼先後兩次突破均以失敗而告終呢？一是股價突破時成交量沒有持續迅速放大，雖然有短暫脈衝式放大，但持續性不強，無法推動股

263

價上漲。這說明做多資金入場謹慎，且有對敲出貨嫌疑，僅有少數短線散戶參與而已。可見，沒有主力的積極拉抬，僅靠散戶的力量很難推動股價上漲。二是股價突破壓力線後的回檔確認，不符合回檔確認的三個要素，即「兩個低點、兩個高點和成交量」原則，因此持續上漲的可能性非常小。三是從價位分析，該股雖然經過較長時間的調整，但仍然處於高價位區，是主力派發籌碼區域，此處介入風險非常大。可見，該股突破壓力線是一個虛假訊號。投資者遇到這種走勢時，持倉者可以逢高減倉或拋空觀望，持幣者不要在弱勢股中掘金。

在實盤操作中，投資者遇到股價向上突破壓力線時，其有效性程度還可以從以下幾個方面進行分析判斷：

（1）只有當原先的下降趨勢線被有效突破後，壓力線轉換為支撐線才有意義，如果突破的力量不夠，沒有成為有效突破，那麼股價上升後不久仍將回到下降趨勢線的下方，原下降趨勢線仍然沒有改變壓力線的角色。趨勢線是否被有效突破，可以根據成交量法則、百分比法則、時間法則等來判斷。

（2）壓力線時間跨度越長，被突破的意義就越大，突破也就越可靠，那麼它轉化為支撐線的可靠性也就越強，以後上漲的空間也就越大。

（3）確定股價所處的具體位置。在低位或漲勢的中途，向下突破為疑似訊號，向上突破的可靠性較高。在高位或跌勢的中途，向上突破為疑似訊號，向下突破的可靠性較高。

（4）突破的程度：股價穿越趨勢線時，當日收盤價高於壓力位，並且在接下來的3天內仍然高於壓力位。突破後股價要迅速脫離突破區域，否則突破很可能是假突破，僅僅是短期反彈而已，股價仍將繼續下跌的趨勢。

（5）成交量法則：向上突破下降趨勢線應該有成交量明顯放大的配合，價量配合積極的突破則可靠性更大，以後上漲的空間也越大。

（6）百分比法則：假如某一交易日股價向上突破下降趨勢線的幅度大於3%，那麼該下降趨勢線就算被有效突破，日後股價上漲的概率較大，投資者應抓緊時機買入股票。

（7）時間法則：假如某一檔股票收盤價連續3天向上突破下降趨勢

線,那麼該下降趨勢線就被自然有效突破,日後股價上漲的可能性較大,投資者應及時買入股票。

(8)要得到其他技術面的驗證,如技術型態、K線組合等是否向淡,技術指標是否出現頂背離、死叉或方面性提示。

四、支撐線和壓力線操作4大重點

1. 支撐突破

　　股價上漲所形成的走勢、型態等構成了股價總體上升走勢,它反映了股價運動的趨勢和方向。上升趨勢是由K線、型態、移動平均線、軌道線等構成的。這些圖形或線條非常直觀,一旦股價下跌破壞了原先上升軌跡,圖形就會變得非常難看。通常股價下跌到某一成交密集區或者關鍵位置時,股價將得到支撐而不再下跌或者抗跌。如果股價脫離上升軌跡而下跌,並擊穿那些應有支撐的位置時,就會產生破位的圖形,主力吸貨、洗盤、整理的目的就可以達到。

　　股價在哪些地方應有支撐呢?主力的持倉成本或者平均成本附近有支撐;股價突破一個較大的技術型態以後再回檔時,這個型態的密集成交區域附近有支撐;股價10日、20日、30日移動平均線有一定的支撐;主力正在出貨和出貨完畢以前,在主力預定的出貨區域附近有支撐。此外,從未炒作過的股票,如果市場定位合理,在密集成交區域附近也有較強的支撐等。在大多數情況下,股價在底部區域震盪是有一定支撐的,如果主力需要擊破包括技術派在內所有看好者的信心而進行兇狠洗盤時,各種形式的破位就是在所難免的,這時可以說股價幾乎是沒有支撐的,主力正是借此進行吸貨、洗盤、整理。

2. 壓力突破

　　攻破壓力與擊穿支撐正好形成相反走勢。股價在長期的震盪走勢中會

形成明顯的支撐或壓力區（線）。通常，股價上漲到某一重要位置時，將受到壓力而不再上漲或者遇阻回落。如果股價一舉攻破那些應有壓力的位置時，就會出現突破的圖形，圖形也會變得非常漂亮，主力拉升、出貨、自救的目的就可以達到。

常見的盤面現象有：攻破移動平均線；攻破下降趨勢、下降通道、下降角度、波浪趨勢；攻破頸線位、前期高點；攻破重要技術型態；攻破長期形成的盤整；股價脫離主力持倉成本區、平均持倉成本區、密集成交區；股價脫離主力底部的吸貨區。其實，在一輪真正的上漲行情中，股價幾乎沒有任何壓力。

3.盤整突破

股市裡平盤整理是積蓄能量最強的一種型態，一旦向上或向下突破，威力都是巨大的。股諺有「橫有多長，豎有多高」之說，股價突破後的上升或下跌空間就有盤整那麼長。股價在一個震盪幅度不大的價格區域內橫向波動，在震盪期間既不選擇上漲也不選擇下跌，似乎沒有了漲跌方向，於是就形成盤整型態，但這個盤整遲早是會被突破的。

通常有兩種情況：一種是股價在上升途中進行橫盤，目的是讓底部跟進者「下轎」。因為有的散戶求富心切，恨不得自己的股票天天上漲，這樣很容易產生急躁情緒，耐不住寂寞的散戶，往往會賣出手中長期不漲的股票而去追別的股票。主力就是利用人們急於暴富的急躁心情，以拖延的手法進行周旋，以此消磨別人的耐心和意志，消耗別人的時間和精力，使之喪失鬥志和信心，以達到其「整理」的目的。

另一種是股價在下跌途中進行橫盤，有的股票在下跌初期進行橫盤，那是因為主力手中的籌碼還沒有派發完畢，或者因為股價過高根本沒辦法派發，主力又不甘心讓股價的重心下移，只得進行護盤，由此走出了橫盤的態勢，這種橫盤是在積蓄下跌的能量。如果是主力基本出完貨的股票，在下跌一大段以後可能進行橫盤，這種情況是橫盤中最為多見的。看起來似乎沒有主力在其中，所以該漲的時候不漲，又由於長期不漲且跌幅很

深，股價又相對便宜，到該跌時候也沒有多大跌幅，所以最終走出橫盤態勢。但是，一旦熊市來臨，因為沒有人護盤，其迅速下跌之勢可能一樣毫不遜色。

一般情況下，股價長時間形成的盤整一旦向下突破具有很強的殺傷力（盤整持續時間越長，下跌空間越大），因此主力常常利用突破盤整的手法，製造恐慌局面，而且突破盤整後，往往連續壓低股價，造成極大的恐慌盤面，形成深幅下跌態勢。投資者看到這種型態後，紛紛賣出手中的股票，主力卻在低位悄悄承接籌碼。這種走勢是主力進行吸貨、整理、洗盤時常用的一種手段。

4. 技術核心7大要點

（1）股價穿越一個重要的壓力位或支撐位後，必須繼續朝著突破方向快速離開該位置。如果股價穿越後仍然在該位置附近逗留，往往會形成無效突破。

股價到達一個重要的壓力位或支撐位後，如果朝著反方向快速離開該位置，那麼這個位置有真實的壓力或支撐。如果股價到達該位置後，繼續在該位置附近震盪，那麼該位置的壓力或支撐會漸漸消失，隨後股價形成有效突破。

（2）股價首次回落到一個重要的支撐位時，很可能會遇到有效支撐而反彈，只是反彈的方式、力道的區別。壓力位亦然。

（3）隨著股價觸及壓力線或支撐線的次數的增加，壓力和支撐的力道依次降低。

（4）在間隔時間上，距離壓力和支撐形成的時間越近，其壓力和支撐作用越明顯。時間較久遠（一般一年以上）的壓力和支撐，其參考點作用不大。

（5）在空間距離上，當前價位與到達某一個壓力位和支撐位的空間距離越近，其壓力和支撐作用反而越小，比如幅度在3%以內；但空間距離超過30%，其壓力和支撐作用也不明顯。

（6）當股價第3次、第4次到達一個重要的壓力位，而無法突破時，短期股價會出現快速回落，經蓄勢整理後，一旦再次向上到達該位置時，很可能會形成有效突破。反之，支撐位也是如此。

（7）壓力和支撐的力度強弱，與成交量大小、時間跨度、維持時間長短（整理時間長短）有關。

NOTE   /   /   /

國家圖書館出版品預行編目(CIP)資料

完整解析趨勢線交易技術：用120張圖看懂股市撐壓基本功 / 麻道明著
-- 初版 -- 新北市；大樂文化，2025.03
272 面；17×23公分. -- (Money：066)
ISBN 978-626-7422-82-3（平裝）

1. 股票投資　2. 投資技術　3. 投資分析

563.53　　　　　　　　　　　　　　　　　　　　114000644

Money 066

完整解析趨勢線交易技術
用120張圖看懂股市撐壓基本功

作　　　者／麻道明
封面設計／蕭壽佳
內頁排版／楊思孝
責任編輯／陳安喜
主　　　編／皮海屏
發行專員／張紜蓁
財務經理／陳碧蘭
發行經理／高世權
總編輯、總經理／蔡連壽
出　版　者／大樂文化有限公司
　　　　　　地址：220新北市板橋區文化路一段268號18樓之一
　　　　　　電話：（02）2258-3656
　　　　　　傳真：（02）2258-3660
　　　　　　詢問購書相關資訊請洽：2258-3656
　　　　　　郵政劃撥帳號／50211045　戶名／大樂文化有限公司

香港發行／豐達出版發行有限公司
　　　　　　地址：香港柴灣永泰道70號柴灣工業城2期1805室
　　　　　　電話：852-2172 6513　傳真：852-2172 4355

法律顧問／第一國際法律事務所余淑杏律師
印　　　刷／韋懋實業有限公司
出版日期／2025年3月21日
定　　　價／360元（缺頁或損毀的書，請寄回更換）
ＩＳＢＮ／978-626-7422-82-3

版權所有，侵權必究　All rights reserved.
本著作物，由中國經濟出版社獨家授權出版、發行中文繁體字版。
原著簡體字版書名為《圖解股市陷阱》。
非經書面同意，不得以任何形式，任意複製轉載。
繁體中文權利由大樂文化有限公司取得，翻印必究。